부모가 키워주는 수학 자신감

처음 수학

진미숙 지음

KM 경문사

시작하는 글

긴 원고를 썼다. 몇 년에 걸쳐 진짜 알아야만 할 것 같은 내용으로 빼곡히 채웠다. 스스로 만족할 만했다. 하지만 미리 제본하여 읽어 보니 다 맞는 말이기는 하나 술술 읽어지지 않았다. 아무리 좋은 글이라도 읽는 이가 공감하지 못한다면 아무 소용이 없다. 다시 써야만 했다. 열심히 써 내려간 글을 버리기도 아까웠다. 내가 만족할 만한 내용이 아니라 누구나 쉽게 읽고 실천할 수 있는 글을 다시 써야겠다고 마음먹는 데도 한참의 시간이 필요했다.

학문적으로 완벽한 책들은 똑똑한 사람들이 이미 많이 출판하였다. 읽다 보면 구구절절 다 옳은 소리이다. 수학을 조금 아는 내가 보기에는 아주 좋은 책이다. 하지만 처음 아이를 지도하는 부모들이 보기에는 조금 어렵지 않나 하는 생각이 든다. 나는 나만의 색채로 누구나 쉽게 읽고 활용할 수 있는 책을 쓰고 싶다는 바람으로 다시 책상 앞에 앉았다.

옆 건물에 유치원이 있다. 넘어질 듯 넘어지지 않으며 중심을 잡아 계단을 내려오는 4~5살 아이를 보면 신기하기 그지없다. 누워있던 아이가 뒤집고, 기다가, 일어서고, 걷는 일련의 과정을 거쳐 아이는 계단을 또박또박 내려오는 경지에 이르게 된다. 그렇게 되기까지 아이의 엄청난 노력이 들어간다. 지적인 성장도 아이의 엄청난 노력이 들어가야 한다. 똑같은 1학년이어도 혼자 머리를 야무지게 묶는 아이가 있고 그렇지 못한 아이도 있다. 혼자 밥을 뚝딱 먹는 아이도 있고, 점심시간 내내 먹고 있는 아이도 있다. 뚝딱 먹고 점심시간에 뛰어놀 수 있는 아이가 훨씬 재미있고 행복할 것이다. 매일 밥을 떠먹여 키운 아이는 혼자 밥을 먹는 것도 힘들다. 혼자 밥을 먹고, 혼자 머리를 묶어 본 경험을 통해 스스로 잘할 수 있는 아이가 되게 하듯, 공부도 혼자 깨우쳐 가는 경험을 통해 스스로 전진하는 아이로 키워야 한다. 옷을 입고 밥을 먹는 것을 부모로부터 독립하듯이 학습도 빨리 부모로부터 독립하여 스스로 할 수 있는 아이가 공부를 잘하는 아이로 성장할 가능성이 크다.

공부해야 하는 주체는 아이다.

부모가 아이에게 '수학을 가르쳐야 한다.'라는 생각을 버려야 한다. 부모가 주체가 되어 끌고 가는 공부에는 한계가 있기 마련이다. 아이 스스로 능동적으로 공부해 나갈 수 있게끔 만들어야 한다. 알긴 하나 그게 쉽냐고 반문할지도 모른다. 그러나 그렇게 될 수 있게끔 만들어야 아이도 부모도 편해진다.

부모 역할에도 고수와 하수가 있다. 자녀를 일일이 다 챙기며 완벽하게 돌보는 부모들은 스스로 고수라고 생각할지 모른다. 하지만 한 발짝 물러서서 바라보면 하수의 방법으로 아이를 끌고 가는 것이 보일 것이다. 하지만 내 아이를 키울 때는 한 발짝 떨어져 객관적으로 바라보기가 쉽지 않다. 그 쉽지 않은 것을 해내는 현명한 부모가 되어야 한다.

아이 교육에 고수가 될 수 있는 몇 가지 비법을 공유하고자 한다. 비법이라고 해서 대단한 것은 아니다. 대단한 어떤 것 하나가 아이를 변화시키는 것이 아니다. 우리 아이를 건강하게 성장시키는 음식은 특별한 음식이 아니라 매일 잘 챙겨 먹는 삼시 세끼이듯이, 매일 꾸준하게 공부하는 조금씩의 공부가 아이를 지적으로 성장시킨다. 굶거나 과식하면 안 되듯이 지적 성장도 그러하여야 한다. 무심하여도, 안 되고 욕심이 과해도 안 된다.

꾸준히 실천하는 몇 가지가 아이를 서서히 변화시킨다.

매 학년 배우는 중요한 개념 몇 가지를 정확하게 아는 것으로부터 수학적 사고력이 성장하기 시작한다. 공부하는 방법을 공부할 때까지, 생각하는 방법을 생각할 때까지 인도해 주고 격려해 주고 지지해 주어야 한다.

이 책에 쓰인 글들이 아이를 키우는 데 조금이라도 긍정적인 영향을 미치길 간절히 기도한다.

2023. 4. 1.

진미숙

차례

시작하는 글 ... 2
♣ 수학 공부 무엇을, 어떻게 시작할까? ... 9

CHAPTER 1 수 개념 만들기 (입학 전~초등 1학년) ... 17

학년별 「수 영역」 학습의 흐름 ... 18
목표를 정확하게 정하기 ... 18
처음 수학 ... 19
분류하기 ... 20
일대일 짝짓기 ... 22
수 세기, 수 이름 익히기 ... 23
「5까지 수」의 양적인 의미 익히기 ... 25
「10까지 수」의 양적인 의미 익히기 ... 33
「1~30까지의 수」 순서 익히기 ... 37
10 만들기 ... 37
10보다 큰 수 이해하기 ... 40
자릿값 이해하기 ... 43
「100까지의 수」를 외우는 것이 중요한 일은 아니다. ... 44
숫자 카드로 수 만들기 ... 45

CHAPTER 2　덧셈과 뺄셈 (초등 1~3학년) ... 49

- 학년별 자연수의 덧셈과 뺄셈 학습의 흐름 ... 50
- 덧셈과 뺄셈에 대한 상황 이해하기 ... 50
- 덧셈 구구표 완성하기(1 + 1에서 9 + 9까지의 덧셈) ... 56
- 쉬운 수학 공부를 위해 준비해야 할 것들 ... 63
- 받아올림과 받아내림이 있는 덧셈과 뺄셈(2학년) ... 67
- 덧셈과 뺄셈을 여러 가지 방법으로 풀기 ... 68
- 덧셈과 뺄셈의 관계 ... 73
- □가 있는 덧셈과 뺄셈 ... 77
- 「세 자리의 수 ± 세 자리의 수」 연산이 어렵다면(3학년) ... 79
- 부모만이 할 수 있는 것 ... 80
- 수학을 쉽게 시작하기 ... 81
- 한 단원 학습이 끝나고 나면 ... 82

CHAPTER 3　곱셈과 나눗셈 (초등 2~3학년) ... 85

- 학년별 자연수의 곱셈과 나눗셈 학습의 흐름 ... 86
- 선행학습이 아니라 선수학습 ... 86
- 공부하는 방법을 조금만 바꾸어 보자. ... 89
- 곱셈 알아보기 ... 90
- 나눗셈 알아보기 ... 103
- 곱셈과 나눗셈의 관계 알아보기 ... 106
- 나눗셈의 계산이 맞는지 확인하기 ... 108
- 곱셈의 상황 & 나눗셈의 상황(3학년) ... 109
- 시작이 참 어렵다. ... 112
- 3학년 연산 연습 문제(워크북 참고) ... 113
- 교과서를 이용한 수와 연산 영역의 복습 ... 113

CHAPTER 4 분수 (3~6학년) — 115

학년별 분수, 소수 학습의 흐름 — 116
3학년 1학기에 배우는 분수 — 118
3학년 2학기에 배우는 분수 — 128
3학년 분수 정리 — 141
4학년 분모가 같은 분수의 덧셈과 뺄셈 지도 순서 — 142
3~4학년인 아이가 분수를 어려워한다면 — 144

CHAPTER 5 약수와 배수 & 약분과 통분 (초등 5학년) — 147

약수 — 148
배수 — 154
약수와 배수의 관계 — 155
약수, 배수와 관련된 여러 가지 문제 — 156
약분과 통분 — 161
분모가 다른 분수의 덧셈과 뺄셈(5학년) — 164
분수의 곱셈과 나눗셈(5~6학년) — 165
분수의 덧셈 상황 & 분수의 곱셈 상황 — 166
소수의 사칙연산 — 167
어림하기: 수 감각을 기르는 것도 중요하다. — 169
교과서를 영역별로 묶어 수학 사전을 만들자 — 170
사고력 문제가 별거냐 — 171
선행학습보다 자기 학년의 완전학습이 훨씬 더 중요하다. — 173
실수로 틀렸어요. — 176
설명하게 하라: 문제를 보는 관점이 달라진다. — 176
초등학교 고학년, 중학생인 우리 아이가 수학을 힘들어할 때 — 177

CHAPTER 6 비와 비율 (초등 6학년) 179

비와 비율	180
백분율	181
소금물의 농도 & 소금의 양	182
중학교 때 배우는 소금물 문제	183
비의 성질	186
비례식	187
비례식의 성질	187
비례배분	188

CHAPTER 7 도형 (초등 1~6학년) 189

학년별 도형 학습의 흐름	190
색종이 접기	192
삼각형 만들기	194
칠교놀이	194
모양블록	195
펜토미노 게임	195
컴퍼스 사용하여 원 그리기	197
도형 뒤집기와 돌리기	198
다각형	198
입체도형	201
상자의 전개도 만들기	201
정육면체	202
교과서를 이용한 도형 영역의 복습	204

CHAPTER 8 | 측정 (초등 1~3학년) | 205

학년별 측정 영역 학습의 흐름	206
비교하기	207
시계 보기(1~3학년)	207
시각과 시간	208
길이 재기	210
들이와 무게(3학년)	211

♣ 자료와 가능성 영역	212
♣ 1~6학년 방학에 꼭 확인하기	213
♣ 우리 아이가 수학을 힘들어한다면	218
마치는 글	224

♣ 수학 공부 무엇을, 어떻게 시작할까?

▶ 큰 목표는 알고 있어야 한다.

고등학교 수학은 어차피 부모들이 관여할 수 없는 부분이다. 아이 스스로의 의지로 완성시켜야 한다. 고등학생이 된 우리 아이가 의지를 가지고 공부하려고 할 때 전진할 수 있는 기본기는 만들어져 있어야 한다. 중3 과정인 「인수분해, 이차방정식, 이차함수, 삼각비」 정도는 자유롭게 해결할 수 있는 수준에 도달해서 고등학교로 진학해야 한다.

「인수분해, 이차방정식, 이차함수」에 쉽게 도달하기 위해서는 중학교 1~2학년에 배우는 「일차방정식, 일차함수」가 미리 완성되어야 하며, 「일차방정식, 일차함수, 삼각비」를 쉽게 받아들이기 위해서는 초등학교 학습에서 「분수의 사칙연산과 비와 비율」을 완성해야 한다.

분수의 사칙연산, 비와 비율(초등 6학년) → 일차방정식, 일차함수(중학교 1~2학년) → 인수분해, 이차방정식, 이차함수, 삼각비(중학교 3학년) → 고등학교 수학

초등학교 6년 과정 동안의 큰 목표는 「분수의 사칙연산과 비와 비율」의 완성이다. 그래야 중학교, 고등학교 학습에 필요한 단단한 디딤돌을 만들 수 있다. 「분수의 사칙연산과 비와 비율」 학습에 필요한 여러 가지 개념들을 초등학교 1학년에서 6학년에 걸쳐 배우게 된다. 수학 학습이 뒤죽박죽 섞여 있는 것처럼 보여도 자세히 들여다보면 반듯한 길이 있다. 하나에 하나를 보태며 개념을 확장해 나가거나, 하나의 완성을 전제로 다음 개념이 도입된다. 그 길을 뒤처지지 않고 한 걸음 한 걸음을 잘 걸어가면 된다. 걸어가면서 스쳐 지나가며 보아도 되는 것도 있지만, 단단히 다지고 가야 다음 학습을 쉽게 하는 것도 있다. 몇 가지를 단단히 다지는 것 만으로도 훨씬 쉽게 수학 공부를 할 수 있다.

초등 수학 학습에서 아이를 수학적으로 크게 성장시킬 수 있는 3가지 개념이 있다. 유아에서 초등 1학년 때 배우는 자연수의 개념, 3학년 분수의 개념, 5학년 약수, 배수의 개념이다. 그 과정의 학습을 어떻게 하느냐에 따라 아이가 수학에 흥미를 갖고 전진하게 하

는 계기가 되기도 하며, 동시에 수학을 포기하게 만드는 계기가 되기도 한다.

자연수의 개념을 잘 자리 잡게 만드는 초기 학습이 아주 중요하다. 긴 시간의 노력이 필요하다. 그 첫 단추를 어떻게 꿰느냐에 따라 앞으로의 수학이 쉬울 수도, 어려울 수도 있다. 3학년 때 배우는 분수의 개념이 쉽게 이해되려면 전제 조건이 있다. 유아에서 2학년 과정까지의 학습이 완성되어 있어야 한다. 유아에서 2학년까지의 학습은 분수 학습을 위한 준비 학습이다. 그 학습이 잘 완성되어 있을 때 분수로의 진입이 쉽다. 분수를 자연스럽게 받아들이는 순간 아이의 수학적 사고력이 한 단계 크게 뛰어오르게 된다. 분수는 2학년까지 알고 있던 자연수와는 다른 수의 세계이다.

5학년 약수, 배수, 약분, 통분으로 이어지는 학습을 통해 또 한 번 크게 도약할 수 있다. 이 과정을 지나면서 분수의 사칙연산을 받아들일 수 있게 되며, 6학년 비와 비율의 학습까지 잘 연결할 수 있게 된다.

흔히 5학년 수학이 어렵다고 말한다. 하지만 5학년 학습 과정의 난이도가 갑자기 커지는 것은 아니다. 1학년에서 4학년까지의 완전하지 못한 학습이 5학년 수학을 어렵게 만든다. 1학년에서 4학년까지 학습을 완전하게 하여 5학년이 되어야 한다. 그 과정의 학습을 하는 데 많은 시간과 꾸준한 노력이 필요하다. 4학년까지의 수학을 단단히 하면 의외로 5학년부터의 수학이 쉬워질 수 있다. 분수의 사칙계산에 나오는 개념들을 잘 이해하는 아이들은 그 무렵부터 앞으로 치고 나갈 수 있는 능력을 갖추게 된다.

배우고 익히고 다지기를 반복하면서 차곡차곡 수학적 개념도 쌓여간다. 새로운 개념들을 익히는 과정 중에 생각하는 방법도 조금씩 자라난다. 수학은 다른 과목에 비해 배우고 익혀야 하는 내용이 많다. 하지만 포기하지 않고 꾸준히 걸어갈 때 다른 과목보다 훨씬 더 좋은 결과를 거둘 수 있다. 포기하는 아이가 워낙 많아서 포기하지 않고 끝까지 가는 것만으로도 대학 입시에서 일정 수준의 등급에 도달할 수 있다. 우리 아이가 멈추지 않고 전진할 수 있게 해야 한다.

▶ **수학은 이렇게 시작하면 된다.**

유아 : 바둑돌을 꺼내자.
초등 : 교과서를 펼치자.

어떻게 하면 수학을 잘하게 될까? 성장기에 있는 많은 아이와 부모들의 오래된 고민거리이다. 의외로 방법은 간단하다. 포기하지 않고 찬찬히 해나가면 된다. 공부하지 않겠다고 작정하고 하지 않는 아이는 없다. 누구나 공부를 하려고 결심하지만 마음먹고 책상에 앉아도 무엇을, 어떻게 해야 할지 막막할 때가 많다. 생각과 실천 사이의 거리를 좁혀야 한다.

무엇을 해야 할지 막막할 때 교과서가 가장 좋은 답이 될 수 있다. 시중에 나와 있는 많은 문제집 속의 문제들은 아이의 지적 성장에 좋은 문제도 있고 나쁜 문제도 있다. 그것을 골라낼 수 있는 지혜를 가지기는 쉽지 않다. 일반적으로는 어른이 답을 봐도 이해 못 할 정도의 문제는 넘어가도 상관없다. 방정식을 이해하고 나면 너무나도 쉬운 문제들 또한 초등학교 때 힘들게 풀게 할 필요 없다.

똑똑한 아이도 아이의 성장주기에 따른 한계에 부닥칠 수 있다. 교과서는 그 또래 아이들의 지적 수준을 생각해서 수학자들이 고민해서 만든 책이다. 다른 책들보다 시행착오를 겪지 않을 수 있다. 공부해야겠다 결심했다면 일단은 교과서를 펼쳐서 지금 배우고 있는 단원부터 시작하면 된다. 그 단원이 어렵다면 그 단원과 관련된 아래 학년의 과정을 같이 공부해야 한다. 교과서에 새 단원을 시작할 때 이전에 배운 내용을 소개하고 있다. 수학은 하나의 개념이 완전하다는 전제하에 조금씩 확장되어 나가므로 안 되는 부분은 반드시 해결해야 한다. 학년이 올라간다고 저절로 해결되지 않는다. 제일 좋은 것은 학습결손이 생기지 않게 단단히 다지면서 가는 것이지만 설사 지금 수학이 어렵다 느끼더라도 초등학교 단계에서는 지금이 몇 학년이라도 극복할 수 있다.

방법을 조금 바꾸어야 한다. 지금 학습이 어렵다면 지금 배우고 있는 것만 공부해서는 해결되지 않는다. 지나온 시간 어디에선가의 학습결손으로 인해 우리 아이의 사고가 그곳에 머무르고 있기 때문이다. 미리 당겨 공부하는 것도 좋은 방법이 아니다. 아이가 너무 힘들어한다. 아이의 노력에 비하여 효과도 미미하다. 지금 배우고 있는 것을 여러 가지 방법으로 '완전학습'을 해야 한다.

잘하는 아이는 지금 배우고 있는 내용을 설명하게 하면 된다. 설명은 개념에 대한 이해가 완전할 때 가능하다. 지금 배우는 과정을 깊고 넓게 공부하는 것이 다음 학습을 대비하는 좋은 선행학습이 될 수 있다. 유아에서 초등 저학년 수학은 외워서 답을 구하는 것이 전부가 아니다. 교과서에 정확한 답을 적는 것에만 집중하지 말고 교과서에서 전달하고자 하는 의미에 귀 기울여야 한다. 처음 규칙의 세계로 들어가는 아이다. 교과서에 소개된 「수 놀이, 덧셈 놀이」 등을 통해 생활 주변에 널려있는 수학적 의미들이 어떤 규칙 속에 있는지 스스로 찾아내는 호기심이 생기도록 해야 한다.

유아 수학 학습은 하루에 한 주먹씩 바둑돌을 가지고 노는 것으로 시작하면 된다. 아이의 수준에 맞게 바둑돌의 개수와 세는 방법을 다르게 하여 수와 그것들 사이의 규칙을 알아나가면 된다.

▶ 쉽게, 꾸준히 해야 한다.

공부를 잘하려면 일단 공부를 시작해야 한다. 시작했으면 꾸준히 해야 한다. 꾸준히 하기는 하되 아이의 지적 성장에 도움이 되게 잘해야 한다. 꾸준히 잘하려면 아이 수준에 맞는 학습을 바른 방법으로 공부해야 한다.

쉬우면 꾸준히 하기가 유리하다. 맨날 쉬운 공부만 해서 언제 어려운 수학에 도달하느냐고 할지 모른다. 하지만 그것이 가장 쉽게 갈 수 있는 방법이다. 한 걸음에 한 걸음이 보태어지면 어느새 높은 산에 오르는 것과 같은 이치이다. 한달음에 높은 산을 정복하는 것은 아무나 할 수 없지만, 시간을 두고 천천히 걸으면 웬만한 사람은 쉽게 오를 수 있다. 오르다 보면 어려운 구간을 만나기도 하지만 부모가 관심을 가지고 지켜보며 순간순간 해결하면서 지나가면 된다. 수학을 잘하는 것은 세월의 힘과 성실함, 자기 수준에 맞는 학습이 전제될 때 가능하다.

완만한 등산로를 따라가도 정상에 도달할 수 있는데 구태여 가파른 절벽으로 오를 필요는 없다. 올라갈 힘이 없는 아이를 끌어 올린다고 쉽게 될 리가 없다. 부모도 아이도 쉽게 지친다. 산을 오르게 하고 싶다면 산을 좋아하는 마음이 생기게 하고, 산을 오를 수 있는 어느 정도의 체력을 길러 주는 것까지가 부모의 역할이다. 책을 좋아하는 아이로 키우려면 책 속에는 재미있는 많은 얘기가 있음을 알게 하면 된다. 수학을 좋아하는 아이로 키우려면 자기만의 방법으로 문제를 해결했을 때의 기쁨을 알게 하면 된다.

쉽게 공부하는 방법을 고민해야 한다. 어려우면 생각으로 이르기 전에 외우게 된다. 이렇게 아는 것이나 저렇게 아는 것이 뭐가 다를까 할 수도 있다. 초등학교 학습은 학습량이 많은 아이가 유리하게 느껴질 수도 있다. 외울 수 있기 때문이다. 하지만 수학 학습의 궁극적인 목적은 대표적인 몇 개의 문제 유형을 외우는 것이 아니다. 일일이 외우지 않더라도 같은 개념의 문제를 해결할 수 있어야 한다. 그런 아이는 수학이 재미있다고 한다. 하나를 알더라도 정확하게 알게 해야 한다. 개념을 완전히 이해하여 다음 학습에서 그 개념이 필요할 때 자연스럽게 가져와 사용할 수 있도록 충분히 연습해야 한다.

수학 학습에는 속전속결이 있을 수 없다. 요즘 부모들은 달려가려고만 한다. 한 번 들은 적이 있다고 그 개념이 아이의 것이 되지는 않는다. 충분히 고민하는 과정 중에 아이의 것이 된다. 하나의 개념을 배울 때 '이렇게 하는 거야'를 가르칠 것이 아니라 '왜 그렇게 하는 것인지'를 알게 해야 한다.

생각하는 방법을 알게 해야 중학교 이후의 수학이 쉬워진다. 학년이 올라간다고 어느 날 갑자기 생각하는 방법을 알게 되지는 않는다. 매 학년 배우는 하나하나의 개념을 완전하게 받아들이면서 아이의 수학적 그릇이 커지고, 수학적 사고력도 성장한다. 처음엔 너무 사소한 것처럼 보여 이걸 한다고 수학적 사고력이 생길까 싶어도 그런 일련의 과정을 거치면서 생각하는 방법을 배우게 된다.

많이 담고 싶다면 담는 방법을 바꾸어야 한다. 받아들이지도 못하는데 꾸역꾸역 밀어 넣기만 한다고 될 일이 아니다.

▶ 구체적인 경험의 과정이 필요하다.

아이는 '사과'를 어떻게 알게 될까? 카드나 실물을 보며 사과를 인지하게 된다. 먹어 보며 새콤달콤한 맛을 느끼고 사과가 풍기는 상큼한 향을 기억한다. 빨간 사과도 있고 초록 사과도 있음을 경험으로 알게 된다. 나무에 매달려있는 사과도, 하얀 사과꽃도 볼 기회가 생긴다. 가로로 자른 단면의 모양으로도, 세로로 자른 단면의 모양으로도 사과를 확인한다. 정확하게 사과의 맛과 식감과 향을 기억하게 되면 샐러드 속에 섞여 있는 사과도 알아챌 수 있다. 그 모든 것을 알아야 정확하게 사과를 안다고 할 수 있다. 날을 잡아 책상에 앉혀 두고 사과가 뭔지를 강의하듯 가르치진 않는다. 시간을 두고 이런저런 경험을 통해 사과를 알아가게 된다.

수학적인 모든 개념도 '사과'를 가르치는 것처럼 접근하면 된다. 어릴수록 더 구체적인 경험의 과정이 필요하다. 매 학년 받아온 새 책을 펼쳐 나오는 모든 개념은 아이 인생에서 처음 만나게 되는 것들이다. 어른들에게 익숙한 개념이라고 아이도 쉽게 이해하리라 생각하면 안 된다. 아이마다 받아들이는 속도가 다르다. 우리 아이에게 맞는 속도와 방법을 아이와 같이 고민하며 찾아야 한다. 관심을 가지고 지켜볼 때 가능하다.

그렇기 때문에 학습의 과정에 부모의 노력이 조금은 들어가야 한다. 어려운 문제를 풀어주라는 것이 아니다. 아이의 육체적 성장을 온전히 타인의 손에 맡기지 않듯 아이의 마음과 지적 성장의 과정도 반드시 지켜보아야 한다는 것이다.

▶ 문제집, 이렇게 풀어야 한다.

공부에 관심이 있는 아이는 여러 가지 문제집을 섭렵하게 된다. 하지만 같은 문제집을 푸는데도 실력이 쌓이는 아이가 있는가 하면, 그렇지 않은 아이도 있다. 개념 만들기는 '수학교과서'와 '수학익힘책'으로 하는 것이 가장 좋다. 개념을 배운 다음 문제집을 통해 개념을 정확하게 알고 있나 확인하고, 강화할 수 있다.

일반적으로 문제집을 풀 때 다음 4단계의 과정을 거치게 된다.

① 문제 풀기: 문제를 풀 때는 주변 누군가의 도움을 받지 않고 혼자 푸는 것이 좋다. 문제집을 푸는 이유는 내가 풀 수 있는 문제와 풀 수 없는 문제를 알아내어 풀 수 없는 문제를 풀 수 있게 만들기 위함이다. 도움을 받아 풀면 정확하게 알지 못하면서도 알고 있다 생각하고 넘어가게 된다.

② 채점하기

③ 고치기: 틀린 문제를 다시 한번 풀어 본다. 그래도 안 되면 설명을 듣거나 답지를 참고하여 풀어 본다. 답지를 참고할 때는 답지를 보고 이해한 다음 답지를 덮고 다시 풀어 보아야 한다. 답지를 보고도 이해되지 않으면 넘어가야 한다. 아직 이 문제를 풀 수준에 도달하지 않았기 때문이다. 개념을 다시 짚어 보거나 비슷한 유형의 조금 더 쉬운 문제를 반복하면서 자연스럽게 문제를 해결할 수 있도록 해야 한다. 채점하고 고치지 않으면 아는 문제만 계속 확인하는 공부가 되므로 전진하지 못하고 머물러 있게 된다.

④ 틀린 문제를 혼자 힘으로 풀 수 있게 한다.

4번째 과정이 가장 중요하다. 틀린 문제를 알게 될 때 실력이 올라간다. 4번째 과정의 학습을 스스로 할 수 있는 아이가 학년이 올라갈수록 수학 실력이 좋아진다. 그런데 많은 아이가 수동적인 학습을 하고 있다. 학원 숙제 혹은 과제를 끝내야 놀 시간을 확보할 수 있으니 매일 메꾸기식의 학습으로 흘러가 버리곤 한다. 능동적인 학습의 시간이 필요하다. 알고는 있으나 실천이 잘 안 된다고 말해서는 안 된다. 남과 다르기 위해서는 남들이 할 수 없는 것을 실천할 수 있어야 한다. 진짜로 그렇게 하는 것이 옳다고 생각한다면 그렇게 실천할 수 있는 아이가 되도록 이끌어 주어야 한다.

아이 수준에 맞는 문제집, 아이의 능력을 고려한 학습량과 학습 시간을 고려해야 한다. 아이의 수준에 맞춰 묵묵히 걸어갈 때 아이는 목표에 도달하게 될 것이다. 이웃집 아이와 같은 방법, 같은 속도로 나가다가는 아이는 지쳐 수학을 포기하게 될 수도 있다. 아이가 포기하지 않고 끝까지 수학을 공부할 수 있게 해야 한다. 지금 잘하는 것처럼 보여도 멈춰 버리면 아무 소용이 없다.

문제집은 시중에 나와 있는 책 중에서 아이가 맘에 들어 하는 책으로 고르면 된다. 활자나 편집이 아이의 마음에 드는 책으로 고르면 된다. 어떤 문제집을 푸느냐보다 "어떻게" 푸느냐가 훨씬 중요하다. 어떤 문제집을 선택하더라도 완전히 알게 해야 한다. 어떤 문제를 풀더라도 "지금 정확하게 풀 수 있다."라는 곳까지가 아이의 실력이다. "풀 수 있을 것 같다. 풀어 본 적이 있다."라는 것은 아이의 실력이 아니다. 혼자 힘으로 정확하게 풀 수 있게 해야 실력이 쌓이게 된다.

FIRST MATHEMATICS

CHAPTER 01

수 개념 만들기
(입학 전~초등 1학년)

학년별 「수 영역」 학습의 흐름
목표를 정확하게 정하기
처음 수학
분류하기
일대일 짝짓기
수 세기, 수 이름 익히기
「5까지 수」의 양적인 의미 익히기
「10까지 수」의 양적인 의미 익히기
「1~30까지의 수」 순서 익히기
10 만들기
10보다 큰 수 이해하기
자릿값 이해하기
「100까지 수」를 외우는 것이 중요한 일은 아니다.
숫자 카드로 수 만들기

학년별 「수 영역」 학습의 흐름

1-1학기	50까지의 수
1-2학기	100까지의 수
2-1학기	세 자리의 수
2-2학기	네 자리의 수
3-1학기	분수와 소수($\frac{1}{10}$ = 0.1)
4-1학기	만, 억, 조
4-2학기	소수: $\frac{1}{100}$ = 0.01, $\frac{1}{1000}$ = 0.001
5-1학기	약수와 배수

※ 같은 숫자라도 자리에 따라 크기가 달라진다. 구체물(바둑돌, 수막대 등)을 이용하여 직접 수의 크기를 확인해야 한다.

목표를 정확하게 정하기

학년마다 도달해야 하는 학습 목표가 있다. 그 목표를 정확하게 알고 충분히 연습해야 다음 학년 학습으로의 진입이 쉽다. 각 단원의 학습 목표에 어떻게 도달해야 할지를 고민해야 한다. 어른들이 쉽게 느끼는 초기 학습 단계에서도 많은 아이가 좌절한다. 어른의 눈에는 쉬운 부분이지만 아이의 관점에서는 새로운 세상이다. 사물이나 색깔을 인지하는 것보다 더 많은 관심과 노력이 필요하다. 하지만 부모는 아이가 개념을 파악하고 익숙해지기까지 충분히 기다려 주지 않거나 방임하게 된다.

수학은 어려운 부분부터 시작하는 것이 아니라 매 단계를 탄탄히 하여 어려운 부분을 만들지 않는 것이다. 나이마다, 학년마다 공부를 시작할 때 수학의 큰 흐름을 알고 시작하는 것이 좋다. 맨 먼저 교과서 목차를 살펴보자. 한 학기 동안 무엇을 배우고 그 학습은 다음 학년에 어떻게 연결되는지를 볼 수 있으면 좀 더 효율적으로 공부할 수 있다. 단원 학습에 들어가서도 차시별 목표를 정확하게 알고 그 목표에 도달했는지 확인해야 한다. 차시별 목표는 맨 윗줄에 큰 글자로 쓰여있다(예. 곱셈과 나눗셈의 관계를 알아볼까요).

수학 학습은 이것저것 섞여 있는 것 같아도 큰 줄기가 있다. 하나하나를 채워나가며 형체가 드러나기 시작한다. 차근차근 채워 가면 된다. 계획성 없이 여기저기를 당기는 건 엉클어진 실타래를 푸는 것과 같다. 당길수록 더 꼬여버려 해결하기 어렵게 된다.

초등 6년 동안의 교육 과정 중에 서로 긴밀하게 연결되는 7개의 중요한 개념이 있다.

1. 유아, 1-1학기 1단원 : 수(자연수) 개념
2. 1-1학기 3단원 : 덧셈과 뺄셈의 개념
3. 2-1학기 6단원 : 곱셈 개념
4. 3-1학기 3단원 : 나눗셈 개념
5. 3-1학기 6단원 : 분수와 소수의 개념
6. 5-1학기 2단원 : 약수와 배수의 개념
7. 6-1학기 4단원 : 비와 비율

위 7개의 개념을 어떻게 완성 시킬 것인가에 목표를 두고, 우리 아이에게 맞는 여러 가지 방법을 잘 적용하여 그 개념을 완성해야 한다.

이 책에서 일곱 개의 개념을 좀 더 쉽게 익히는 방법에 대해 설명하고자 한다.

처음 수학

처음 「수」 공부를 시작할 때부터 목표를 정확하게 정하고, 일관성 있게 접근하여야 한다. 숫자라고 해서 뭉뚱그려 1이나 10이나 같다고 생각하면 안 된다. 처음 수를 접하는 아이들에게 5와 10의 난이도는 같지 않다. 어른들이 같다고 생각하는 데서 어려움이 시작된다. 아이가 어렵다고 하면 어려운 것이다. 아이가 어렵다고 하거나 싫어하는 기색이 조금이라도 보이면 일단 멈추어 지금 하는 학습에 문제가 있는 것은 아닌지 살펴보아야 한다.

아이마다 깨우치는 속도가 다르다. 금방 깨우치는 아이가 있는가 하면 조금 더디 깨우치는 아이도 있다. 하지만 깨우치고 나면 더디 간 아이가 더 깊이 이해하고 있을 수도 있다. 부모는 한 부분만을 얘기하고 있지만 아이는 사방을 두루 살피느라 늦을 수도 있기 때문이다. 우리 아이의 상황에 맞게 천천히 단단히 만들면서 전진하면 된다. 빨리 깨우쳤다고 방심하면 깊이 들어가지 못하고 금방 잊어버리게 되기도 한다. 학습 습관 만들기에 실패할 수도 있다. 아이의 수준에 맞는 지속적인 수학적 자극이 아주 중요하다. 옆집 아이가 기준이 되어서는 안 된다.

「수」를 지도할 때 다음의 10단계 과정을 거치며 체계적으로 익히는 것이 좋다. 한 단계를 정확하게 이해하고, 충분히 연습하여 완전하게 만든다. 그런 다음 완성된 하나를 도구로 삼아 다음 단계로 넘어가는 것이 뒤죽박죽 섞어 공부하는 것보다 훨씬 쉽고 효율적이다. 2~3년 정도의 시간이 필요하다.

> **수를 가르치는 10단계(유튜브 4강~10강 참고하기)**
>
> 1. 분류하기
> 2. 일대일 대응
> 3. 수 세기, 수 이름 익히기
> 4. 「5까지 수」의 양적인 의미 익히기
> 5. 「10까지 수」의 양적인 의미 익히기
> 6. 「1~30까지의 수」 순서 익히기
> 7. 10 만들기
> 8. 10보다 큰 수 이해하기
> 9. 두 수의 합이 9 이하인 덧셈
> 10. 두 수의 합이 18 이하인 덧셈(덧셈 구구)

분류하기

「수」는 집합의 크기를 나타낸다. 수 공부를 하기에 앞서 일상생활 중에 「분류하기와 규칙 찾기」를 꾸준히 하면 수학적 개념을 만드는 데 도움이 된다. 분류하기가 「집합」의 개념을 받아들이는 시작이기 때문이다. 아이와 생활하는 모든 상황을 '분류하기'의 장으로 만들 수 있다. 흔히 사물을 인지하기 위해 사용하는 사자, 코끼리, 참새, 고래, 장미, 개나리, 사과 등의 카드로 분류의 개념을 만들 수 있다. 사자나 장미에 대한 특징을 이야기하고 이름을 가르치는 과정 중에 한 가지를 더 덧붙여 보자. "냠냠 맛있게 먹을 수 있는 것을 찾아봐", "다리가 4개인 동물을 모두 골라 볼래?", "하늘을 나는 동물을 찾아보자" 등 같은 성질이나 조건에 맞는 것을 찾아내는 연습을 하는 것이다. 분류하면서 '크다', '작다', '길다', '짧다'의 개념을 말할 수도 있고, 색깔에 대한 이야기를 나눌 수도 있다. 유아기 때의 학습은 국어, 수학을 구분 지어 가르치는 것이 아니다. 생활 속의 모든 상황 속에 어우러져 알게 해야 한다. 정해진 시간에 타인의 힘을 빌려 상황을 만들어 가르치면 하기 싫은 공부가 되지만 놀이 중에 한두 마디 보태어 상황을 만들면 아이는 놀면서 재미있는 공부를 하게 된다.

집안의 모든 것은 분류하기를 익힐 수 있는 교구이다. 분류의 조건은 그때그때 상황에 맞게 다양하게 제시할 수 있다.

씽크대: (숟가락, 젓가락), (밥그릇, 국그릇), (동그란 접시, 네모 접시) 등
신발장: 신발 짝짓기, 좌우 맞추기, 식구별로 분류하기, 계절별로 분류하기 등
서랍장: 아빠 옷, 엄마 옷, 아이 옷 등

빨래를 개면서 말 한마디만 보태면 아이의 수학적 성장에 큰 도움을 줄 수 있다.
"이건 엄마 옷, 이건 아빠 옷, 이건 승훈이 옷"
다음 날은 분류의 기준을 바꾸어 정리한다.
"이건 윗옷, 이건 아래옷, 이건 양말"
다음 날은 "이건 흰색 옷, 이건 파란색 옷", "이건 겨울옷, 이건 여름옷"

주변의 여러 가지를 모양, 색깔, 쓰임 등에 따라 분류하고 또다시 다른 여러 가지 방법으로 분류하기를 생활화해야 한다.

블록을 색깔별, 크기별로 배열하여 놀면서도 분류와 여러 가지 규칙을 경험할 수 있다. 빨강 블록·노랑 블록·파랑 블록 색깔별로 분류하기, 크기에 따라 분류하기, 빨강 셋 노랑 둘 혹은 노랑 셋 파랑 둘 초록 하나 등의 규칙을 가지고 늘어놓기 등 분류의 조건은 무궁

무진하다. 입 떼기가 귀찮을 뿐이다.

아이와 끊임없이 대화하는 것이 쉽지 않은 일이긴 하다. 하지만 아이와 마주 앉아 늘 얘기하고 있어야 한다. 숫자를 가르치는 것만이 수학이 아니다. 아이의 첫 수학은 생활 속 모든 상황이다. 엄마 아빠랑 놀면서 소통하면서 공부까지 될 수있게 상황을 만들어야 한다.

일대일 짝짓기

흰색과 검은색 바둑돌을 한 주먹씩 쥐고 하나씩 짝지어 보자. 숫자를 몰라도 바둑돌을 하나씩 짝지어 놓았을 때 더 이상 짝지을 바둑돌이 없는 쪽이 '더 적다', 남는 쪽이 '더 많다', 짝이 맞으면 '같다'를 알게 한다.

사탕이나 과자로 해도 된다. 숫자는 몰라도 일대일 짝짓기를 통해 '많다, 적다, 같다'를 구분할 수 있어야 한다. 쉬워 보이지만 묘하게 어렵다. 그럼 언제부터「수」에 대한 학습을 하는 것이 효과적일까?

일대일로 짝지어진 바둑돌의 위치를 바꾸어 간격을 넓게 하거나 촘촘하게 하여도 보태거나 덜어내지 않았으므로 바둑돌의 양에는 변화가 없음을 정확하게 인지하는 나이부터 시작하는 것이 좋다. 두 집합의 요소들을 어떻게 배치하여도 언제나 일대일 짝짓기가 가능하다는 것을 이해할 수 있을 때, 비로소 수의 개념을 터득했다고 볼 수 있다(피아제의 수의 보존의 법칙 3단계). 5~6살 무렵이다. 이렇게 일대일 대응이 완성된 시점부터 본격적으로「수 세기, 수 이름 익히기」에 들어가면 좋다. 아이에게 사물 인지, 색깔 인지 등은 적극적으로 가르친다. 그와 마찬가지로「수」의 개념도 가르쳐야 한다. 종이 속의 그림을 보면서 익히는 것이 아니라 사탕, 구슬, 바둑돌 등을 직접 만지고, 비교하고, 세면서 수를 느껴야 쉬운 수학이 된다.

수 세기, 수 이름 익히기

글자를 읽을 줄 아는 것과 책을 읽으며 책의 내용을 파악할 줄 아는 것은 다르다. 마찬가지로 숫자를 읽을 수 있는 것과 「수」의 의미를 아는 것은 다르다. 1, 2, 3, 4, 5…「숫자」뿐만 아니라 하나, 둘, 셋, 넷, 다섯…「수」의 의미를 알아야 한다. 숫자가 나타내는 양적인 크기와 자릿수에 따라 달라지는 수의 크기를 이해하게 만들어야 한다. 수의 양적인 의미와 순서의 의미가 동시에 학습되어야 한다. 학습하는 수의 범위를 아이의 나이에 맞게 정하는 것이 효과적이다.

처음엔 1~3부터 시작하여 1~5, 1~10, 1~30, 1~50, 1~100으로 수의 범위를 확장해 나간다. 유아 때(5~7세)는 1~5, 1~10까지 수의 양적인 의미를 직관적으로 인지하고, 1~30까지 수의 순서를 정확하게 알고 있으면 더할 나위 없이 좋다.

아이가 알고 있는 수의 범위가 클 필요는 없다. 5까지의 수, 10까지의 수를 알더라도 그 의미를 정확하게 알아야 한다. 처음 수를 접하는 아이에게는 10까지의 수를 정확하게 아는 것이 몇 개를 빠뜨려가며 대충 100까지의 수를 외우고 있는 것보다 훨씬 좋다.

양적인 크기에 대한 느낌이 확실해야 한다. 10개의 바둑돌을 보고 직접 세어보지 않더라도 대충 10개쯤이라고 그 양을 어림할 수 있어야 한다. "일, 이, 삼, … , 구, 십"으로도 읽을 수 있고, "하나, 둘, 셋, … , 아홉, 열"로도 읽을 수 있어야 한다.

1, 2, 3, … , 8, 9, 10: 앞에서부터 세기
10, 9, 8, … , 3, 2, 1: 거꾸로 세기
5, 6, 7, 8, 9, 10: 출발점이 어디라도 순서대로 셀 수 있기
2, 4, 6, 8, 10 / 1, 3, 5, 7, 9: 하나씩 건너뛰어 세기
첫 번째, 두 번째, 세 번째 …: 서수로 말하기
… 5, 6, 7, …일 때: 뒤의 수 7이 5보다 더 큰 수라는 것을 알기

앞의 수, 뒤의 수, 1 큰 수, 1 작은 수 등 그 모든 것의 의미가 완전해야 그 수를 정확하

게 안다고 말할 수 있다. 수의 범위를 크게 하려 하지 말고 작은 수의 범위에서 완벽하게 알게 해야 한다. 대충 몇 개를 아는 것보다 하나를 정확하게 아는 것이 훨씬 좋다. 부모는 아이보다 좀 더 큰 수 범위까지를 알고 있고, 아이는 좀 더 작은 수 범위까지를 알고 있을 뿐이다. 알고 있는 수의 범위 안에서는 부모가 보는 수의 안목이나 아이가 보는 수의 안목이 같아야 한다.

상황에 따라 기수와 서수를 구별하여 쓸 줄도 알아야 한다. 이론적 설명이 아니라 생활 속 경험에 의해 익히는 수밖에 없다. 책을 많이 읽은 아이가 유리하다.

나는 10살입니다.	(십, 열)
10년 후에 나는 어떻게 변해 있을까요?	(십, 열)
사과가 10개 있습니다.	(십, 열)
내 생일은 12월 10일입니다.	(십, 열)
손가락은 10개입니다.	(십, 열)
우리 집은 10층입니다.	(십, 열)
이번 주에 책을 10권 읽었습니다.	(십, 열)

TIP

요즘 아이들은 너무 많은 것을 배우고 있다. 부모들은 아이들이 뭐든지 잘하는 팔방미인이 되기를 원하지만, 이것저것을 하느라 시간에 쫓기는 아이들은 부모들의 바람과는 달리 이것저것 아무것도 똑바로 할 줄 모르는 아이로 자라기에 십상이다. 매 순간 집중해서 해야 하는 것이 한두 가지일 때 최상의 효과를 거둘 수 있다.

유아에서 초등학교 3학년까지의 최우선 목표가 독서가 되면 이후의 학습이 굉장히 쉬워진다. 책 읽기를 즐기는 아이의 이해력은 또래 아이보다 월등히 높다. 배경 지식도 풍부해진다. 부모가 해결해 줄 수 없는 수많은 것을 책 속에서 찾아낼 수 있다. 저학년 수학 학습에는 하루에 많은 시간이 필요하지 않다. 규칙적으로 하루 2장 정도씩 학습하면 된다. 하루 30분이면 충분하다. 그 나머지 시간은 독서에 할애해야 한다. 그러면 아이는 단단한 디딤돌 하나를 가지게 될 것이다.

부모가 관심을 가지고 정성을 기울여도 초등학교 3학년은 되어야 책을 술술 읽으며 책이 주는 즐거움 속으로 빠져들 수 있다. 책 읽는 즐거움을 아는 아이에겐 독서는 더 이상 의무적으로 해야 하는 과제가 아니다. 책을 읽는 것이 즐거운 놀이가 된다.

3학년 이후로는 수학의 비중을 높여야 한다. 그러니 3학년까지 독서의 즐거움을 알게 해야 이후로 공부하기가 쉬워진다. 아이가 독서의 즐거움을 아는 순간부터 영어 학습에 관심을 가지는 것이 좋다. 아이는 한꺼번에 두 개 이상의 과제를 집중적으로 수행하기가 힘이 든다. 유아에서 초등 2~3학년까지 독서와 수학에 집중하면 독서는 반드시 재미있는 놀이가 되어있을 것이고, 수학도 어느 정도 단단하게 뿌리를 내리게 될 것이다.

하루 2장 수학 학습이 그리 부담스럽지 않은 시점에 영어를 시작하면 수학, 국어, 영어 모두가 탄탄해질 가능성이 커진다. 이것도 저것도 다 해야 할 것 같은 불안감에 한꺼번에 셋을 시작하면 죽도 밥도 안 되고 아이는 지쳐 쓰러지기 마련이다. 아이의 지적, 체력적, 시간적 능력의 한계도 생각해야 한다.

유아~초등 1학년: 5~10분, 초등 2~3학년: 10~30분, 초등 고학년: 20분~40분의 범위를 넘지 않는 선에서 집중해서 학습하는 것이 좋다. 짧은 시간 동안 집중력 있게 공부하는 것이 습관 되어야 종일 놀고 있는 것 같은데 공부 잘하는 아이가 된다. 대부분의 우리 아이들은 종일 공부하고 있는데 성적은 오르지 않는다.

「5까지 수」의 양적인 의미 익히기 (워크북 참고)

수를 익힐 때 처음 목표는 「5까지의 수」를 정확하게 알게 하는 것으로 시작한다. '숫자'와 '양적인 크기'는 의미가 다르다. 사과 다섯 개가 있을 때 어른에게 개수를 물으면 5라고 대답할 수 있지만, 아이는 5(숫자)와 다섯 개(양적인 크기)를 연결하지 못한다. 이를 익히기 위해 우선은 1부터 5까지의 작은 수에 익숙해져야 한다. 5를 정확히 알면 사과 5개와 일 대 일로 짝지어진 바둑돌 5개도 5라고 말할 수 있고 「오, 다섯」이라고 읽을 수 있다.

생활 속에서 공깃돌, 바둑돌, 구슬 등을 통해 5를 가르고 모으는 것을 연습해야 한다. 5가 되는 경우의 수는 (1, 4) (2, 3) (3, 2) (4, 1) 네 가지밖에 없다. 구체적 예시를 통해 교환의 의미도 알게 한다. 교환이란 단어는 사용하지 않지만 두 개와 세 개의 묶음은 세 개와 두 개의 묶음과 크기가 같다는 것을 놀이 속에서 직접 확인해야 한다(교환이라는 단어는 중학교 때부터 사용하게 된다). 「5까지 수」를 익히는 몇 가지 방법을 소개한다.

예 1. 숨어 있는 공깃돌 맞추기
"아빠 손에 공깃돌이 몇 개 숨어 있는지 맞추기 게임을 해 볼까?"
"여기 하나, 둘, 셋, 넷, 다섯 개의 공깃돌이 있어."

공깃돌을 세고 나서 왼손과 오른손으로 공깃돌을 나누어 가진다.
"아빠 왼손에 「하나, 둘, 셋」 세 개의 공깃돌이 있네. 오른손에는 몇 개의 공깃돌이 숨어 있을까?"

아이가 문제를 내면 아빠는 늘 알아맞히는 능력 있는 아빠로 각인될 것이다.

예 2. 숫자 카드 만들기
A4용지를 두세 번 접은 후 잘라서 수 카드 책을 만들어 노는 것도 좋은 방법이다. 자른 종이에 링을 끼우고 1~5까지의 수를 쓴다. 아이가 수를 쓸 수 없을 때는 엄마가 써 주지만 아이가 수를 쓸 수 있는 시점부터는 아이가 접고, 오리고, 쓰고, 스티커를 붙이고, 도장을 찍고, 개수만큼 동그라미(○)를 그리면서 놀게 한다. 모든 걸 아이 스스로 해결하도록 유도하고 엄마는 최소한의 것만 관여해야 한다. 예쁘게 만들려 하지 말고 그때그때 상황에 맞게 만들어 사용하는 것이 가장 좋다.

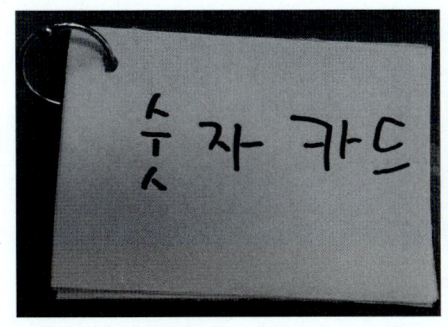 

예 3. 남아있는 바둑돌은 몇 개일까요?

주머니나 컵 속에 바둑돌 다섯 개를 세어서 넣는다. 그 안에 손을 넣어 바둑돌 몇 개를 집어내고, 주머니(컵) 안에 남아있는 바둑돌의 수를 맞추는 게임이다. 아이가 수를 말하면 반드시 주머니(컵) 속의 바둑돌을 집어내며 확인한다. 나온 바둑돌을 보며 마무리 멘트를 꼭 한다. "꺼낸 3개와 남아있는 2개를 합하면 5개가 되네." "3(세)개랑 몇 개가 만나 5(다섯)개가 되었니?" "어떤 숫자 두 개가 만나 5(오)가 되었어?" 아이가 잘 대답할 수 있는 것으로 마무리한다.

예 4. 도트(●)가 5개인 카드 찾아오기

앞면에는 도트(●)를 그리고 뒷면에는 숫자를 쓴다. 도트(●) 대신 스티커를 붙이거나 도장을 찍어도 좋다. 처음에는 도트를 보고 5를 알게 하고 익숙해지면 뒤집어서 숫자를 보고도 다섯을 알게 한다. 은연중에 (2와 3)을 (3과 2)로 자리 바꾸어도 같게 됨을 알게 될 것이다.

앞면	●●●	●●	●●	●●●	●●●●	●	●	●●●●
뒷면	3	2	2	3	4	1	1	4

예 5. 모든 기준을 5로 두기

아이에게 「5까지 수」를 가르치고자 하는 시기에는 모든 활동의 기준을 5로 둔다. 과일을 먹을 때도 5개를 기준으로, 과자를 먹을 때도 5개를 기준으로 한다. 책도 5권을 가져다 놓고 읽고, 머리핀도 5개, 미니카도 5대, 접하게 되는 모든 상황을 「5」를 기준으로 노출 시켜 늘 5를 접할 수 있게 하는 것이 효과적이다.

왼쪽 접시에는 쿠키 2개, 오른쪽 접시에는 쿠키 3개. 지금 수진이는 쿠키 몇 개를 먹는 걸까? 다음날은 왼쪽 접시에는 딸기 4개, 오른쪽 접시에는 딸기 1개. 지금 수진이는 딸기 몇 개를 먹는 걸까? 그다음 날은 왼쪽 접시에는 바나나 3조각, 오른쪽 접시에는 바나나 2조각. 지금 수진이는 바나나 몇 조각을 먹는 걸까? 어떤 날은 과자 5개를 주고 어떻게 나누어 먹을지 아이가 결정하게 한다. 「2개, 3개/ 3개, 2개」가 되어도 그 양은 늘 같음을 경험으로 알게 한다. 모든 상황에서 「5」에 노출되게 하여 (1, 4) (2, 3) (3, 2) (4, 1)을 체험하게 한다. 숫자 5를 아무리 설명하여도 되지 않는다. 아이가 다양한 경험을 통하여 스스로 알게 되어야 한다. 공부는 가르치는 것이 아니다. 아이가 수용할 수 있는 범위의 개념을 제공하고 알아가게 하는 것이다. 수용 범위를 잘 정하여야 한다. 아이가 싫어하면 뭔가 잘못 접근한 것이다.

예 6. 접시 밑에 쓰여진 숫자 맞추기

접시 뒷면에 수를 써서 테이프로 살짝 붙여 둔다. 힌트를 주자면, 접시에 놓인 과자 혹은 과일의 수가 접시 밑에 쓰여진 숫자이다. 먹고 난 뒤 아이가 추측한 수가 맞는지 확인한다. 혹은 과자를 놓아둔 그릇을 숫자가 쓰여진 종이로 덮어 둔다. 큰 숫자를 선택해야 과자를 많이 먹을 수 있다. 숫자를 붙일 때도 가르치고자 하는 숫자를 분명히 알 때까진 같은 수를 반복하여 붙여 두는 것이 좋다. 수를 알게 되는 경험이 재미있어야 수학이 재미있다.

예 7. 숫자 보물찾기

집안 곳곳에 숫자를 써서 숨겨 둔다. 숫자 찾기 놀이를 하면 아이가 엄청 재미있어한다. 특정 숫자 찾기가 되어도 괜찮고, 어떤 수를 보여주고 합이 5 또는 10이 되는 숫자를 찾아오게 해도 된다. 찾아온 숫자 뒷면에는 받게 될 선물(과자)의 이름을 쓰거나 그림으로 그려두면 된다.

예 8. 화이트보드에 숫자 5를 써 둔다.
① 5만큼 자석 붙이기.
② 엄마가 몇 개의 자석을 붙여 두면 이어 붙여 5개 만들기

엄마가 3개를 붙여두면 아이는 2개를 붙여야 하고, 엄마가 2개를 붙여두면 아이는 3개를 붙여야 한다. 별거 아닌 것 같은데 의외로 실천하기도 쉽고 효과적으로 수를 익힐 수 있다. 자석이 붙는 화이트보드가 없으면 A4 용지에 숫자를 써서 냉장고에 붙이고 해도 된다. 강추한다! 하루에 1번은 꼭 하기!

예 9. 숫자가 들어간 문장 말해 보기
무엇을 하든 생각하게 만드는 것이 진짜 공부이다.

'내 동생은 1살입니다', '붕어빵 2개를 먹었습니다', '우리 집은 3층입니다', '우리 가족은 모두 4명입니다', '필통에 연필 5자루가 있습니다' 등

예 10. 빈 플라스틱 통 활용하기
아래 사진과 같이 빈 통에 숫자를 붙이고, 숫자에 맞게 빨대를 꽂고, 순서에 맞게 줄을 세워 보자. 색연필도 꽂아 보자. 색연필을 꽂을 때는 색깔별로 숫자만큼 꽂아 보자. 그러면 자연스럽게 조건이 2개인 상황과 만나게 된다. 숫자와 색깔을 같이 볼 수 있어야 한다. 아이에게는 조건이 하나일 때와 두 개일 때의 난이도가 다르다. 빨간색 색연필 1개, 노란색 색연필 2개, 초록색 색연필 3개 등을 꽂아 보자.

상황에 따라 다른 조건을 줄 수도 있다(예. 색연필보다 긴 것을 꽂아 보자. 짧은 것을 꽂아 보자). 빨대 끝에 색 테이프를 붙여 사용해도 된다. 아이는 어떤 하나를 정확하게 아는 순간 사고력이 폭발적으로 성장한다. 어슴푸레하게 대충이 아니고 정확.하.게.

단추를 가지고 놀면 조건을 좀 더 다양하게 제시할 수 있다. 단추를 색깔별, 모양별, 크기별, 단추 구멍의 수에 따라 분류를 한다. 조건을 더 강화할 수도 있다. 동그란 모양이고 단추 구멍이 2개인 것, 동그랗고 빨강이며 구멍이 2개인 것 등 아이의 수준에 맞게 조건의 수를 늘려가며 놀 수 있다. 예쁜 단추, 안 예쁜 단추처럼 조건이 주관적이어서는 안 된다.

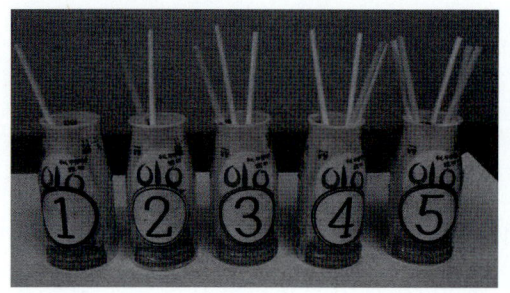

요구르트를 먹고 난 다음 빈 통에 숫자를 쓰고, 숫자만큼 콩알을 담아 보자. 쌀, 콩, 구슬, 바둑돌 등 주변에 있는 무엇이든 담아도 된다. 수 개념과 더불어 소근육 발달에도 도움이 된다. 손놀림이 섬세해진다.

하나, 둘, 셋, … 수를 세면서 담으면 된다. 개수를 세며 말한 마지막 수가 전체의 개수임을 알게 해야 한다.

젓가락, 숟가락을 사용하여 담아도 된다. 젓가락으로 정해진 시간에 누가 많이 담나 게임을 할 수도 있다. 그러면서 시간에 대한 느낌도 자연스럽게 알 수 있게 된다.

랩을 씌우고 흔들어도 보자. 제각기 다른 소리가 날 것이다. 그냥 그렇게 아이랑 놀면서 아이가 자연스럽게 수 개념을 받아들일 수 있게 다양한 여러 가지 방법으로 접근하면 된다. 아이랑 10분을 놀아주지 않으면서 아이가 수를 쉽게 받아들이길 기대하는 것은 부모의 욕심이다.

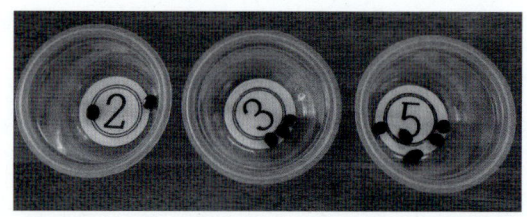

예 12. 도장 찍기 & 스티커 붙이기

수 개념을 익힐 무렵의 아이는 도장 찍기와 스티커 붙이기를 무척 좋아한다. 아이가 5세~8세라면 이런 교구를 만들어 보면 좋다. A4용지에 선을 긋고 1에서 5까지 수를 쓰기만 하면 된다. 방법을 달리하며 하루에 1장 정도 학습한다. 아이가 선을 긋고 숫자를 써서 하면 더 좋다.

1. 숫자만큼 도장 찍기(스티커 붙이기): 강추. 쉽게 실천할 수 있으며 효과적이다. 선 없는 연습장에 하루에 1번씩 연습하면 아주 좋다. 조건을 2개로 만들 수도 있다. 빨간색 스티커 한 개 붙이기, 노란색 스티커 2개 붙이기 등
2. 붙인 스티커 수만큼 숫자 쓰기
3. 숫자만큼 그림(동그라미, 별 모양 등) 그리기: 손힘을 기르는 것도 상당히 중요한 능력이다.
4. 숫자만큼 블록 늘어놓기: 길이에 대한 느낌을 기를 수 있다.
5. 숫자만큼 블록 쌓아 보기: 높이에 관해 이야기할 수 있다.

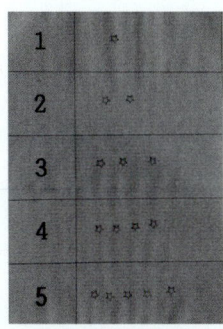 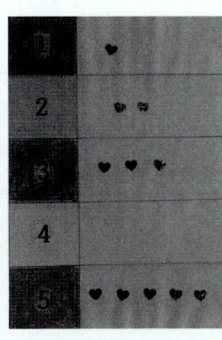 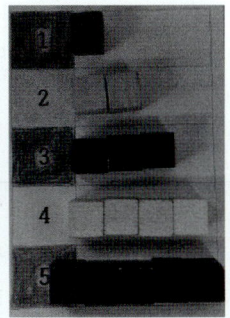 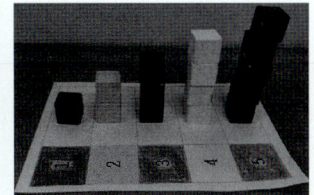

예 13. 미니 농구 골대 이용하기

집안에 미니 농구 골대가 있다면, 날마다 다른 숫자를 붙여 주자. 1이 붙여진 날은 한 번에 하나씩 던지기, 5가 붙여진 날엔 한 번에 다섯 개씩 던지기 등의 규칙을 정한다.

예 14. 물티슈 뚜껑 활용하여 5 만들기

다 쓴 물티슈 뚜껑을 흰 종이 위에 붙인다. 뚜껑 위에 사과를 3개 그린다. 사과가 모두 5개가 되려면 몇 개가 더 있어야 할까? 정답은 뚜껑을 열면 알 수 있다. 뚜껑을 열면 사과 2개가 그려져 있다. 숫자로도 써 놓는다. 뚜껑에 3을 써 놓으면 뚜껑을 열면 2가 쓰여 있다. 질문하고 뚜껑을 열어 확인한다. (1, 4) (2, 3) (3, 2) (4, 1) 4개를 만들어서 가지고 논다.

예 15. 도트(●) 카드

5까지의 수는 직관적으로 볼 수 있게 연습하는 것이 좋다. 보는 순간 네 개는 4, 다섯 개는 5로 보여야 한다. 양적인 느낌이 정확해야 한다.

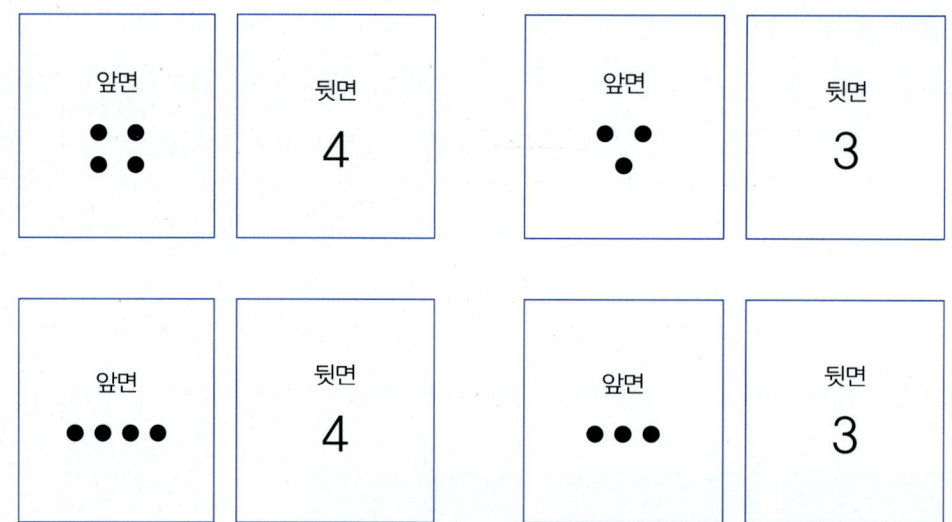

도트(●) 카드를 만들어 활용한다. 앞면에 도트를 그리고 뒷면에 수를 쓴다. 카드를 섞어 놓고 찾기 놀이를 한다. "동그라미(●) 다섯 개가 그려진 카드를 찾아보세요." 찾으면 뒷면에 쓰인 숫자를 확인한다. 여러 장 만들어서 섞여 있어도 직관적으로 볼 수 있을 때까지 꾸준히 연습한다. 1~10까지의 도트는 긴 시간 동안 노출 시키는 것이 중요하다.

여러 가지 경험을 통해 5의 크기를 직관적으로 알게 하고, (1, 4), (2, 3), (3, 2), (4, 1)로 가를 수 있음을 정확하게 이해해야 한다. 그리고 난 후에 자연스럽게 암기되어야 한다. 목표는 「5까지 수의 양적인 의미」 익히기이다. 방법은 상황에 따라 이것저것 아이에게 맞는 여러 가지 방법을 찾아 적용해야 한다. 최소한 1년 정도의 시간 동안 1~10까지 수의 도트(●) 연습을 하면 아이가 수를 받아들이기 아주 편안해진다.

> **TIP 교구 만들기**
>
> 비싸고 화려한 교구가 아이의 수학적 감각을 더 잘 키워줄 것 같지만 아이가 생활 속에서 가까이 접할 수 있는 모든 것을 교구로 사용하는 것이 아이의 수학적 감각을 키우기에는 더 좋다.
>
> 값비싼 교구나 직접 만들어 쓰는 교구나 교육적 효과는 똑같다. 아니 만들어 쓰는 교구가 더 효과적일 수 있다. 아이는 비싼 장난감도, 빈 상자도, 플라스틱 통도 똑같이 새로운 자극으로 생각하고 받아들인다.
>
> 무엇을 가지고 어떻게 노느냐가 중요하다. 부모가 정성스럽게 교구를 만들어 아이가 사용하게 하는 것도 좋지만 아이가 교구 만드는 과정에 참여하는 것이 더 좋다. 아이가 만드는 과정에 참여하는 것의 교육적 효과는 가늠할 수 없을 정도이다. 더 크고 능동적인 자극이 되기 때문이다. 예쁘지 않아도 된다. 예쁘게 만들려고 하다가는 마음만 먹다 아무것도 못하고 지나치기 십상이다. 혹은 밤새 예쁜 교구를 만드느라 지쳐 낮에 아이랑 놀지 못하고 쓰러져 있다면 이것 또한 아무 소용없는 일이 되고 만다. 예쁘지 않더라도 지금 상황에 맞게 후딱 만들어 사용하는 교구가 가장 좋은 자극을 주는 가장 훌륭한 교구이다.
>
> 내가 빈 상자를 오려 하나의 다른 상자를 만드는 것은 쉬운 일이다. 하지만 아이가 빈 상자를 오려 하나의 다른 상자를 만드는 것은 가히 발견에 견줄 만한 일이다. 아이 스스로 해낼 수 있는 아주 작은 것을 통해 아이의 수학적 자신감과 능력을 일깨워야 한다.

「10까지 수」의 양적인 의미 익히기 (워크북 참고)

5의 크기에 대한 느낌이 정확해지면 수의 범위를 확장시킨다. 6~10까지의 수는 5를 기준으로 익히는 것이 여러모로 좋다. 5를 정확하게 아는 순간부터 아이는 알고 있는 것을 활용하여 개념을 확장시키게 된다. 전제 조건은 「5까지의 수」 정확하게 알기이다. 6은 5보다 1 큰 수, 7은 5보다 2 큰 수, 8은 5보다 3 큰 수, 9는 5보다 4 큰 수, 10은 5보다 5 큰 수로 익히면 활용하기가 좋다.

10까지 수의 도트(●) 연습은 나이에 상관없이 하는 것이 좋다. 대부분의 취학 전 아이들은 1년 정도, 초등 1~2학년 아이는 적어도 6개월 정도는 꾸준히 연습해야 수를 말하면 아래 도트의 형태가 머릿속에 연상된다. 그래야 10개 정도의 수의 크기에 대한 느낌이 분명해진다. 이 과정의 학습이 충분한 아이는 10의 보수(10 만들기)와 덧셈을 쉽게 받아들일 수 있다.

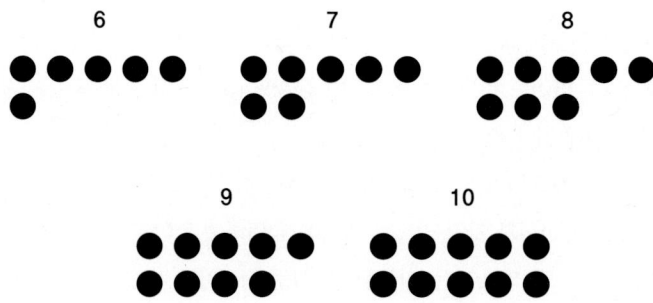

수를 생각하거나 연산을 할 때 수를 나타내는 구체적인 이미지가 떠오르면 좋다. 10보다 작은 수는 도트, 10보다 큰 수는 수 막대가 연상되면 수를 파악하기에 좋다. 8과 7의 이미지가 도트 모양으로 머릿속에 그려지면 8 + 7 = 15는 너무나도 쉽게 떠올릴 수 있다. 8 + 7을 익힐 때 직관적으로 15가 나오게 하는 것도 중요하지만, 8과 7을 여러 가지 형태로 분해하고 합성하는 것은 더 중요하다.

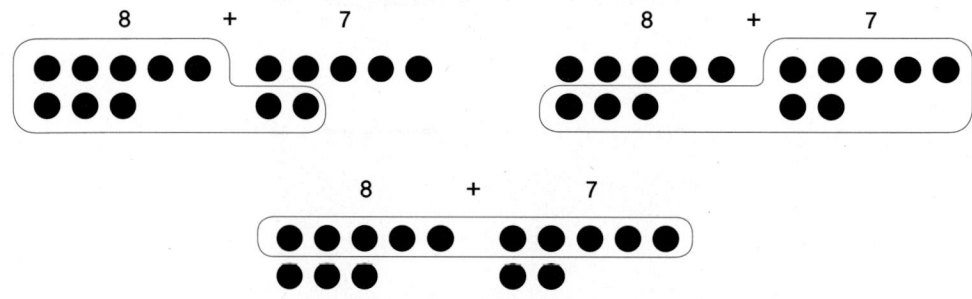

8 + 2 + 5, 7 + 3 + 5, 5 + 5 + 3 + 2가 모두 이해되어야 한다. 그러기 위해서는 「10까지 수의 양적인 크기」가 완성될 수 있게끔 충분히 연습해야 한다. 별 것 아닌 것처럼 보이지만 상당히 중요한 첫걸음이다. 어려운 덧셈부터 시작할 것이 아니라 작은 수 범위 안에서

시각적으로 양을 확인하며 수를 분해하고, 합성하는 것을 충분히 연습해야 함은 아무리 강조해도 지나침이 없다.

동시에 수 세기 연습을 1~10, 1~30, 1~50으로 확장하며 연습한다. 하나를 정확하게 하여 다음 학습에 활용할 수 있게 하면 늘 수학은 쉽다. 1~10이 정확할 때 1~20까지 수 세기를 연습한다. 1~20까지 수 세기가 정확할 때 1~30까지로 수의 범위를 늘린다. 1~20을 익힐 때는 1~10까지 수는 땅 짚고 헤엄치기보다 더 쉬워야 한다. 어릴 때 수를 익히는 것은 큰 수를 대충 아는 것보다 작은 수를 정확하게 아는 것이 더 중요하다. 수를 안다고 하는 것은 수의 순서와 양적인 크기까지를 포함한다.

> **TIP**
>
> 5까지의 수, 10까지의 수를 익힐 때 공깃돌, 구슬, 바둑돌 등 구체물을 많이 접하고 페이퍼 학습으로 들어가야 한다. 만지면서 확인하는 과정이 많을수록 수학이 쉽다. 페이퍼 학습은 이미 알고 있는 것을 정리하는 느낌이 들게끔 하는 것이 좋다. 도트가 그려진 수 카드를 보고 숫자를 찾는 게임도 「5 만들기」에 이어 계속하면 수의 양을 가늠하는 데 많은 도움이 된다.
>
>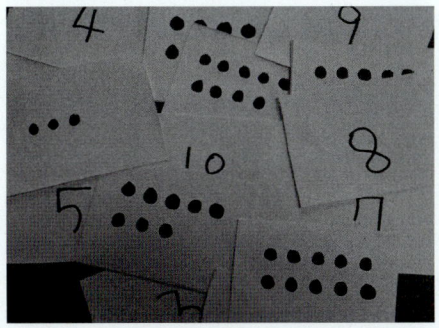
>
> ※ 주의: 의욕이 너무 앞서 나가지 않기. 천천히 천천히.

수 개념을 형성하는 데는 한꺼번에 쏟아붓는 양이 아니라, 날마다 조금씩 쌓아가는 세월의 힘이 필요하다. 10까지의 수를 도트를 보며 직관적으로 알게 하는 것은 부모가 생각하는 것보다 훨씬 중요하고, 훨씬 긴 시간 동안 학습해야 한다. 이깟 동그라미 며칠 공부하면 되지 않을까 싶겠지만 혹은 이게 뭐 그리 도움이 될까 싶을 수도 있겠지만 이것을 쉽게 연상하는 아이의 수 세계는 추상적이 아니라 굉장히 구체적으로 다가오게 된다.

바둑돌을 한 주먹 집어다 놓고 세어보자. 나이에 따라 세는 방법이 달라야 한다. 처음 수를 익히는 아이라면 "하나, 둘, 셋, 와아 많다."로 세어야 한다. 그러다가 셋까지 세기가 쉬워지면 이번엔 "하나, 둘, 셋, 넷, 다섯, 와아 많다."로 세기 시작한다. 다섯까지를 셀 땐 셋까지 세기는 아주 쉬워야 한다. 열까지를 셀 땐 다섯까지 세기는 자신 있어야 한다. 조금씩 끊어 완전학습하며 나가는 것이 받아들이기가 쉽다. 10까지 세기가 잘 되면 "둘, 넷, 여섯, 여덟, 열"로도 세어본다.

10까지 수를 잘 아는 것이 수학 학습의 기본이다. 그렇게 조금씩 익혀 나가야 한다. 아이에 따라 빨리 익히는 아이도 조금 더디 나가는 아이도 있겠지만 아이가 완전히 알 때까지 반복되어야 한다. 부모들은 학창 시절에 수학이 어려웠고 자신들이 알고 있는 것이 없다고 하지만 이미 상당히 많은 것을 알고 있다. 알고 있는 수학 중에 몇 개만이라도 아이에게 잘 전달할 수 있으면 충분히 아이의 수학적 감각을 키울 수 있다.

늘 쉽게 가르쳐야 한다. 아이가 수용 가능한 수준의 학습만 하여야 한다. 그래야 전진할 수 있다. 멈추어 서게 만들면 안 된다. 방치와 무리한 선행학습이 아이를 멈추어 서게 만든다. 종종 밀린 문제집 5~6장을 풀어야 한다며 울먹이는 아이를 만나게 된다. 수학 학습은 밀린 과제를 메우는 학습이 아니다. 밀리지 않게 규칙적으로 공부하는 것이 제일 좋고, 혹시 일이 있어 밀렸다면 그 부분을 한꺼번에 해결하려 하지 말고 다시 공부를 시작하는 그 날부터 밀리지 않게 규칙적으로 학습하는 것이 좋다.

역지사지. 늘 아이와 입장 바꿔 생각해 보아야 한다. 내가 풀기 버거운 문제를 한꺼번에 5~6장을 푼다면 어떨까? 어느 하루 5~6장의 문제를 푼다고 실력이 향상되진 않는다. 규칙적이고 지속적인 자극이 수학 실력을 향상되게 만든다.

> **여담 하나.**
> 저는 한꺼번에 많은 자극을 주는 것은 아이의 지적 성장에 그리 도움이 되지 않는다는 것을 일찍 알았습니다. 그래서 매일 내일을 기다렸습니다. '빨리 내일이 와야 이걸 또 할 텐데' 하고. 지속적인 작은 자극들이 아주 중요합니다.

「1~30까지의 수」 순서 익히기

10까지 수의 양적인 크기를 익히면서 동시에 「1~30까지의 수」의 정확한 순서를 익혀야 한다. 다양한 방법을 통한 연습이 필요하다. 계단을 오르면서, 길을 걸으면서 수를 세는 것이 가장 부담 없이 수를 접하는 시간이다. 아이와 주거니 받거니 수를 세며 길을 걸어야 한다.

손에 힘이 생기기 전에 숫자를 쓰는 것은 학습이 아니라 노동이 될 수도 있으므로 처음 수를 배울 때는 쓰기에 크게 신경 쓰지 않아도 된다. 조금씩 숫자 쓰기 연습을 시작할 때는 10칸 노트를 사용하는 것이 좋다. 은연중에 수의 규칙이 보이게 된다. 한꺼번에 많은 수 쓰기는 피해야 한다. 1~20, 11~30, 21~40처럼 10개에서 30개의 범위 안에서 끊어 쓰도록 한다. 처음 숫자를 쓸 때부터 연필을 바르게 잡고 획순을 정확하게 익혀야 한다. 한 번 나쁘게 습관 들면 바로 잡기가 쉽지 않다.

예) 숫자 쓰는 순서

10 만들기

12 − 7 = 10 − 7 + 2, 12 − 7 = 12 − 2 − 5, 8 + 7 = 8 + 2 + 5, 8 + 7 = 5 + 3 + 7

1학년 마지막 단원에서 배우는 내용이다. 위의 문제가 자연스럽게 받아들여지기 위해서는 「묶음과 낱개, 10 만들기, =」에 대한 완전한 이해가 있어야 한다. 안 되는 아이는 그때가 언제라도 구체적 조작을 통해 완성시켜야 한다.

다른 수 만들기는 꼭 외울 필요 없지만, 5 만들기와 10 만들기는 정확하게 외우고 있어야 한다. 10이 되는 경우는 교환의 의미를 이해하면 (1, 9) (2, 8) (3, 7) (4, 6) (5, 5) 다섯 가지이다. 아이가 혼동 없이 익히기 위해서는 다양한 여러 경험이 필요하다.

① 비닐 팩에 1~9개 바둑돌을 넣고 10이 되게 짝짓기 놀이
    짝을 찾으면 꼭 세어 확인한다. 그리고 "3과 7이 만나면 10이 돼" 하고 짚어 주거나 아이가 말할 수 있게 한다.

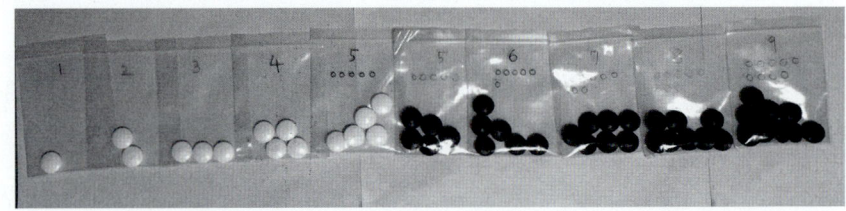

② 꾸준히 도트(●) 세기 연습을 하여 도트로 10까지 수의 양적인 크기를 기억하게 한다.
③ 10이 되는 수를 찾아볼까?
    10이 되는 경우를 외우기에 앞서 다양한 여러 가지 경우를 찾아내는 것이 먼저이다. 이건 빨간색, 이건 노란색도 가르쳐야 하지만 빨간색인 것은 어떤 것이 있을까? 하고 물어보듯이 "하나는 일, 둘은 이, …"도 연습해야 하지만 "둘이 만나서 10이 되는 수는 어떤 것일까?"도 반드시 물어보아야 한다. (1, 9) (2, 8) (3, 7) (4, 6) (5, 5)를 아이가 먼저 찾아내게 만들어야 한다. 바둑돌을 가지고 확인하며 찾아보는 것이 좋다.
④ 암호 정하기
    "오늘 우리의 암호는 10이 되는 수 만들기야."
    "엄마는 7, 승훈이는?"
    "엄마는 3, 승훈이는?"
    도트의 형태가 연상되면 쉽다. 아이는 (3, 7)보다 (7, 3)을 더 쉽게 받아들인다. 먼저 (7, 3)을 완전하게 하여 (3, 7)을 알게 하는 것이 좋다.

⑤ 10개짜리 달걀 용기(초코볼 용기)에 바둑돌 담기

⑥ 종이컵에 1개~9개의 바둑돌을 담아두고 10개가 되는 수끼리 짝지어 본다. 짝을 지은 후 10개가 되는지 세어 확인한다. 8과 2를 합하여 셀 때 1부터 8을 세지 않고 8은 그대로 두고 9, 10으로 세는 것을 경험으로 알게 한다. 8 → 9, 10으로 세는 것이 2 → 3, 4, 5, 6, 7, 8, 9, 10으로 세는 것보다 쉽다는 것도 느끼게 한다. 세어보는 많은 경험을 통해 쉬운 쪽을 선택하여 셀 수 있게 만드는 것이 좋다. '이게 더 쉬워'하고 가르치기보다 더 쉬운 쪽을 선택할 수 있을 때까지 기다려 줄 수 있어야 한다. 직접 해 보면 어느 쪽이 쉬운지 저절로 알게 된다.

⑦ 주머니(종이컵)에 바둑돌 10개를 세어 넣는다. 주머니에 손을 넣어 바둑돌을 집어낸다. 집어낸 바둑돌을 보여주고, 주머니 안에 남아있는 바둑돌의 개수를 맞추어 본다. 이 방법은 5 만들기, 6 만들기, 7 만들기, 8 만들기, 9 만들기, 10 만들기에 다 활용할 수 있다. 5 만들기와 10 만들기가 우선 되어야 하며 정확해야 한다. 10에 대한 이해를 깊고 정확하게 만들면서 수 세기 연습도 꾸준히 하여야 한다.

> **TIP 아이와 많이 놀아주면**
>
> 단점 : 부모가 조금 귀찮을 수 있다.
>
> 장점 : 부모와의 관계가 좋아지고 아이가 밝고 정서적으로 안정되며 정신이 건강해진다. 놀아본 경험이 있는 아이가 친구들과도 잘 놀 수 있다. 친구들과 재미있게 놀 줄 아는 아이가 행복하다. 아무리 공부를 잘해도 놀 줄 모르는 아이는 행복 지수가 떨어진다. 아이는 놀이를 통해 큰다. 규칙을 지키고, 배려하고, 실망하고, 실망을 극복하고, 다투고, 화해하며, 더불어 살아가는 능력을 체험으로 익히게 된다.

10보다 큰 수 이해하기

같은 숫자라도 위치에 따라 수의 크기가 달라짐을 이해하는 것은 상당히 어려운 일이다. 수 막대를 가지고 많이 경험하게 하는 것이 좋다. '10개짜리 막대 2개와 낱개 3개'는 23이라고 쓰는 연습도 해야 하지만, 거꾸로 23개는 '10개짜리 막대 2개와 낱개 3개'를 직접 조작하는 연습도 해야 한다. 훨씬 더 능동적인 학습이 된다. 바둑돌을 가져와 직접 그 수 밑에 놓아보아 그 양의 크기를 알게 하는 것도 좋다. 두 자리의 수가 이해되면 세 자리, 네 자리의 수도 쉽게 받아들일 수 있다(유튜브 9~10강 참고하기).

두 자리의 수 이해가 가장 어렵다. 십 10(○), 이십 210(×), 삼십 310(×) 등 소리 나는 대로 쓰면 안 된다. 똑같은 개수를 한 개씩도 세어보고, 10개씩 묶음 지어서도 세어본다. 많은 경험을 통해 수를 셀 때 하나씩 세어도 되지만, 10개씩 묶음 지어 세면 훨씬 편리하다는 것을 느끼게 해야 한다.

① 종이에 칸을 나눠 22를 쓰고 각 칸에 바둑돌을 놓는다. 같은 숫자지만 위치에 따라 바둑돌의 개수가 다름을 느끼게 한다. 목표는 자릿수에 따라 그 크기가 다름을 알게 하는 것이다. 매일 같은 방법으로 하면 재미없어한다. 하루는 바둑돌, 다음 날은 도장 찍기, 다음 날은 스티커 붙이기, 수 막대 놓기 등으로 확인한다. 일의 자리 숫자를 같게 하기도 하고, 십의 자리 숫자를 같게 하기도 한다. 오늘은 (22, 12) 다음날은 (23, 32) (42, 24) (33, 35) 같은 숫자여도 위치에 따라 수의 크기가 어떻게 달라지는지를 충분히 경험하게 한다.
※ 워크북 5쪽 활용

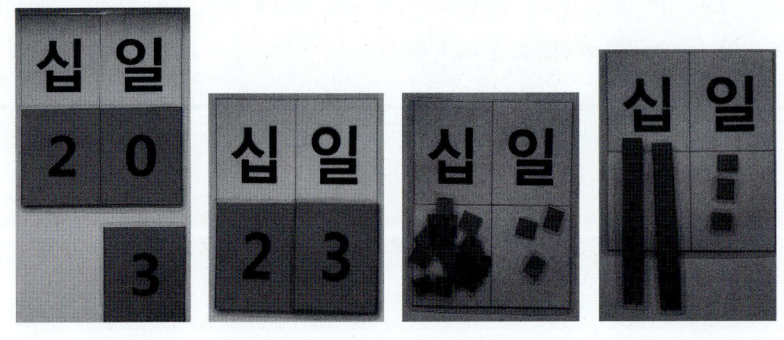

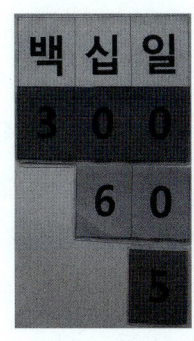

2	2
●●●●● ●●●●● ●●●●● ●●●●●	●●

1	1
●●●●●	●

2	4
●●●●● ●●●●● ●●●●● ●●●●●	●●●●

4	2
●●●●●●●●●● ●●●●●●●●●● ●●●●●●●●●● ●●●●●●●●●●	●●

② 숫자 만들기 놀이
- 준비물: 1~6까지의 숫자 카드 2벌, 2자리 수 숫자판, 주사위 2개, 칭찬 스티커

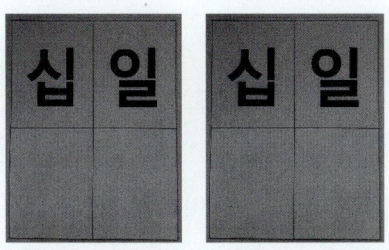

- 놀이 방법: 숫자판을 나눠 가지고 주사위 2개를 동시에 던져 나온 눈의 숫자를 가져온다. 한 개는 십의 자리, 또 다른 주사위의 눈은 일의 자리를 나타낸다.

주사위가 하나밖에 없을 때는 2번 던져 첫 번째로 나온 것은 십의 자리, 두 번째 나온 것은 일의 자리로 한다. 혹은 2번 던져 아이가 일의 자리, 십의 자리에 놓을 수를 정하게 해도 된다. 시작할 때 아이와 규칙을 정하고 시작하면 된다. 게임 전에 제시한 조건에 맞는 수를 만든 사람이 스티커를 하나 가져온다. 스티커 10개를 먼저 모으는 사람이 이긴다.

- 조건: 더 큰 수 만들기, 더 작은 수 만들기, 20보다 큰 수 만들기, 50보다 작은 수 만들기, 20보다 크고 40보다 작은 수 만들기 등

  예. 더 큰 수 만들기

  주사위를 2번 던져 아이는 1, 5가 나왔고 엄마는 3, 4가 나왔다. 아이가 이기려면 15가 아니라 51을 만들어야 한다.

③ 10컵 만들기

그냥 세어도 되는데 왜 묶어 세어야 할까? 10씩 묶어 세면 쉽고 편리하다는 것을 아이들이 경험으로 알게 되어야 한다.

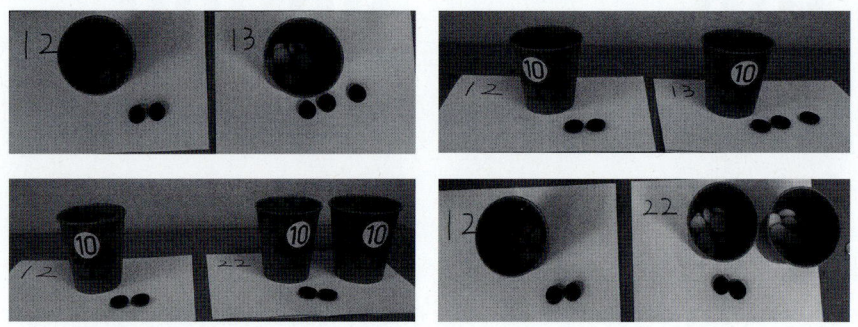

④ 수 막대 가져오기 게임

- 두 자리 숫자를 제시한다(게임에 참여한 사람이 번갈아 가며 숫자를 제시한다).
- 제시된 숫자만큼 먼저 수 막대를 가져오면 이긴다.

  위치에 따라 달라지는 크기를 직접 눈으로 확인하는 경험이 많을수록 좋다. 가져온 막대를 한 개씩 잘라 그 양의 크기를 비교해보아도 좋다. 막대 한 개를 자르면 낱개 열 개와 같다. 습관처럼 막대, 낱개를 가져와서는 안 된다.

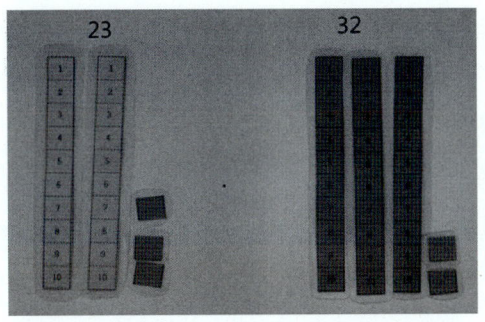

①~④까지의 활동을 하는 이유는 위치에 따라 크기가 다름을 인식하게 하는 것이다.

⑤ 주어진 숫자 카드로 「두 자리의 수」 만들기
   예. (1, 2, 3) → 12, 13, 21, 23, 31, 32
       (2, 3, 4) → 23, 24, 32, 34, 42, 43
       (0, 1, 2) → 10, 12, 20, 21

⑥ 5, 10, 15, 20, 25처럼 규칙이 쉽게 눈에 들어오는 것도 의도적으로 사용할 필요가 있다.

자릿값 이해하기

1, 2, 3, 4, 5, 6, 7… 숫자를 익히며 7이 2보다 더 큰 수라는 것을 알게 된다. 이 무렵 아이들의 생각으로는 27에서 2보다 7이 더 큰 숫자이다. 그런데 2가 7보다 더 크다고 한다. 혼란스러울 수 있다.

숫자가 쓰인 위치에 따라 수의 크기가 다름을 이해해야 한다. 설명으로 받아들여지지 않는다. 묶음과 낱개를 수 막대나 10컵을 만들어 세어보고, 비교하기를 수없이 많이 반복해야 한다. 아이의 직접적인 경험을 통해 자릿값에 따른 차이를 알아내야 한다.

10보다 큰 수를 익힐 때는 반드시 다음 3가지를 모두 경험하게 해야 한다. 1개씩도 세어야 하지만 10개씩 묶음 지어 세는 경험도 반드시 병행해야 한다.

① 1, 2, 3, 4, 5, 6, 7, ⋯ , 27(일, 이, ⋯ , 이십칠) → 27
② 하나, 둘, ⋯ , 스물일곱 → 27
③ 10개씩 묶음이 2개, 낱개가 7개 → 27

22에서 '앞의 2는 10개짜리 막대 2개, 뒤의 2는 낱개 2개의 크기'인 것이 머릿속에 그려져야 한다. 하루에 1번씩 한 주먹 혹은 두 주먹만큼의 바둑돌을 가져와 세어보고 크기를 비교해보고 양을 가늠할 수 있는 감각을 키우면 살아있는 수 개념을 만들 수 있다.

「100까지의 수」를 외우는 것이 중요한 일은 아니다.

1학년 2학기에 「100까지의 수」를 배우게 된다. 1학년 1학기 때 배운 50까지의 수를 바탕으로 100까지의 수로 확장하는 시기이다. 11, 12, 13 등을 기본으로 하여 51, 52, 53 등의 규칙을 유추해 낼 수 있어야 한다. 예순, 일흔, 여든, 아흔, 백으로 세는 것도 자연스럽게 구사할 수 있어야 한다. 100까지의 수를 익히는 것은 1학년 2학기 1단원의 학습 목표이다. 하지만 1단원 학습이 끝났다고 금방 100까지 수가 완전해지지는 않는다. 1학년 2학기 내내 100까지의 수를 연습하여 수의 규칙을 파악할 수 있게 하는 것이 좋다.

외우는 것은 누구나 할 수 있다. 규칙을 이해하고 유추할 수 있어야 151, 152, 153, ⋯ (2-1학기) / 1051, 1052, 1053, ⋯, 1151, 1152, 1153, ⋯(2-2학기)으로 자연스럽게 확장할 수 있다.

숫자의 암기는 조금 빨리 외우나 늦게 외우나 별 차이가 없다. 결국은 외우게 된다. 수의 규칙성을 깨우친 아이라면 힘들이지 않고 큰 수까지 유추해 낼 수 있다. 직접 만져서 확인할 수 있는 수의 범위 안에서 수의 규칙을 느낄 수 있도록 해야 한다.

「100까지의 수」는 1학년 2학기에 배우는 수의 범위이다. 유아 때 「100까지의 수」를 힘들게 외우게 할 필요가 없다. 외우고 있더라도 규칙을 이해하지 못하거나 활용하지 않으면 금방 잊어버리거나 큰 수로 확장하지 못한다. 유아 때는 「30까지 수」를 꾸준히 경험하게 하면서 「수의 규칙」을 느끼게 하는 것이 훨씬 더 효과적이다. 수를 외우는 것이 중요한 것이 아니다. 어슴푸레하게라도 수의 규칙을 느끼게 하는 것이 훨씬 더 중요하다.

숫자 카드로 수 만들기

'숫자 카드를 가지고 주어진 조건에 맞는 수 만들기'는 초등학교 전 학년에 걸쳐 연습할 수 있다.

1. 3장의 숫자 카드 중에서 2장을 뽑아 한 번씩만 사용하여「두 자리의 수」를 만들려고 합니다. 만들 수 있는 가장 큰 수와 가장 작은 수를 구해 보세요. (1-2학기)

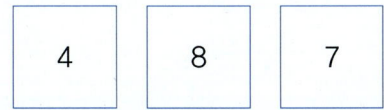

(풀이) 가장 큰 수 : 87 / 가장 작은 수 : 47

가장 큰 수는 큰 숫자부터 차례대로, 가장 작은 수는 작은 숫자부터 차례대로 써야 한다는 것은 금방 익히게 된다. 그것보다 더 중요한 것은 만들 수 있는 모든 수를 경험해 보는 것이다. 숫자 카드로 직접 만들어 보는 활동이 필요하다. 아이에게 규칙을 가르쳐 주기보다 나름대로 빼먹지 않고 구하는 방법을 터득하게 해야 한다. 처음에는 규칙으로 접근하지 못해도 된다. 몇 개 빠뜨려도 상관없다. 빠뜨리고 구하면 "47도 만들 수 있네"하고 빠뜨린 수를 제시해주면 된다. 규칙을 찾아내지 못하더라도 규칙을 이야기해 줄 때 쉽게 수긍할 수 있는 경험치를 충분히 만들어 두어야 한다.

주어진 숫자 카드로 두 자리의 수, 세 자리의 수를 규칙을 가지고 찾아내는 것은 중학교 확률(경우의 수), 고등학교 순열과 조합으로 연결된다. 손에 숫자 카드를 들고 직접 만들어 보는 과정이 많을수록 머릿속에서 잘 정리된다. 초등학교 과정의 학습은 미리 규칙을 가르쳐 줄 것이 아니라, 나중 학습에서 규칙이 쉽게 보일 수 있도록 준비하는 과정이 되어야 한다. 그래야 지금 수학도 쉽고 나중 수학도 쉽다. 준비되지 않은 상태에서 규칙부터 가르쳐주면 지금도 어렵고 나중에도 여전히 어렵다. 배우는 단원에서만 할 것이 아니라 주말에 가끔 한 번씩 게임처럼 하면 좋다.

연습문제

1. 3장의 숫자 카드 중에서 2장을 뽑아 한 번씩만 사용하여 만들 수 있는 두 자릿수를 모두 찾아 보세요. (1학년)

① (3, 4, 5) (답) 34, 35, 43, 45, 53, 54

② (1, 0, 5) (답) 10, 15, 50, 51

1-1. 3장의 숫자 카드를 한 번씩만 사용하여 만들 수 있는 세 자릿수를 모두 찾아보세요. (2학년)

① (3, 4, 5) (답) 345, 354, 435, 453, 534, 543

② (1, 0, 5) (답) 105, 150, 501, 510

※ 처음 시작은 꼭 숫자 카드를 가지고 직접 수를 만들어 본다. 대부분의 1~2학년 아이는 어려워 한다. 모두 구할 필요는 없다. 구할 수 있는 것만 구하면 된다. 다양한 수가 만들어지는 경험이 필요하다.

2. 4장의 숫자 카드 중에서 3장을 뽑아 한 번씩만 사용하여 만들 수 있는 세 자릿수를 10개 이상 찾아보세요. (2학년)

① (3, 4, 5, 6) (답) 24가지

② (1, 0, 5, 6) (답) 18가지

※ 최대한 많은 수를 찾는 경험이 필요하다.

3. 숫자 카드 4, 5, 6을 한 번씩만 사용하여 ① 세 자릿수를 만들려고 합니다. 만들 수 있는 ② 가장 큰 수와 ③ 가장 작은 수의 ④ 합을 구해 보세요. (3학년)

(풀이) ① ☐☐☐ ← 자릿수가 제시되면 주어진 자리를 만든다.

② 가장 큰 수는 큰 숫자부터 차례대로 → 654

③ 가장 작은 수는 작은 숫자부터 차례대로 → 456

④ 654 + 456 = 1110

4. 4장의 숫자 카드 중에서 3장을 뽑아 한 번씩만 사용하여 세 자릿수를 만들 때 만들 수 있는 세 자릿수는 몇 가지일까요? (중학교 2학년)

① (3, 4, 5, 6)

㉠ 백의 자리에 3이 올 때 만들 수 있는 세 자리의 수 : 6가지

백의 자리 십의 자리 일의 자리

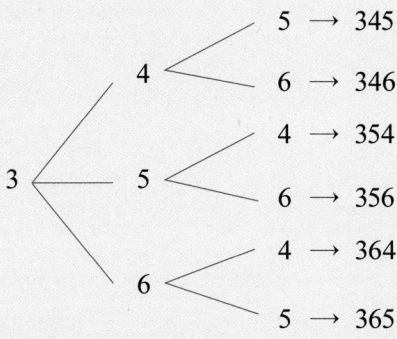

백의 자리에 올 수 있는 수는 3, 4, 5, 6이므로 6×4=24가지

㉡ 4 × 3 × 2 = 24(가지)

② (1, 0, 5, 6)

㉠ 백의 자리에 1이 올 때 만들 수 있는 세 자리의 수 : 6가지

백의 자리 십의 자리 일의 자리

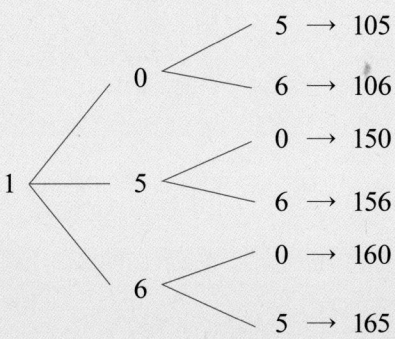

백의 자리에 올 수 있는 수는 1, 5, 6이므로 6×3=18가지

㉡ 3×3×2=18(가지)

FIRST MATHEMATICS

CHAPTER 02

덧셈과 뺄셈
(초등 1~3학년)

학년별 자연수의 덧셈과 뺄셈 학습의 흐름
덧셈과 뺄셈에 대한 상황 이해하기
덧셈 구구표 완성하기(1+1에서 9+9까지의 덧셈)
쉬운 수학 공부를 위해 준비해야 할 것들
받아올림과 받아내림이 있는 덧셈과 뺄셈(2학년)
덧셈과 뺄셈을 여러 가지 방법으로 풀기
덧셈과 뺄셈의 관계
□ 가 있는 덧셈과 뺄셈
「세 자리의 수±세 자리의 수」의 연산이 어렵다면(3학년)
부모만이 할 수 있는 것
수학을 쉽게 시작하기
한 단원 학습이 끝나고 나면

학년별 자연수의 덧셈과 뺄셈 학습의 흐름

1학년	– 합이 18까지의 덧셈(덧셈 구구의 완성), 피감수 18 이하의 뺄셈 – 두 자릿수의 덧셈과 뺄셈(받아올림, 받아내림이 없음)
2학년	– 두 자릿수의 덧셈과 뺄셈(받아올림, 받아내림이 있음)
3학년	– 세 자릿수의 덧셈과 뺄셈(받아올림, 받아내림이 있음) – 자연수 덧셈, 뺄셈의 완성 시기

※ 덧셈 구구: 1+1=2부터 9+9=18 범위 안의 덧셈
※ 피감수 18 이하의 뺄셈: 18-9부터 2-1 범위 안의 뺄셈(워크북 참고)

덧셈과 뺄셈에 대한 상황 이해하기

7 + 5, 7 - 5라는 연산 값을 구하는 것보다 선행되어야 하는 학습은 덧셈과 뺄셈 상황에 대한 이해이다. 어떤 경우에 덧셈식을 쓰며 어떤 경우에 뺄셈식을 써야 하는지를 판단할 수 있어야 한다. 더 나아가 곱셈과 나눗셈도 상황에 대한 이해가 연산 연습보다 먼저여야 한다. 생활 속에서 접하게 되는 여러 상황에서 더해야 하는 상황인지, 빼야 하는 상황인지를 먼저 인지하고 연산 연습으로 들어가는 것이 좋다.

　　덧셈, 뺄셈이 필요한 상황 이해하기 → 식으로 나타내기 → 계산하기의 순서로 학습해야 한다.

▶ 덧셈 상황 – 더하기는 어떻게 나타낼까?

① 첨가의 의미 : 오리 5마리가 연못에서 헤엄을 치고 있는데 3마리가 연못으로 걸어옵니다. 오리는 모두 몇 마리인지 알아보세요.
② 합병의 의미 : 꽃밭에 빨간 장미 5송이와 노란 장미 3송이가 있습니다. 장미는 모두 몇 송이인지 알아보세요.

위의 2가지 상황을 아래와 같이 쓰고 읽는다.
① 쓰기 : 5 + 3 = 8

② 읽기 : 5 더하기 3은 8과 같습니다.
　　　　　5와 3의 합은 8입니다.

"5 + 3 = 8, 5 더하기 3은 8과 같습니다. 5와 3의 합은 8입니다."
　한 장 가득 이와 유사한 문제를 쓴다고 식을 읽는 것이 해결되진 않는다. 이즈음의 아이들은 글씨를 쓰는 것 자체만으로도 힘들 수 있는 나이이다. 한순간에 해결하려 하지 말고 이후로 하는 학습 속에서 「=」은 같습니다, 「더하기」는 '합', '더 큰 수'와 같은 표현이라는 것을 서서히 알게 한다. 「=」의 정확한 이해를 항상 염두에 두고 있어야 한다. 오늘 공부해야 하는 분량이라며 아이에게 맡겨만 두면 안 된다. 잘하고 있는지 옆에서 살펴보아야 한다. 잘못 이해하고 한 장 가득 학습한 후 수정하려면 무척 힘이 든다. 하루아침에 그 의미가 해결되지는 않는다. 하루에 1~2문제를 꾸준히 연습해야 한다.

▶ 여러 가지 덧셈 문제

　덧셈에 대한 여러 가지 상황을 문제를 통해 알게 한다. 덧셈은 4 + 5는 9를 빠르게 계산하는 것만이 목표가 아니다. 상황 속에서 어떤 연산을 적용할 것인가를 판단하고 식을 세우고 답을 구할 수 있어야 한다. 덧셈의 다양한 표현을 알아야 한다.

1. 은영이는 연필을 4자루 가지고 있습니다. 수진이는 은영이 보다 5자루 더 많이 가지고 있습니다. 두 사람이 가지고 있는 연필은 모두 몇 자루일까요? (1-2학기)
   (식) 은영: 4
   　　 수진: 은영 + 5 → 4 + 5 = 9
   　　 은영 + 수진: 4 + 9 = 13(자루)
2. 두 수를 골라 합이 70이 되도록 덧셈식을 써 보세요. (1-2학기)
   (10, 20, 30, 40, 50) (식) 40 + 30 (답) 70
3. 57보다 28 큰 수는 얼마일까요?(2-1학기) (식) 57 + 28 (답) 85
4. 수진이는 동화책을 78쪽까지 읽었습니다. 다 읽으려면 6쪽을 더 읽어야 합니다. 수진이가 읽고 있는 동화책은 몇 쪽까지 있을까요? (2-1학기)
   (식) 78 + 6　　　(답) 84(쪽)

5. 은영이는 동화책을 어제 27쪽, 오늘은 어제보다 7쪽을 더 읽었습니다./ 은영이가 어제와 오늘 읽은 동화책은 모두 몇 쪽일까요? (2-1학기)

   (식) ① 어제 : 27   ② 오늘 : 27 + 7 = 34   ③ 어제 + 오늘 : 27 + 34 = 61

   (답) 61쪽 (단위 쓰는 연습을 꼭 해야 한다.)

   ※ 「4 + 5 = □ , 4 + □ = 9, □ + 5 = 9」처럼 구하고자 하는 것이 어떤 위치에 있더라도 쉽게 식을 세우고 해결할 수 있어야 한다(□의 값 구하기는 2-1학기 교육 과정이다). - 워크북 51~52쪽 활용하여 연습하기

6. 빨간 풍선과 노란 풍선이 모두 9개 있습니다. 그중에 빨간 풍선이 4개입니다. 노란 풍선을 □로 나타내어 식으로 만들어 보세요. (2-1학기)

   (식) ① 빨간 풍선 + 노란 풍선 = 9   ② 4 + □ = 9 (답) 5(개)

7. 사탕이 몇 개 있었습니다. 언니가 사탕 5개를 더 주어 지금 가지고 있는 사탕은 9개가 되었습니다. 처음에 가지고 있던 사탕은 몇 개일까요? (2-1학기)

   (식) □ + 5 = 9   (답) 4(개)

덧셈을 연습하면서 다음에 배울 곱셈도 염두에 두는 것이 좋다. 동수 누가의 연습은 덧셈 연습이지만 곱셈의 의미를 쉽게 받아들이게 만든다. 2-1학기가 시작되면서 「2부터 10까지의 수」를 거듭하여 더하는 것을 매일 1~2개 연습하면 좋다.

   ※ 동수 누가 : 같은 수를 여러 번 더함

▶ 같은 수 더하기(동수 누가) 연습하기 (워크북 참고)

2씩 더해 보세요.

2	4	6						20

3씩 더해 보세요.

3	6	9						30

▶ 뺄셈 상황 – 빼기는 어떻게 나타낼까? (워크북 참고)

① 제거의 의미 : 강아지 7마리 중에서 2마리가 뛰어나가고 있습니다.
남은 강아지의 수를 알아보세요.
② 비교의 의미 : 나비 7마리와 꽃 2송이가 있습니다. 나비와 꽃 중에서 어느 것이 더 많은지 알아보세요.

위의 2가지 상황을 아래와 같이 쓰고 읽는다.
① 빼기 : 7 – 2 = 5
② 읽기 : 7 빼기 2는 5와 같습니다.
7과 2의 차는 5입니다.

뺄셈의 경우 '제거'하는 경우는 아이가 쉽게 받아들인다. '비교'의 경우는 의도적인 연습이 필요하다. 1 대 1 짝짓기가 되는 것까지는 같은 양이다. 남는 쪽이 더 큰 수이다. 1 대 1 짝짓기를 하고 남은 양 만큼이 차이가 나는 양이다. 아이가 어려워한다.

※ 합병, 첨가, 제거, 비교라는 단어는 알 필요가 없다. 단지 그런 상황에 대한 이해가 필요하다. 처음 시작하는 아이는 길을 걸으며 보이는 상황에 대해 "더해야 할까? 빼야 할까?"까지만 물어보자. 답까지 물으면 하기 싫어한다.

제거	⌀ ⌀ ⌀ ○ ○ ○ ○	7 – 3 = 4
비교	○ ○ ○ ○ ○ ○ ○ ● ● ●	7 – 3 = 4
제거	⌀ ⌀ ⌀ ⌀ ○	5 – 4 = 1
비교	○ ○ ○ ○ ○ ● ● ● ●	5 – 4 = 1

(워크북 참고)

▶ 여러 가지 뺄셈 문제

1. 미강이네 반에서 우유를 마시는 학생은 24명입니다. 우유 통에 우유가 13개 남아 있습니다. 가져간 우유는 몇 개일까요? (1-2학기)

    (식) 24 - 13   (답) 11(개)

2. 사과가 38개, 배가 15개 있습니다. 어느 과일이 얼마나 <u>더 많을까요</u>? (1-2학기)

    (식) 38 - 15   (답) 사과, 23(개)

3. 초콜릿이 10개 있습니다. 승훈이가 초콜릿을 4개 먹으면 몇 개가 남을까요? (1-2학기)

    (식) 10 - 4   (답) 6(개)

4. 가장 큰 수와 가장 작은 수의 차는 얼마일까요? (1-2학기)

    (67, 7, 5, 13)   (식) 67 - 5   (답) 62

5. 아빠 나이는 41세이고 오빠는 12세입니다. 아빠와 오빠의 나이 차를 구해 보세요. (2-1학기)

    (식) 41 - 12   (답) 29(살)

6. 진희는 사탕 18개를 가지고 있습니다. 그중에서 동생에게 몇 개를 주고 나니 6개가 남았습니다. 진희가 동생에게 준 사탕의 수를 □로 나타내어 식으로 써보세요. (2-1학기)

    (식) 18 - □ = 6   (답) 12(개)

7. 상자에 들어있는 색종이 중에서 13장을 사용하고 나니 18장이 남았습니다. 처음 상자에 들어있던 색종이는 몇 장인지 □를 사용하여 식을 쓰고 □의 값을 구하세요. (2-1학기)

    (식) □ - 13 = 18

    (답) □ = 31(장)

8. 상두는 80쪽까지 있는 동화책을 읽고 있습니다. 다 읽으려면 9쪽을 더 읽어야 합니다. 지금까지 읽은 동화책은 몇 쪽일까요? (2-1학기)

9. 운동장에 남학생이 34명, 여학생이 27명 있습니다. 물음에 답하세요. (2-1학기)

    남학생은 여학생보다 몇 명이 더 많을까요?

    운동장에 있는 남학생과 여학생은 모두 몇 명일까요?

10. 소희는 빨간 색종이 54장, 노란 색종이 37장을 가지고 있습니다. 물음에 답하세요.
(2-1학기)

빨간 색종이는 노란 색종이 보다 몇 장이 더 많을까요?

소희가 가지고 있는 색종이는 모두 몇 장일까요?

알았다가 헷갈리다가 하는 1~2학년의 학습을 통해 덧셈과 뺄셈의 개념이 완전하게 만들어진다. 2학년까지는 연산 연습과 더불어 덧셈, 뺄셈 상황에 대한 경험을 충분히 해야 한다. 아이가 어려워할 땐 늘 구체물을 가지고 확인하는 과정을 거쳐 그 어려움을 없애 주어야 한다. 몇 문제를 다루어 본다고 순식간에 하나의 개념이 만들어지지 않는다.

틀린 문제를 통해 자신의 사고의 오류를 수정하고 다시 풀어보면서 흔들리지 않는 하나의 개념이 만들어진다. 완전해질 때까지 꾸준히 진행해야 한다. 구체물로 수 막대와 구슬, 바둑돌을 사용하면 좋다.

▶ 덧셈과 뺄셈 기호 쓰기(워크북 참고)

6 □ 1 = 7,   6 □ 1 = 5

「=」을 중심으로 왼쪽 2개의 수보다 오른쪽의 수가 더 크면 덧셈식이고, 가장 왼쪽의 수(처음 수)보다 작아지면 뺄셈식이다. 자연스럽게 덧셈과 뺄셈의 기호를 찾아 쓸 수 있으려면 덧셈과 뺄셈 상황 대한 이해가 완전해야 한다. 덧셈과 뺄셈의 차이점을 정확히 알아야 한다. 연산의 답을 순식간에 구하는 것보다 이런 것들을 잘 이해해야 덧셈과 뺄셈을 정확하게 이해하고 있다고 볼 수 있다. 잘 안되면 바둑돌을 직접 가져다 놓으며 아이가 확인하며 정리할 수 있도록 해야 한다. 처음에는 왼쪽의 수를 같게 하여(예: 2 □ 1 = 3, 2 □ 1 = 1) 덧셈식과 뺄셈식의 차이를 알게 한다. 어느 정도 익숙해진 다음에 수 배열을 달리한 문제(예: 5 □ 4 = 1, 2 □ 7 = 9)를 섞어 판단하게 한다. 안 될 땐 하루에 2~4문제 정도 꾸준히 연습한다.

덧셈 구구표 완성하기(1+1에서 9+9까지의 덧셈)

〈덧셈 구구표〉

+	1	2	3	4	5	6	7	8	9
1	1+1	2+1	3+1	4+1	●●●●● ●	6+1	7+1	8+1	●●●●● ●●●● ①
2	1+2	2+2	3+2	4+2	●●●●● ●●	6+2	7+2	●●●●● ●●●●	9+2
3	1+3	2+3	3+3	4+3	●●●●● ●●●	6+3	●●●●● ●●●●	8+3	9+3
4	1+4	2+4	×	4+4	●●●●● ●●●●	●●●●● ●●●●●	7+4	8+4	9+4
5	● ●●●●●	●● ●●●●●	●●● ●●●●●	●●●● ●●●●●	●●●●● ●●●●●	6+5	7+5	8+5	9+5
6	1+6	2+6	×	●●●● ●●●●	×	6+6	7+6	8+6	9+6
7	1+7	2+7	●●● ●●●●	×	×	×	7+7	8+7	9+7
8	1+8	●● ●●●●●●	3+8	4+8	5+8	6+8	7+8	8+8	9+8
9	● ●●●●●●●● ②	2+9	3+9	4+9	5+9	6+9	7+9	8+9	9+9

- ① → ②번 순으로
- ×: 교환의 의미로 알 수 있는 부분 (예: 3+4, 4+3)

    덧셈 구구도 수를 익힐 때와 마찬가지로 체계적으로 익혀야 한다. 그래야 쉽게 덧셈 구구를 완성할 수 있다. 5와 10의 정확한 이해, 덧셈 교환의 의미, 1~30까지 수의 순서가 정확하게 완성되었다는 전제하에 기본수 덧셈(1+1부터 9+9까지의 덧셈)은 다음의 순서로 익히면 조금 더 쉽게 익힐 수 있다.

▶ **두 수의 합이 9 이하인 덧셈(1학년 1학기)**

1단계: 5+□ (□+5)를 도트(●)의 배열된 모양을 보고 직관적으로 알기
2단계: □+1을 다음의 수로 익히기
3단계: 1+□는 □+1의 교환의 의미로 해결하기

4단계: □ + 2(2 + □)는 다음 다음의 수로 익히기

5단계: 합이 9까지의 덧셈 연습하기

▶ 두 수의 합이 18 이하인 덧셈(1학년 2학기)

6단계: 10까지 수의 도트를 이용하여 10이 되는 더하기 연습하기

7단계: 9 + □ (□ + 9)는 9로 1을 보내어 10 만들어 계산하기

8단계: 8 + □ (□ + 8)은 8로 2를 보내어 10 만들어 계산하기

9단계: 합이 18까지의 덧셈 연습하기

※ 교환의 의미를 구체물(바둑돌)로 확인하여 알기

가운데 합이 10이 되는 것을 기준으로 왼쪽 부분은 1학년 1학기 때, 오른쪽 부분은 1학년 2학기 때 학습하게 된다. 10 만들기는 1학년 2학기 때 학습하게 되지만 10의 의미는 굉장히 중요하고 활용범위가 넓으므로 조금 더 빨리 익히게 하는 것이 좋다.

덧셈을 익히기 시작하면 냉장고에 덧셈 구구표(1 + 1부터 9 + 9까지의 덧셈)를 붙여 두고 규칙을 가지고 단계별로 지도하는 것이 효과적이다. 아이가 어디까지 도달했는지 체크하면서 공부해야 한다.

> 「합이 9까지의 덧셈 → 합이 10인 덧셈 → 합이 18까지의 덧셈」 순서로 진행한다.

합이 9까지의 덧셈은 손가락으로 셀 수 있는 범위이므로 아이가 상대적으로 쉬워한다. 문제를 내면 곧잘 하는 것처럼 보인다. 그래서 대충 넘어가게 된다. 하지만 그 부분의 탄탄한 학습이 다음 학습에 많은 영향을 미친다. 처음 덧셈을 시작할 때는 손가락을 사용하여도 된다. 손가락은 가장 손쉽게 확인할 수 있는 구체물이다. 하지만 수 개념이 탄탄해지면서 손가락 사용 없이도 계산에 이를 수 있게 된다. 학년이 올라가도 계속해서 손가락을 사용하고 있다면 습관의 문제가 아니라 그 부분의 학습에 충분히 도달하지 못했음을 말한다. 부모는 자꾸 어려운 부분을 연습시키려 한다. 작전을 조금 바꾸어 상대적으로 쉽게 느끼는 부분을 완벽하게 공부하여 어려운 부분을 만들지 않는 것이 현명한 수학 학습이다.

▶ 두 수의 합이 9 이하인 덧셈(워크북 참고)

1단계: 5+□(□+5)를 도트(●)의 배열된 모양을 보고 직관적으로 알기

10까지의 수가 도트(●) 이미지로 학습되어 있으면 유리하다.

| ● ● ● ● ● | 6 | ⇨ 5+1=6 | ● ● ● ● ● ● ● | 7 | ⇨ 5+2=7

2단계: □+1을 다음의 수로 익히기

「1에서 30」 정도까지 수의 순서가 명확하다는 전제하에 「더하기 1, 더하기 2」는 양적인 의미보다 순서수의 의미로 접근하는 것이 더 쉽다. 8+1은 여덟 개에서 한 개를 더할 수도 있지만, 8 다음의 수로 구할 수 있다는 것을 알게 한다. 1+1, 2+1,⋯, 8+1, 9+1을 다음의 수로 익힌다.

1단계 학습을 할 때 2~4단계 학습을 염두에 두고 1~30까지의 수 세기를 매일 조금씩 연습해야 한다. 1~30까지의 수 세기가 선수학습된 상태에서 더하기 1, 더하기 2 학습을 시작해야 쉽게 익힐 수 있다.

3단계: 1+□는 □+1의 교환의 의미로 해결하기

더하기 1을 다음의 수로 구하는 것이 익숙해졌을 때, 1+2, 1+3, ⋯ , 1+8, 1+9는 교환의 의미로 해결한다. 자리를 바꾸어 더해도 그 크기가 같다는 것은 직접 구체물을 만져 보는 경험을 통하여 알게 한다.

4단계: □+2(2+□)는 다음 다음의 수로 익히기

더하기 2는 다음 다음의 수이다. 4+1은 4 다음의 수 5와 같고, 4+2는 4 다음 다음의 수 6과 같다. 이것 또한 4+2를 먼저 연습하고 교환의 의미로 2+4를 알게 하는 것이 더 쉽게 익힐 수 있는 방법이다.

오늘 「더하기 1」은 「다음의 수」로 계산하면 더 쉽다는 사실을 알았다고 하자. 그렇다고 해서 우리 아이에게 오늘부터 당장 그 방법을 쓸 수는 없다. 수의 순서를 정확하게 모르는 아이는 이 방법도 어렵기 때문이다. 실생활에서 「다음의 수」를 경험할 시간이 필요하

다. 평소대로 숫자 세기 연습을 하면서 가끔 물어보는 방법을 달리해 본다. 엄마가 말하는 숫자 다음에 오는 숫자(혹은 뒤에 오는 숫자)를 말해 볼까? 3→4(3 다음에 오는 숫자는?) 7→8(7 뒤에 오는 숫자는?), 9→10, 19→20, … 「일, 이, 삼, ... 」순서대로 외우기보다 훨씬 어렵다. 다음의 수를 연습할 때는 9 다음의 수, 19 다음의 수처럼 앞자리 숫자가 바뀌는 경우를 잘 알고 있나 수시로 물어봐 주면 좋다. 수의 순서가 완전해질 때까지 생활 속에서 꾸준히 연습해야 한다.

이것이 잘 될 때 이렇게도 물어본다. 엄마가 말하는 숫자에서 하나를 건너뛰고 다음 숫자를 말해 보자. "3(삼) 하나 건너뛰고 5(오)", "5 하나 건너뛰고 7", "7 하나 건너뛰고 9"이런 놀이도 하면 좋다. 엄마 1 승훈이 2 엄마 3 승훈이 4… 아이와 숫자를 하나씩 주고받는다. 엄마가 말한 숫자를 말해 볼까? "1, 3, 5, 7, 9"승훈이가 말한 숫자를 말해 볼까? "2, 4, 6, 8, 10"물건을 셀 때 "둘, 넷, 여섯, 여덟, 열" 이렇게 세어보는 경험도 필요하다. 이런 경험이 있고 난 뒤에야 '3 다음 수는 4, 3 + 1 = 4 / 3 다음 다음의 수는 5, 3 + 2 = 5'가 자연스럽게 이해된다. 사전 작업이 필요하다. 일단 정확하게 인지되면 헷갈리지 않는다. 어른들 눈에 쉬워 보이는 많은 개념이 시간을 통해 천천히 다져지며 아이의 것이 된다. 수학 학습은 시간이 필요하다. 아무리 급해도 얼마간의 시간을 염두에 두어야 한다.

5단계: 합이 9까지의 덧셈 연습하기 (피감수 9 이하의 뺄셈)

3+3	4+3	5+3	6+3
3+4	4+4	5+4	
3+5	4+5		
3+6			

두 수의 합이 9 이하인 덧셈 중에서 「더하기 1과 더하기 2」를 제외하면 3 + 3, 4 + 3, 5 + 3, 6 + 3, 3 + 4, 4 + 4, 5 + 4, 3 + 5, 4 + 5, 3 + 6 10개가 남게 된다.

① 5 + 3, 5 + 4, 3 + 5, 4 + 5 : 5 + □로 기억하기
② 3 + 3, 4 + 3, 4 + 4, 6 + 3을 집중적으로 연습하기
③ 3 + 4, 3 + 6 : 4 + 3, 6 + 3의 교환의 의미로 익히기

「3 + 3, 4 + 3, 4 + 4, 6 + 3」 4개 정도는 냉장고에 붙여 놓고 수시로 물어보면서 기억할 수 있게 도와준다. 이것 또한 「5와 10의 수」가 정확하면 받아들이기가 훨씬 쉽다. 수를 적당하게 가르기와 모으기를 하여 5를 기준으로 수가 보이면 좋다. 동그라미 자석 혹은 바둑돌로 가르기, 모으기를 하며 설명할 수 있게 한다.

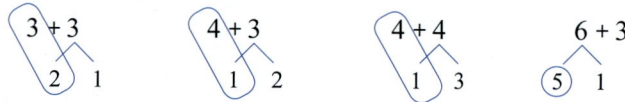

2 + 2, 3 + 3, …, 9 + 9, 10 + 10 / 2×2, 3×3, 4×4, …처럼 같은 수를 반복하여 더하거나 곱하는 것은 계산이 아니라 재미로 생각하는 아이도 있다. 그런 아이는 특별히 그 부분부터 익혀도 된다. 여기까지의 덧셈(합이 9까지의 덧셈)이 1학년 1학기 범위이다. 아이에게 연산을 연습시킬 때 뒤죽박죽 섞어서 연습하는 것보다 작은 수부터 체계적으로 연습하는 것이 아이가 받아들이기 훨씬 쉽다.

> 「10까지 수의 양을 도트(●)를 보고 직관적으로 알기 → 합이 9까지의 덧셈 → 합이 10인 덧셈」에 많은 정성을 쏟아야 한다.

어른의 생각으론 '한두 달'이면 될 것 같지만 아이에게는 '일이 년'의 시간이 필요하다. 부모가 생각하는 난이도와 아이가 느끼는 난이도의 차이가 그 정도로 크다. 여기까지가 단단하면 진짜 잘 꿴 첫 단추가 될 수 있다.

6단계: 10까지 수의 도트를 이용하여 10이 되는 더하기 연습하기(워크북 참고)

10까지의 수를 도트(●) 이미지로 연습할 때(34쪽), 합이 10이 되는 수도 염두에 둔다. 10까지 수의 이미지가 연상되면 자연스럽게 10 만들기로 확장할 수 있다. 10 만들기는 1학년 2학기 학습이지만, 10까지 수를 익힐 때부터 미리 천천히 연습하면 좋다.

▶ 두 수의 합이 18 이하인 덧셈(워크북 참고)

1학년 2학기 때 배우는 두 수의 합이 10보다 큰 수의 덧셈은 합이 10까지의 덧셈이 완전하다는 전제하에 10 만들기를 기준으로 하면 좋다. 활용할 수 있는 선수학습을 단단히 해야 지금 배우는 수학이 쉽다.

7단계: 9 + □(□ + 9)는 9로 1을 보내어 10 만들어 계산하기

2 + 9, 3 + 9, …, 8 + 9, 9 + 9 : 앞의 수에서 9로 1을 보내어 10을 만든다. 2+9는 2를 (1, 1)로 가르기하여 1만큼을 9로 보내어 10을 만든다. 어떤 수에서 하나를 더하고 빼는 것은 합이 10까지의 덧셈이 완성된 아이에게는 어렵지 않다. 달리 말하면 합이 10까지의 덧셈이 완성되지 않은 아이에게는 어렵다.

8단계: 8+□(□+8)은 8로 2를 보내어 10 만들어 계산하기

3 + 8, 4 + 8, …, 8 + 8, 9 + 8 은 8쪽으로 2를 보내어 10이 되게 한다. 1학기 때「합이 9까지의 덧셈과 피감수 9 이하의 뺄셈」학습을 통해 2를 빼는 것까지는 비교적 쉽게 생각하는 수준에 도달해 있어야 한다. 2를 빼는 것을 힘들어한다면 1학기 때 배운「합이 9까지의 덧셈과 피감수 9 이하의 뺄셈」연습이 충분하지 않은 것이므로「한 자리의 수 범위의 덧셈과 뺄셈」연습에 좀 더 노력을 기울여야 한다.「더하기 8, 더하기 9」부분과 교환의 의미로 이해할 수 있는 부분을 제외하면 2학기 때 새롭게 배우게 되는 덧셈은「6 + 5, 6 + 6, 7 + 4, 7 + 5, 7 + 6, 7 + 7」정도이다. 도트(●) 연습을 통해 10까지 수를 보는 안목이 길러진 아이들은「6 + 5, 6 + 6, 7 + 5, 7 + 6, 7 + 7」의 형태는 쉽게 눈에 들어온다.

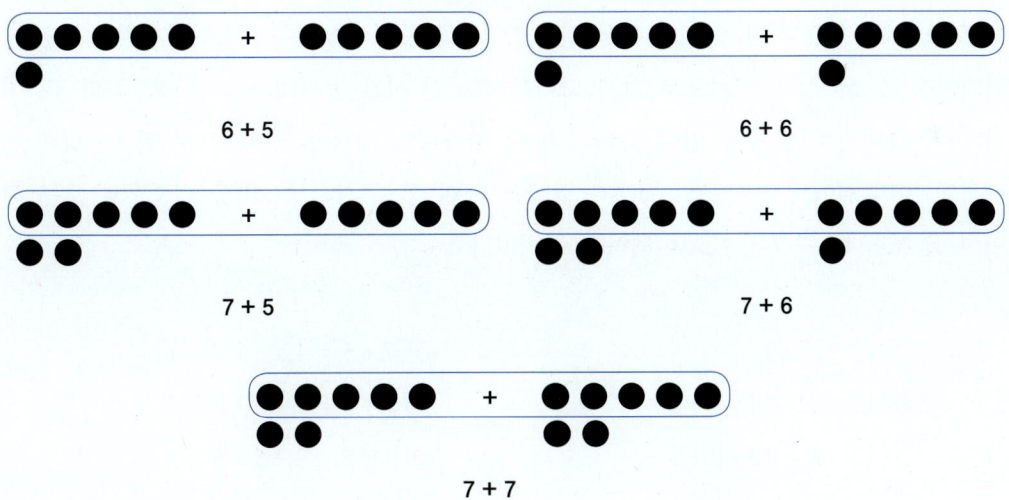

낯선 것은 7 + 4 정도이다. 하나 정도는 자꾸 물어보면서 익숙하게 만들 수 있다.

9단계: 합이 18까지의 덧셈 연습하기(피감수 18 이하의 뺄셈)

> 덧셈 학습에 들어가기에 앞서 「5 만들기, 10 만들기, 30까지의 수 세기」가 완전학습 되어야 여러모로 유리하다.

1학년 1학기 학습은 합이 9까지의 덧셈과 피감수 9 이하의 뺄셈을 완전히 숙지하고 있으면 문제 될 것이 별로 없다. 거기서부터 모든 연산이 시작된다. 충분히 연습해야 한다. 뺄셈보다는 덧셈 학습에 조금 더 집중해야 한다. 덧셈과 뺄셈의 역연산 관계를 이해하고 나면 덧셈으로 뺄셈을 해결할 수 있다. 뺄셈은 덧셈의 역연산으로 해결할 수 있는 범위(1학년 1학기 피감수 9 이하, 1학년 2학기 피감수 18 이하)까지를 배우게 된다. 처음 배울 때는 뺄셈의 속도가 조금 느려도 상관없다.

1학년 2학기에 (몇)+(몇)=(십몇)의 덧셈(예. 7+5=12), (십몇)-(몇)=(몇)의 뺄셈(예. 12-5=7)을 배우게 된다. 이때 합이 10까지의 덧셈이 완성되어 있어야 학습을 쉽게 진행할 수 있다.

(십몇)-(몇)=(몇)의 뺄셈은 여러 가지 방법으로 계산할 수 있다. 아래 ①과 같이 12-5=7을 직관적으로 알게 하는 것도 나쁘지 않으나, 10을 기준으로 수를 분해하고 합성하여 수의 구조를 파악하는 것이 더 중요하다. 직관적으로 답이 나오게 숙달된 연산이 수학 공부에 도움이 될 수는 있다. 하지만 연산 실력만으로 앞으로 배울 수학이 쉬워지지는 않는다. 거기에다 12-5=7을 직관적으로 알게 되기까지도 긴 시간 동안의 노력이 필요하다. 그 시간 속에 아이가 지칠 수도 있다. 그러니 합이 10까지의 덧셈은 직관적으로 알 수 있게 연습하되 10이 넘어가는 부분의 덧셈과 뺄셈은 아래 ②, ③과 같이 10을 기준으로 보는 것이 수를 조금 더 근본적으로 이해하는 방법이다.

① 12 - 5 = 7
② 12 - 5 = 10 - 5 + 2
③ 12 - 5 = 12 - 2 - 3

① 7 + 5 = 12
② 7 + 5 = 7 + 3 + 2
③ 7 + 5 = 2 + 5 + 5

받아올림이 있는 덧셈(2학년 1학기)은 '합이 18까지의 덧셈'이 완성된 후의 일이다. '자릿수의 개념과 합이 18까지의 덧셈'이 완성된 아이에게는 받아올림이 있는 덧셈도 그리 어렵지 않다. 1학년인 아이에게 2학년 과정인 받아올림이 있는 덧셈을 연습시키는 것은 아이를 수학과 멀어지게 내모는 것과 같을 수도 있다.

일단 1학년까지의 학습 목표는 '1+1부터 9+9까지의 덧셈'을 아주 잘 할 수 있게 만드는 것이다. 그것이 어렵다면 적어도 합이 10까지의 덧셈은 능수능란하게 다룰 수 있을 때 받아올림이 있는 덧셈으로 들어가야 한다.

쉬운 수학 공부를 위해 준비해야 할 것들

▶ 6+3과 6+8

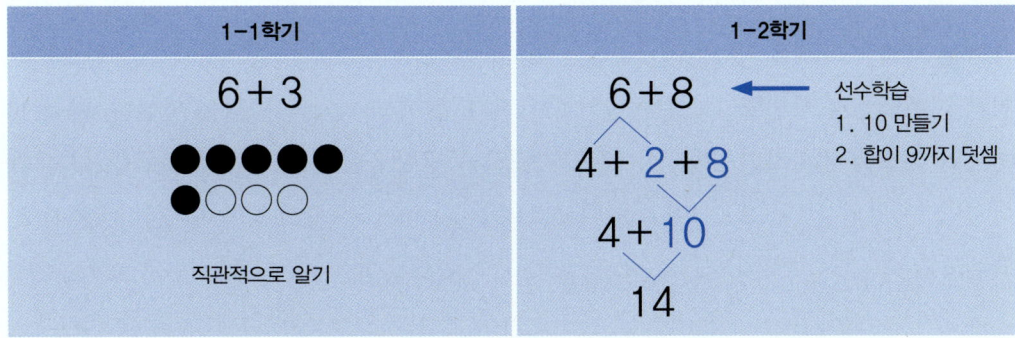

초등교육과정에서 「합이 9까지의 덧셈」은 1학년 1학기 때의 학습 목표이다. 「합이 18까지의 덧셈」은 1학년 2학기 때의 학습 목표이다. 6 + 3은 1학년 1학기 학습 과정이고, 6 + 8은 1학년 2학기 학습 과정이다. 어른들이 느끼는 난이도는 6 + 3이나 6 + 8이 별반 차이가 없다. 하지만 아이가 느끼는 난이도는 다르다.

「6 + 3」은 직관적으로 알게 하는 것이 좋다. 「6 + 8」을 배우는 2학기에는 「10 만들기와 합이 9까지의 덧셈」이 선수학습된 상태에서 10을 기준으로 6 + 8 = 4 + 2 + 8로 해결하는 것이 쉽다.

하나를 확실히 내 것으로 만들고 난 후 다음으로 나가면 차곡차곡 실력이 쌓인다. 하지만 뒤죽박죽 섞어 버리면 늘 어려운 문제를 푸는 상황에 직면하게 된다. 아직 시간이 충분하니 천천히, 완전하게, 꼼꼼하게 다지면서 나가는 것이 좋다. 수 개념과 기본수의 덧셈을 배우는 처음 2~3년의 시간이 아주 중요하다.

▶ 3+3과 23+3

하루는 이제 1학년이 된 아이가 23 + 3을 물어왔다. 3 + 3은 6이라고 쉽게 대답한다. 그런데 23 + 3은 어렵다고 한다. 지금 내가 1학년인 우리 아이를 가르치고 있다면 1 + 3, 2 + 3, 3 + 3, 4 + 3, 5 + 3, 6 + 3, 7 + 3까지만 연습시킬 것이다.

1 + 3, 2 + 3은 교환과 순서수의 의미로, 5 + 3과 7 + 3는 도트로, 3 + 3과 4 + 3은 바둑돌을 만지며 알게 할 것이다. 작은 수와 큰 수는 느낌이 다르다. 손가락으로 셀 수 있는 수와 손가락의 범위를 넘어가는 수는 다르다. 아이가 처음 만나는 연산은 잘 안 될 때 얼른 손가락으로 확인할 수 있는 범위여야 한다. 합이 10까지의 덧셈을 말한다. 합이 10까지의 덧셈만 정확하면 2학년이 되고 자릿값과 받아올림을 배우면서 덧셈을 쉽게 받아들일 수 있게 된다. 23 + 3이 어렵다고 느끼는 아이는 3 + 3만 정확하게 알 때까지 연습해도 된다.

▶ 7+8=15

7 + 8=15라는 결과에 도달하는 길은 여러 가지이다. 15라는 결과를 암기하고 있으면 앞으로의 학습에서 유리한 고지를 선점할 수 있지 않을까 생각하겠지만 수학적 사고력은 15를 아는 것이 아니라 15에 도달하는 여러 가지 과정을 통하여 길러진다. 그 과정 중에 여러 가지로 생각하는 방법을 배우게 된다. 15에 도달하는 길은 한 가지가 아니다.

7 + 8 = 7 + 3 + 5
7 + 8 = 5 + 2 + 8
7 + 8 = 2 + 5 + 5 + 3

7 + 8은 7 + 7보다 1 큰 수

7 + 8은 8 + 8보다 1 작은 수

(10 − 3) + (10 − 2) = 20 − 5 등

15라는 결과에 집착하는 것에서 벗어나야 유연한 수학적 사고력을 기대할 수 있다.

▶ **12 − 5 = 10 − 5 + 2가 어렵다면**

1학년 2학기가 되면

> − 100까지의 수
> − 받아올림, 받아내림이 없는 두 자리 수의 덧셈과 뺄셈
> − 10이 되는 더하기(2 + 8)
> − 10에서 빼기(10 − 2)
> − 10을 만들어 더하기(2 + 3 + 7)
> − (몇) + (몇) = (십몇): 7 + 8과 (십몇) − (몇) = (몇): 12 − 5

까지를 배우게 된다.

7 + 8 = 7 + 3 + 5, 7 + 8 = 5 + 2 + 8 / 12 − 5 = 10 − 5 + 2, 12 − 5 = 12 − 2 − 3의 개념을 익히는 1-2학기 마지막 부분에서 아이가 느끼는 학습 난이도의 폭이 갑자기 커진다. 1학년 과정의 정리 학습이라 할 수 있는 부분이다. 1학년 전체 과정의 학습이 탄탄해야 이 문제가 자연스럽게 해결된다.

12 − 5 = 10 − 5 + 2를 쉽게 이해하려면,
㉠ 묶음과 낱개의 의미 이해
㉡ 10의 이해
㉢ 「=」의 이해
㉣ 합이 10까지의 덧셈 완성

이 네 가지가 완전학습 되어야 한다. ㉠~㉣은 1학년 전체 과정의 학습 목표이기도 하

다. 1년 내내 이것을 신경 써서 살펴보아야 한다. 그리고 완전히 이해하고 활용할 수 있게 해야 한다. ㉠~㉣을 완전학습한 뒤 12 - 5 = 10 - 5 + 2를 익히는 것은 쉬운 수학 공부이고, 이 과정이 완전학습 되지 않은 채 12 - 5 = 10 - 5 + 2를 일일이 설명하면서 공부하는 것은 어려운 수학 공부이다. 비슷한 유형의 문제를 아무리 많이 풀어도 ㉠~㉣이 충분히 학습되지 않았다면 오늘 자세히 설명해서 해결해도 며칠 뒤에 물으면 또 해결하지 못한다. 내 아이의 사고가 이 문제를 받아들일 만큼 성장하지 못했기 때문이다.

10이 완전학습 되지 않은 아이는 10에서 빼는 것도 12에서 빼는 것과 똑같이 어렵다. 왜 10에서 빼야 하는지도 모른다. 하지만 10 만들기와 묶음과 낱개의 의미가 완전학습 된 아이는 10을 기준으로 빼고 더하는 것이 더 쉽다는 것을 안다. 우리가 배우는 수학이 십진 기수 체계이므로 10의 완전한 이해는 아무리 강조해도 지나침이 없다.

12 - 5 = 10 - 5 + 2 = 5 + 2 = 7이 막힘없이 이해되는 아이는 1학년 학습 목표에 도달한 것이다. 막히는 아이는 막히는 어느 부분이 이해되지 않거나 충분한 연습이 되지 않은 것이다. 그 부분을 찾아 해결해 주어야 한다.

▶ 「=」의 정확한 이해

1학년 가을 즈음에 아이에게 "3 + 7 + 5 = "를 물으면 "15"라고 어렵지 않게 답한다. 하지만 3 + 7 + 5 = ☐ + 5 = ☐의 문제는 많은 아이가 어려워하며 아래와 같은 오류를 범하게 된다. 그리고 어디가 잘못되었는지도 모른다.

① 3 + 7 + 5 → 3 + 7 = 10 + 5 = 15 (3 + 7 ≠ 10 + 5) (과정이 틀림)
② 3 + 7 + 5 = ☐ + 5 = ☐ → 3 + 7 + 5 = $\boxed{15}$ + 5 = $\boxed{20}$ (과정이 틀림, 오답)

1학년 덧셈과 뺄셈 단원에서 '2 + 3 = 5: 2 더하기 3은 5와 같습니다.'라고 배우게 된다. 하지만 '같다'는 의미를 정확하게 짚어 주지 않으면 의미가 아니라 그냥 기호로만 사용하게 된다. 「=」을 「는」 혹은 「은」으로 읽거나, 「왼쪽의 답을 오른쪽에 쓴다.」 정도의 의미로 사용하는 경우가 대부분이다.

「=」을 중심으로 왼쪽과 오른쪽이 같음을 정확하게 이해할 수 있도록 의도성을 가지고 사용해야 한다. 「~는(은)」으로 읽기보다 「~와 같다」라고 읽으며 그 의미를 되새겨야 한다.

받아올림과 받아내림이 있는 덧셈과 뺄셈(2학년)

하나의 새로운 개념으로 들어갈 때는 늘 전제 조건이 있다. 받아올림과 내림이 있는 덧셈과 뺄셈 학습은 1학년 때 배운 묶음과 낱개의 의미와 덧셈 구구가 완성되었다는 전제하에 시작된다.

같은 단위끼리 계산하여 각 자리에서 10보다 커진 수를 처리하는 방법과 부족할 때 10을 가져오는 원리에 대해 배우게 된다. 더하여 10이 되면 묶어서 받아올림 하고, 뺄 수 없을 때는 1묶음을 받아내려 풀어서 사용하는 것을 익히게 된다.

1학년 학습의 심화 과정이 2학년 학습이라고 보면 된다. 2학년인 우리 아이가 수학이 힘들다고 하면 1학년 학습에 문제가 있을 가능성이 크다. 합이 10까지의 덧셈을 어려워할 땐 그것도 같이 연습해야 한다.

10보다 큰 수의 덧셈과 뺄셈은 수 모형을 직접 그려 보거나 수 막대를 놓아보는 활동을 통해 스스로 계산 원리를 이해하는 경험으로 시작해야 한다. 직접 그려 보면 수의 구조가 눈에 잘 들어온다. 일의 자리에서 십의 자리로 받아 올리는 1의 크기를 눈으로 확인하고 그 의미가 정확해질 때 연산 연습에 들어가야 효과적이다.

십의 자리에서의 1은 10을, 백의 자리에서 1은 100을 나타낸다. 어른들이 당연하게 생각하는 것들이 아이도 한 치의 의심 없이 당연해져야 한다. 이런 이치를 터득하면 세 자릿수 이상의 덧셈과 뺄셈에도 똑같이 적용할 수 있다.

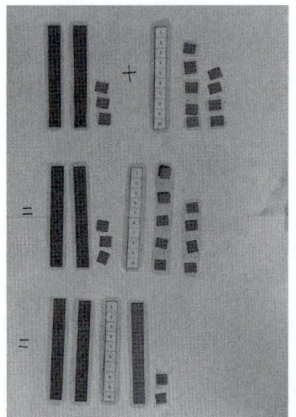
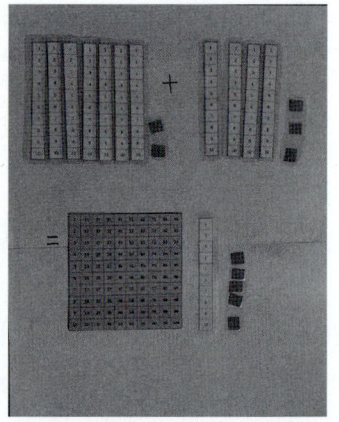

받아올림이 있는 덧셈	받아내림이 있는 뺄셈
1단계: 받아올림이 있는 2자리+1자리 　　　 15+7, 8+63	1단계: 받아내림이 있는 2자리-1자리 　　　 52-5, 73-6
2단계: 일의 자리에서 받아올림이 있는 2자리+2자리 　　　 23+39, 37+36	2단계: 받아내림이 있는 몇십-몇십 몇 　　　 40-25, 70-32
3단계: 십의 자리에서 받아올림이 있는 2자리+2자리 　　　 73+45, 63+42	3단계: 받아내림이 있는 2자리-2자리 　　　 52-17, 67-39
4단계: 일의 자리, 십의 자리에서 받아올림이 있는 2자리+2자리 　　　 56+69, 84+39	4단계: 뺄셈을 여러 가지 방법으로 계산하기
5단계: 덧셈을 여러 가지 방법으로 계산하기	

위와 같이 받아올림이 있는 덧셈과 받아내림이 있는 뺄셈을 배우게 된다. 알고 나면 같은 이치이지만 처음 배우는 아이에게는 같은 난이도가 아니다. 한 단계를 완전히 이해하고 익숙하게 될 때 다음 단계로 넘어가는 것이 받아들이기가 쉽다.

덧셈과 뺄셈을 여러 가지 방법으로 풀기

「38+29」를 여러 가지 방법으로 풀기 위해서는 만들어져 있어야 하는 개념이 있다.

① 수를 30 + 8 + 20 + 9로 분해할 수 있어야 한다.

② 교환의 의미를 이해하고, 기본 연산이 완성되어 있어야 한다.

38 + 29 = 30 + 8 + 20 + 9 = 30 + 20 + 8 + 9 = 50 + 17 = 67

식이 「=」으로 연결되면 2학년인 아이는 이해되지 않는다. 72쪽과 같이 그림을 그려 가며 의미를 이해해야 한다.

③ 수를 전체적으로 볼 수 있는 안목이 필요하다. 29를 30으로 볼 수도 있어야 한다. 29는 20보다 9 큰 수이고, 30보다 1 작은 수이다.

38 + 29 = 38 + 30 − 1 = 68 − 1 = 67

④ 31 + 38과 같은 문제는 30 + 38 + 1로 계산할 수 있다. 10을 이해하고 10의 배수를 기준으로 계산하면 계산이 더 쉽다는 것을 알고, 원래 식에 없던 −1, +1이 왜 생겼는지를 이해해야 한다. 상황에 맞춰 전체를 볼 수 있는 수 감각이 필요하다.

1학년: 9 + 8 = 17

2학년: ① 29 + 38 = 67

② 29 + 38

20 + 30 = 50, 9 + 8 = 17

50 + 17 = 67

③ 29 + 38

30 + 38 − 1, 29 + 40 − 2 혹은 30 + 40 − 1 − 2

1학년 때는 묶음과 낱개의 의미와 덧셈 구구(1 + 1 = 2부터 9 + 9 = 18 범위 안의 덧셈) 범위 안의 기본 덧셈을 충분히 연습해야 한다. 미리 29 + 38을 공부할 필요는 없다. 1학년 때 29 + 38을 연습하면 어려운 수학 공부가 되고, 9 + 8 = 17이 됨을 1학년 때 충분히 연습하고, 2학년 때는 10이 넘는 수를 어떻게 처리하는지만 배우면 쉬운 수학 공부가 된다.

29 + 38 = 20 + 9 + 30 + 8로 분해할 수 있음을 완전히 이해하고 여러 가지 방법으로 푸는 것은 쉬운 수학 공부이고, 묶음과 낱개의 충분한 이해 없이 ②, ③ 방법으로 문제를 푸는 것은 어려운 수학 공부이다.

2학년이 ②, ③ 방법으로 문제 풀기를 힘들어하는 것은 29와 38은 알지만 29를 20 + 9, 30 - 1로 38을 30 + 8, 40 - 2로 표현할 수 있다는 경험이 부족한 것이다. 수를 분해하고 합성하는 연습이 필요하다. 더불어 묶음과 낱개에 따른 수의 크기도 정확하게 알아야 한다. 그러니 선행학습하려 하지 말고 배우는 단계 단계를 촘촘히 다지며 가는 것이 어설프게 선행하는 것보다 백 배는 더 낫다.

주변의 많은 부모가 "선행하지 않으면 안 된다."하고 외치고 있으니 불안할 수도 있다. 아이도 부모도 그 불안함을 이기고 묵묵히 전진할 때 부쩍 성장한 우리 아이의 모습을 만날 수 있을 것이다. 공부하지 말라는 것이 아니다. 아이에게 맞는 공부를 꾸준히 하라는 것이다. 아이에게 맞는 공부는 학습결손이 없을 때 지금 배우고 있는 과정의 탄탄한 학습을 말한다. 한걸음 앞서 나가려다 주저앉은 우리 아이를 만나게 되지 않길 간절히 바랄 뿐이다. 자기 과정의 학습도 아이의 관점에서는 아주 어렵다.

▶ 수를 어림하는 연습하기 (워크북 참고)

수직선 위에 수를 쓰고 어느 쪽에 더 가까운 수인지 어림하는 연습을 하는 것이 좋다. 20에서 30 사이의 수를 어림할 때
   ① 처음에는 21, 22, 28, 29처럼 20이나 30에 확실하게 가까운 수로 연습한다.
   ② 그런 다음에 24, 26처럼 가운데 수와 가까운 수로 어림하게 한다. 수직선 위에 그려 가운데 25를 표시하고, 25보다 왼쪽이면 20으로, 25보다 오른쪽이면 30으로 어림하기를 연습한다.

▶ 수를 분해하는 연습 (워크북 참고)

23 + 19는 42라고 답하는 것을 연습하기 전에
23 + 19 = 20 + 3 + 10 + 9,
23 + 19 = 23 + 20 - 1,
72 + 47 = 70 + 2 + 40 + 7,
72 + 47 = 72 + 50 - 3과 같이 답이 아니라 수를 분해하여 쓰는 연습도 꾸준히 병행해 주어야 한다. 수 막대로 확인하면 더 좋다. 식의 분해가 자유로울 때 계산으로 들어가야

한다.

문제: 72 + 29를 〈보기〉와 같이 풀어 써 보세요(답은 구하지 않는다. 수를 분해하여 식을 만드는 연습이다). (워크북 43쪽 참고)

> 〈보기〉
>
> 23 + 19 = 20 + 3 + 10 + 9 = 20 + 10 + 3 + 9
> 23 + 19 = 23 + 20 − 1
>
> ※ 19를 20으로 어림할 수 있어야 하며, −1이 뜬금없이 왜 나타났는지를 이해해야 한다.

(풀이) 72 + 29 = 70 + 2 + 20 + 9
　　　 72 + 29 = 72 + 30 − 1

문제: 보기와 같이 뺄셈식을 풀어 써 보세요(원래 식에 없던 +1, +2, +3이 왜 나왔는지에 초점을 맞추어 공부한다). (워크북 44쪽 참고)

> 〈보기〉
>
> 43 − 29 = 43 − 30 + 1
> 43 − 28 = 43 − 30 + 2
> 43 − 27 = 43 − 30 + 3

1. 그런데 왜 이렇게 풀까? 10의 이해가 완전할 때 10을 기준으로 풀면 쉽기 때문이다. 10 + 3 = 13, 10 + 4 = 14, 20 + 3 = 23, 20 + 4 = 24, 43 − 10 = 33, 43 − 20 = 23처럼 쉽게 답을 구할 수 있기 때문이다. 만약 10 + 3 = 13, 20 + 3 = 23의 계산이 쉽게 느껴지지 않는다면 수 막대를 가지고 확실하게 될 때까지 연습해야 한다.

2. 풀이 과정을 쪼개어서 한 단계씩 연습하는 것이 좋다. 모르는 것 몇개가 쭉 연결되면 진짜 모르게 된다. 먼저 수를 분해하는 것을 완전하게 이해한다. 그다음에 계산으로 연결한다.

▶ 여러 가지 방법으로 덧셈을 할 수 있어요. (워크북 참고)

1. ☐ 안에 알맞은 수를 써넣으세요.

A. 3 6 + 4 9 = ☐

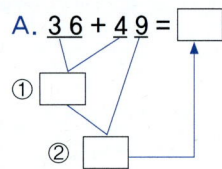

B. 3 6 + 4 9 = ☐

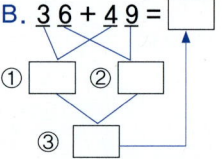

① 36에 49의 40을 먼저 더하면 76이 됩니다.
② ①에서 구한 76에 49의 9를 더하면 85가 됩니다.
※ 4가 40임을 알게 합니다.

① 십의 자리 수끼리 먼저 더하면
　 30 + 40 = 70
② 일의 자리 수끼리 더하면
　 6 + 9 = 15
③ ① + ② = 70 +15 = ☐가 됩니다.

C. 36+49 = 36+50 - 1
　　　　 = 86 - 1 = 85

※ 다른 여러 가지 방법도 있으나 위의 3가지 방법을 충분히 연습하여 정확하게 알도록 연습하면 다른 방법도 비교적 쉽게 알 수 있다.

2. A. 5 8 + 3 9 = ☐

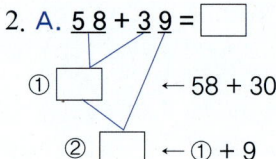

← 58 + 30
← ① + 9

B. 5 8 + 3 9 = ☐

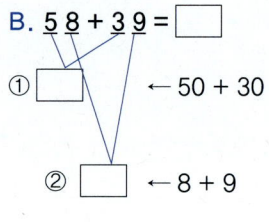

← 50 + 30
← 8 + 9

① + ② = ☐

C. 58 + 39 = 58 + 40 - 1
　 58 + 39 = 60 + 39 - 2
　 58 + 39 = 60 + 40 - 2 - 1

> 어렵게 느끼는 문제를 빼곡하게 풀면 더 어렵게 느껴진다. 아이가 힘들어하는 문제는 종이의 여백도 넉넉한 것이 좋다. 하루에 1~2문제를 이해할 때까지 연습하자.

▶ 여러 가지 방법으로 뺄셈을 할 수 있어요. (워크북 참고)

1. □ 안에 알맞은 수를 써넣으세요.

A.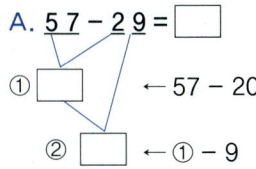

※ 빼는 수를 십의 자릿수와 일의 자릿수로 나누어 십의 자리부터 먼저 계산한다.

B.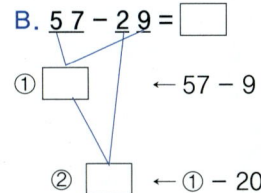

※ 빼는 수를 십의 자릿수와 일의 자릿수로 나누어 일의 자리부터 먼저 계산한다.

C. 57 − 29 = 57 − 30 + 1

빼는 수가 10, 20, 30, 40, …에 가까운 수는 10, 20, 30, 40, …으로 빼고, 차이가 나는 만큼 더해 준다. 10, 20, 30, 40, …으로 빼는 것이 일의 자리 숫자가 있는 것보다 계산하기가 쉽다는 것을 알게 한다.

덧셈과 뺄셈의 관계

6 + 4 = 10 → 10 − 4 = 6, 10 − 6 = 4
22 − 10 = 12 → 10 + 12 = 22, 12 + 10 = 22

덧셈과 뺄셈은 역연산의 관계에 있다. 아래와 같은 카드 위에 바둑돌(공깃돌)을 놓아보며 서로 간의 관계를 파악한다. 뒷면에는 식을 써 두고 확인한다. 덧셈식에서 뺄셈식 2개, 뺄셈식에서 덧셈식 2개가 나올 수 있음을 직접 확인하는 과정을 많이 거쳐 알게 한다. 어찌 보면 단순한 이치가 결코 단순하지 않다. 주어진 숫자 3개 사이의 관계가 완전히 이해될 때까지 꾸준히 연습하여 역연산의 원리를 이해해야 한다. 이 관계가 만들어지면 자릿수가 큰 덧셈과 뺄셈의 관계도 같이 완성된다.

앞면 :

10 (전체)	
4 (부분 1)	6 (부분 2)

뒷면 :

① 4+6=10   ② 6+4=10
③ 10−4=6   ④ 10−6=4

전체 − 부분 1 = 부분 2
전체 − 부분 2 = 부분 1
부분 1 + 부분 2 = 전체

▶ 수직선 위에서의 관계도 이해한다.

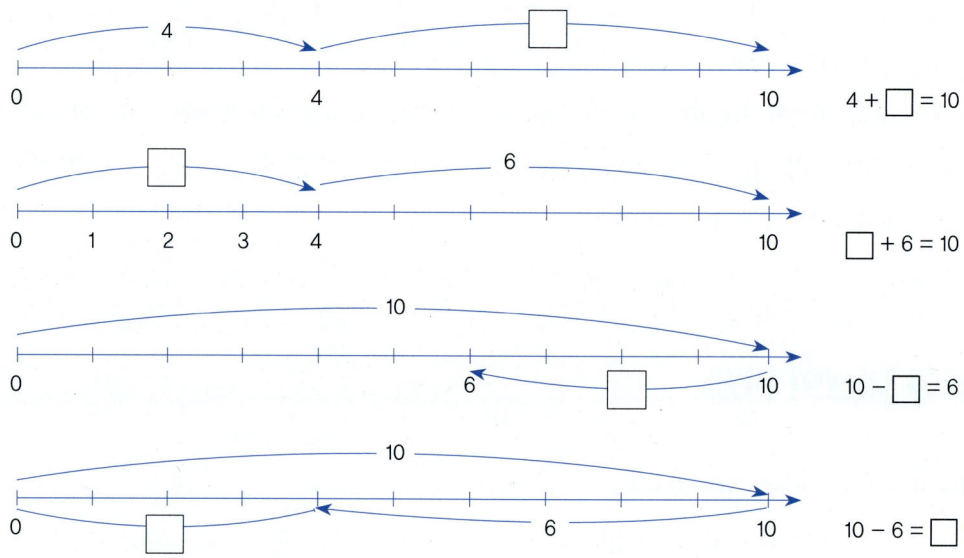

※ 수직선 위에서는 왼쪽으로 갈수록 작은 수, 오른쪽으로 갈수록 큰 수이다.

▶ 바둑돌 10개로 만들 수 있는 식 (워크북 참고)

● ●●●●●●●●●	1+9, 9+1, 10−1, 10−9
●● ●●●●●●●●	2+8, 8+2, 10−2, 10−8
●●● ●●●●●●●	3+7, 7+3, 10−3, 10−7
●●●● ●●●●●●	4+6, 6+4, 10−4, 10−6
●●●●● ●●●●●	5+5, 10−5

바둑돌 5~10개로 만들 수 있는 식을 꾸준히 연습한다. 위와 같은 간단한 표 하나를 완성하는데 6개월 혹은 그 이상의 시간이 필요할 수도 있다.

초기 수학 학습에 많은 시간을 할애하여 기초가 진짜 잘 다져지게 만들어야 한다. 1학년 때 2학년 수학은 곁눈질도 하지 않는 것이 좋다. 배운 범위 안에서 확인하고 다지고를 반복하며 아이가 수의 세계로 잘 진입하게 만들어야 한다. 처음 수학이 진짜 어렵다. 아이의 지적 성장 속도가 신체의 성장 속도를 쫓아가지 못할 수도 있다. 덩치 큰 아이를 구체물을 가지고 연습하기가 어색할 수도 있으나 직접 많이 확인해야 쉽게 느껴지는 나이이다.

▶ □의 값 구하기 (워크북 참고)

덧셈식과 뺄셈식에서 □의 값은 아래와 같이 구한다. 바둑돌과 수직선을 이용하여 이해하고 연습한다. 어떤 경우에 더해야 하고, 어떤 경우에 빼야 하는지를 명확하게 알게 한다.

계산보다는 관계를 이해하는 것이 중요하므로 큰 수보다는 얼른 확인할 수 있는 작은 수로 연습하는 것이 좋다. 하루에 덧셈식에서 □의 값 구하기 1문제, 뺄셈식에서 □의 값 구하기 1문제를 꾸준히 연습할 필요가 있다.

4 + 6 = □
4 + □ = 10 → □ = 10 − 4
□ + 6 = 10 → □ = 10 − 6

10 − 4 = □
□ − 4 = 6 → □ = 6 + 4
10 − □ = 6 → □ = 10 − 6

이 이치를 이해하면 2자리 수로 확장되어도 문제없다.

□ − 34 = 25 → □ = 25 + 34
59 − □ = 34 → □ = 59 − 34

큰 수에서 어떻게 구해야 할지를 모르겠다면 금방 암산할 수 있는 작은 수 □ - 6 = 4, 10 - □ = 6에서 □를 어떻게 구할지 방법을 찾을 수 있게 해야 한다. 큰 수나 작은 수나 계산의 이치는 같다.

▶ 덧셈, 뺄셈, 곱셈, 나눗셈의 관계

덧셈, 뺄셈, 곱셈, 나눗셈은 다음과 같은 관계에 놓여있다. 각각을 배우면서 전체적인 관계도 염두에 두어야 한다. 뺄셈은 덧셈으로, 나눗셈은 곱셈으로 검산하는 습관을 만들어 놓으면 실수를 크게 줄일 수 있다.
(예: 7 - 4 = 3 → 검산: 3 + 4 = 7, 12 ÷ 4 = 3 → 검산: 3×4 = 12)

덧셈 → 동수 누가 → 곱셈

↑↓ 역연산   ↑↓ 역연산

뺄셈 → 동수 누감 → 나눗셈

※ 동수누감: 같은 수를 반복해서 빼는 것

▶ 처음 수를 찾아가는 연습을 통해 서로의 관계를 확인

뺄셈은 덧셈으로, 덧셈은 뺄셈으로, 곱셈은 나눗셈으로, 나눗셈은 곱셈으로 처음 수를 찾아간다.

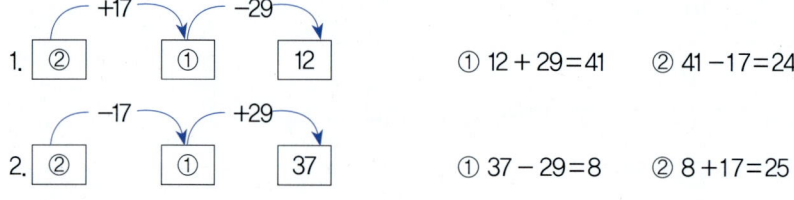

1. ② → +17 → ① → -29 → 12   ① 12 + 29 = 41   ② 41 - 17 = 24

2. ② → -17 → ① → +29 → 37   ① 37 - 29 = 8   ② 8 + 17 = 25

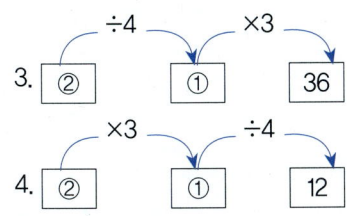

3. ② → ÷4 → ① → ×3 → 36   ① 36÷3=12   ② 12×4=48

4. ② → ×3 → ① → ÷4 → 12   ① 12×4=48   ② 48÷3=16

□가 있는 덧셈과 뺄셈

아이가 24 + 65 = □와 □4 + 6□ = 89를 대하는 느낌은 같지 않다. 후자의 문제를 훨씬 어렵게 느낀다. 덧셈과 뺄셈은 자릿값이 이해되면 한 자릿수 덧셈과 뺄셈의 연속이다. 합이 18까지의 덧셈을 충분히 연습하고, 자릿값을 기준으로 문제를 보아야 한다.

	① 2 4
	+ 6 □
	□ 9

	② □ 4
	+ 6 □
	8 9

	③ 8 7
	− □ 2
	5 □

	④ □ 4
	+ 8
	5 □

	⑤ 5 □
	+ □ 8
	1 2 3

	⑥ 6 0
	− □ 4
	2 6

	⑦ 7 0
	− □ 2
	4 □

	⑧ □ 0
	− 1 6
	5 □

	⑨ 6 □
	− □ 8
	2 9

⑩	1	☐	8
+		☐	5	☐
	4	6	4

⑪	4	6	☐
+		☐	7
	8	1	5

⑫	☐	6	4
+	☐	☐	☐
	8	8	1

①~③: 1학년, ④~⑨: 2학년 ⑩~⑫: 3학년 범위의 내용이다. 1학년은 받아올림과 받아내림이 없는 두 자리의 수 ± 두 자리의 수까지를 배운다. 이런 유형의 문제는 1학년 아이는 힘들 수 있다. 경험하게는 하되 너무 강요할 필요는 없다. 2~3학년인 아이도 위의 ①~③번과 같이 받아올림과 받아내림이 없는 문제를 충분히 연습한 다음에 받아올림과 받아내림이 있는 문제를 연습한다. 연산 연습을 할 때 하루에 1~2문제를 이런 형태의 문제로 풀어 본다. 이런 문제를 다루어 봄으로 기계적인 연산에서 벗어나 자릿값의 의미를 생각하게 된다.

② 4 + ☐ = 9, ☐ + 6 = 8: 낱개는 낱개끼리, 묶음은 묶음끼리 보게 한다.
⑤ ☐ + 8 = 13에서 10이 받아 올려졌음을 안다.
⑦ 0 − 2가 아니라 10 − 2임을 이해한다. 10 − 2 = ☐로 계산해도 되지만, 역연산으로 2 + ☐ = 10으로도 해결할 수 있어야 한다.
⑨ 이 문제를 풀기 전에 8 + 9 = 17, 17 − 9 = 8, 17 − 8 = 9의 관계를 이해하고, 합이 18까지의 연산이 숙달된 상태에서 이 문제를 접하게 해야 쉽게 해결할 수 있다.
⑫ 이처럼 답이 여러 개가 나올 수 있는 문제도 경험해 본다.

☐가 있는 덧셈과 뺄셈을 위한 선수학습: 자릿값, 합이 10까지의 덧셈

> **TIP** 답이 여러 개가 나올 수 있는 문제
>
> 3 + □ = □
> 5 − □ = □
> 8 □ □ = □   예. 8−2=6, 8+2=10
> □ + 1 = □
> □ − 2 = □
> □ □ 2 = □ : 수와 연산 기호를 임의로 정하는 문제 만들어 보기
>   예. 4 + 2 = 6, 4 − 2 = 2

「세 자리의 수 ± 세 자리의 수」 연산이 어렵다면(3학년)

자연수의 덧셈과 뺄셈은 초등학교 3학년 시기에 완성되어야 한다. '300−109'처럼 바로 앞 자리가 아니라 하나 건너서 빌려오는 이치까지 완전하게 꿰뚫을 수 있어야 한다. 하지만 「세 자리의 수 ± 세 자리의 수」의 연산 학습에서 속도를 내어가며 완벽하게 계산하는 것이 목표가 될 필요는 없다.

「세 자리의 수 ± 세 자리의 수」가 어렵다고 매일 그것만 연습하는 것은 바른 접근 방법이 아니다. 세 자릿수 이상의 덧셈과 뺄셈은 계산 이치를 이해하는 데 중점을 두어야 한다.

이치를 파악한 후 계산은 기본 덧셈의 완성으로 접근해야 쉽다. 덧셈 연산과 관련되어 다음 과정을 위한 기초가 되는 학습은 합이 9 + 9 = 18보다 작은 덧셈과 두 자리의 수 + 한 자리의 수이다. 기초 학습으로 쓰일 수 있는 부분을 집중적으로 연습하는 것이 효과적이다.

분초를 다투며 세로셈 문제의 답을 순식간에 쓸 수 있게 하는 것이 수학 학습의 본질이 아니다. 세로셈을 할 때 왜 자리를 맞추어 계산해야 할까? 분수의 덧셈에서 '왜 분모를 같게 만들어야 하는가?'를 생각하는 것이 수학의 본질이다. 덧셈과 뺄셈은 같은 단위끼리 계산해야 한다. 같은 단위끼리 계산하기 위해서는 자리를 맞추어야 하는 것이다. 자리를 맞추고 나면 한 자릿수의 덧셈과 받아올림에 대한 이해만 있어도 자릿수가 큰 덧셈과 뺄셈도 같은 이치로 계산할 수 있게 된다.

「세 자리의 수 ± 세 자리의 수」가 어렵다면 ① 기본수의 덧셈과 뺄셈을 완전하게 익힌다. ② 두 자리의 수 ± 한 자리의 수, 두 자리의 수 ± 두 자리의 수를 통해 받아올림과 받아내림의 의미를 파악하고 있는지를 확인한다.

부모만이 할 수 있는 것

개념의 충분한 이해 없는 학습은 무너지기 쉽다. 한 단원의 학습이 끝났다고, 한 학년의 학습이 끝났다고 끝이 아니다. 우리 아이가 이해하고 활용할 수 있게 될 때까지 해야 한다.

이해력은 아이마다 조금씩 다르다. 설명만으로 깨치는 아이가 있는가 하면 구체적 예시가 있어야 이해하는 아이도 있다. 아이가 힘들다고 하면 자신있게 할 수 있는 부분까지 찾아가서 천천히 올라오면 된다. 천천히 성실하게 가다 보면 우리 아이에게 딱 맞는 길이 보인다.

기초를 다져 단단히 만드는 것이 부모의 역할이다. 이것을 위해서는 매일 조금씩 눈에 띄지 않을 정도의 작은 걸음으로 나아가야 한다. 한장의 문제가 될 수도 있고, 던지는 한 마디 질문이 될 수도 있다. 옆에서 살펴보면서 안 되는 부분을 꼼꼼하게 확인하고 수정해야 한다. 꾸준히 노출되는 작은 자극이 필요하다. 반복적인 학습을 통해 아이가 "아하" 하고 득도하는 느낌이 들어야 한다. 어떤 개념이라도 완전히 내 것이 되기 위해서는 꽤 많은 시간 동안의 노력이 필요하다. 시간 날 때 1시간 혹은 2시간의 학습이 아니라 매일 10분씩 6일 혹은 5분씩 12일의 지속적인 자극이 아이에게는 훨씬 효과적이다. 부모들은 자꾸

할 수 없다고만 얘기한다. 수학 공부는 어려우니 학원으로 보내야 한다고 얘기한다. 기초가 없고 생각하는 방법을 모르면 당연히 어렵다. 하지만 학원에서 기초와 생각하는 방법을 배우기는 쉽지 않다. 문제 푸는 방법만을 배운다. 학원으로 가면 뭔가 대단한 일이 일어날 것 같지만 생각하기를 싫어하는 아이는 어디를 가든 변화를 기대하기 힘들다.

생각하기는 생활 속 습관이다. 어떤 시기에 꼭 익혀야 하는 중요한 개념이 있다면 냉장고에 써 붙여 두고 하루에 1~2문제를 꾸준하게 공부하여 개념이 완성되고 숙성되게 만들어야 한다. 이 일은 다른 누구도 아닌 부모만이 할 수 있는 일이다.

수학을 쉽게 시작하기

수학을 재미있어하는 아이는 자기만의 방법으로 문제를 해결했을 때의 희열을 알고 있다. 그 희열을 경험한 아이는 스스로 공부하게 되고 생각하게 된다. 반면 아이의 사고 과정을 벗어난 어려운 수학으로 시작된 아이에게는 수학은 너무 어렵고 너무 하기 싫은 공포로 기억될 수 있다.

모든 학년에 해당되는 말이지만 특히 처음 시작하는 수학은 어려워서는 안 된다. 처음 진입하는 수학이 아주 중요하다. 그 첫걸음을 아주 친절하게, 아주 쉬운 것으로, 아이의 수준에 맞게 시작해야 한다.

처음 수학 학습의 경험이 행복한 아이는 수학을 재미있고 즐거운 놀이로 여긴다. 어른도 그러하지만 아이는 더 그렇다. 재미있고 즐거워야 매일 하고 싶고, 그렇게 매일 공부한 수학적 자극이 아이를 수학적 감각을 지닌 아이로 자라게 만들어 준다.

지금 수학이 힘들다고 하는 아이는 처음 시작할 때의 수학 학습이 너무 어려웠던 경우가 많다. 그렇다면 잘못된 걸 알면서 꾸역꾸역 앞으로 나가기보다 재빨리 다시 시작해야 한다. 그 첫 번째가 아이가 할 수 있다는 자신감을 가질 수 있게 해 주는 것이다. 자신감은 어려운 문제를 해결했을 때만 생기는 것이 아니다. 여태껏 못했던 것을 잘 해결할 수 있게 되는 것도 자신감을 가지게 해 준다. 잘 안 되는 어떤 부분이라도 정성껏 열심히 하면 그 부분만큼은 어느 정도의 경지에 오를 수 있다.

50점 맞는 아이에게 한꺼번에 100점 맞는 것을 목표로 삼을 수는 없다. 60점 혹은 70점을 목표로 두어야 한다. 지난번에는 해결할 수 없었던 문제를 지금은 해결할 수 있는 경험을 하게 해 주어야 한다. 그런 성공의 경험이 할 수 있다는 자신감을 만들어 준다. 공부해야 하는 주체는 부모가 아닌 아이이다. 주변의 여건이 아무리 좋고 아이를 이끄는 손길이 완벽하다 해도 아이 스스로 하고자 하는 의지가 없으면 아이의 성장에는 한계가 있기 마련이다.

아이가 쉽다고 느끼는 부분부터 매일 조금씩 규칙적으로 공부하여 한 부분 한 부분을 완벽하게 공부하며 나가는 것이 수학을 쉽게 만드는 가장 좋은 전략이다. 시작할 땐 언제 실력이 오를까 아득하지만 매일 실천하다 보면 어느새 목표한 지점에 도달하게 된다. 일주일, 한 달, 백일, 한 학기, 일 년을 실천할 수 있다면 학습은 점점 더 몸에 밴 습관이 되어 갈 것이다.

한 단원 학습이 끝나고 나면

한 단원 학습이 끝났다고 해서 끝이 아니다. 그 학습은 다음에 배우는 어느 단원 어떤 개념과 연결되어있다. 다음에 다시 등장할 땐 이전에 배운 내용을 완전하게 알고 활용할 수 있다는 전제로 시작한다.

초등 수학에서 「수와 연산 영역」과 관련된 내용은 완전히 활용하게 되기까지 충분한 연습의 시간이 필요하다. 연습할 수 있는 시간을 확보해야 한다. 초등 수학 각 학년의 구성을 살펴보면 몇 단원을 빼곤 대부분 수와 연산 영역 단원이 연달아 나오지는 않는다. 1학년 1학기 수학은 수 영역 → 도형 영역 → 연산 영역 → 측정 영역 →수 영역의 순으로 진행된다. 3학년 2학기 수학은 연산 영역 → 연산 영역 → 도형 영역 → 수 영역 → 측정 영역 → 자료와 가능성 영역의 순으로 진행된다. 많은 아이가 「수와 연산 영역」을 제외한 나머지 영역의 학습을 더 쉬워한다.

　1학년 2단원 「도형 영역」의 학습이 진행될 때 1단원 「수 영역」의 복습은 꾸준히 계속되어야 한다. 한 단원 학습에 배정된 시간은 대부분 10차시 전후의 시간이다. 대체로 3~4주 동안 한 단원을 배우게 된다. 하나의 개념을 배우고 익혀 숙달하기에는 그 시간만으로는 턱없이 부족하다. 그 부족한 시간을 미리 앞당겨서 하려고 하지 말고, 다른 영역의 학습을 하는 동안에 완전하지 않은 부분을 꾸준히 복습하는 것이 좋다. 1학년 1학기 3단원에서 배우는 「합이 9까지의 덧셈」은 한 단원의 목표가 아니라 1학년 1년 동안의 목표라고 생각해야 한다.

　3학년 2학기 때 배운 분수는 배운 이후로 다음 분수 학습이 시작되는 4학년 2학기가 되기 전까지의 학습 목표이다. 한 단원의 학습이 끝났다고 덮어버리는 순간 학습결손은 시작된다. 배운 내용을 정리하여 아이의 것으로 만드는 시간이 필요하다. 복습으로 개념을 상기시킬 땐 하루에 몇 문제로도 가능하다.

　어떤 개념이든 처음 시작은 교과서로 학교에서 배우는 것이 가장 좋다. 그 이후로 배운 내용을 잘 복습하며 다음 연결 학습이 나올 때를 대비해야 한다.

FIRST MATHEMATICS

CHAPTER
03

곱셈과 나눗셈
(초등 2~3학년)

학년별 자연수의 곱셈과 나눗셈 학습의 흐름
선행학습이 아니라 선수학습
공부하는 방법을 조금만 바꾸어 보자.
곱셈 알아보기
나눗셈 알아보기
곱셈과 나눗셈의 관계 알아보기
나눗셈의 계산이 맞는지 확인하기
곱셈의 상황 & 나눗셈의 상황(3학년)
시작이 참 어렵다.
3학년 연산 연습 문제
교과서를 이용한 수와 연산 영역의 복습

학년별 자연수의 곱셈과 나눗셈 학습의 흐름

2-1학기	곱셈의 의미(동수누가, 몇씩 몇 묶음, 몇의 몇 배)
2-2학기	곱셈 구구: 교과서에서는 2단 → 5단 → 3단, 6단 → 4단, 8단 → 7단 → 9단 순으로 익히게 되나 아이의 상황에 맞게 연습하면 된다.
3-1학기	나눗셈의 의미, 곱셈과 나눗셈의 관계, 두 자리×한 자리
3-2학기	세 자리×한 자리, 두 자리×두 자리, 두 자리÷한 자리, 세 자리÷한 자리
4-1학기	세 자리×두 자리, 세 자리÷두 자리
5-1학기	자연수의 혼합 계산

선행학습이 아니라 선수학습

덧셈과 뺄셈의 개념이 완성되었다는 전제하에 본격적으로 곱셈과 나눗셈 학습으로 들어간다. 다음 ①~③의 과정을 거친다.

① 주어진 상황에서 곱셈과 나눗셈을 적용할 것인가를 판단하여 식으로 나타낼 수 있다.
② 수 막대 등을 통해 개념을 정확하게 이해한다.
③ 형식화하여 계산할 수 있다.

특히 2학년 때 배우는 곱셈의 의미, 3학년 때 배우는 나눗셈의 의미, 두 자리의 수×한 자리의 수, 두 자리의 수÷한 자리의 수의 이해와 숙달이 향후 학습에 많은 영향을 미친다.

수학 학습에서 계산만을 위한 문제는 많이 배제되고 있기는 하나 기본수의 덧셈(덧셈 구구, 1학년), 구구단(2학년), 두 자리×한 자리(3학년), 두 자리÷한 자리(3학년), 약수 구하기 (5학년) 등은 다음 학습에서 많이 사용되기 때문에 숙달되어 있으면 여러모로 편리하다. 세 자리±세 자리, 세 자리×두 자리, 세 자리÷두 자리 등은 숙달보다 계산 원리의 이해에 치중하는 것이 좋다. 기본수의 덧셈, 구구단, 두 자리×한 자리, 두 자리 ÷ 한 자리 학습을 완전하게 하고 난 뒤 세 자리±세 자리, 세 자리×두 자리, 세 자리÷두 자리 등은 가볍게 건너가야 아이가 받는 학습 부담감이 줄어든다.

한 단계의 개념을 쉽게 받아들이기 위해서는 반드시 전제 조건이 있다. 선수학습이 되어있어야 한다는 것이다. 선수학습은 '이번 학습을 받아들이기 위해 완성되어 있어야 하는 학습'을 말한다. 학년이 높아질수록 한 문제에 내포된 선수학습의 내용이 많아진다.

2~6학년 동안 13단원에 걸쳐 곱셈과 나눗셈을 배우게 된다. 13단원 중 「곱셈」과 「나눗셈」에 대한 개념은 2-1학기 6단원과 3-1학기 3단원뿐이다. 나머지 단원은 개념이 조금씩 확장되면서 그와 관련하여 계산하는 방법을 익히는 단원이다. 2-1학기 때 배우는 자연수 곱셈의 의미가 정확해야 분수의 곱셈도 소수의 곱셈도 쉽게 받아들일 수 있다.

학습은 아이가 혼동 없이 그 개념을 이해하고, 충분히 연습하여 활용할 수 있을 때까지 해야 한다. 하나를 가르치면 열을 깨우치는 아이는 없다. 하나를 배우고, 배운 하나를 정확히 이해하고 활용하는 것도 쉽지 않은 일이다. 수학적인 모든 개념은 확실한 이해와 충분한 연습의 과정을 통해 아이의 것이 된다. 요즘의 수학 학습은 서둘러 앞으로만 나가려고 한다. 한 번 들었다고 아이의 것이 되지 않는다. 배운 것을 단단히 내 것으로 만드는 과정이 더 중요하다.

개념을 정확하게 이해하고 연습하는 것과 왜 그런지는 모르고 정해진 순서만 따라 연습하여 숙달하는 것은 다르다. 전자의 학습은 문제 풀이를 통해 개념이 더 강화되며 실력으로 쌓이게 되지만 후자의 학습은 들인 노력에 비해 드러나는 효과가 미미하다. 시간이 지나면 잊어버리기도 한다. 대충 알고 있는 것은 다음 학습에 활용할 수 없다.

그래서 초등학생 때의 수학 학습은 예습보다 복습이 훨씬 효과적이다. 학년이 올라간다고 해서 갑자기 대단히 어려운 수학을 배우는 것은 아니다. 앞 단계의 학습이 완전하다면 쉽게 받아들일 수 있는 난이도로 진행된다. 자기 학년의 학습을 꼼꼼하고 깊이 있게 하면서 앞으로 나가야 한다. 그것이 아이의 학습 부담감은 줄게 하고 실력은 쌓이게 하는 지름길이 된다. 3학년인 우리 아이가 '24×3 = 72'를 쉽게 해결할 수 있도록 연습해야 하지만 왜 그렇게 하는 것인지에 대한 이해도 아주 중요하다. 형식화된 계산 방법을 가르쳐주고 숙달시키는 것이 금방 눈으로 확인하기에는 좋아 보이지만 원리를 이해하지 못하는 수학은 앞으로 나아갈 수가 없다.

수학 학습에서 지금 배우는 개념은 다음에 배울 학습의 도구가 된다. 도구로 사용하기 위해서는 배운 개념을 완전히 이해하고 충분한 연습을 통해 내 것으로 만들어 두어야 한다. 그래야 필요할 때 가져와 자유자재로 쓸 수 있다. 3학년 세 자리의 수＋세 자리의 수를 쉽게 배우려면 1학년 때 배운 기본 덧셈을 도구로 사용할 수 있어야 한다. 4학년 세 자리의 수×두 자리의 수, 세 자리의 수÷두 자리의 수 학습을 쉽게 하려면 2~3학년에 배우는 곱셈과 나눗셈의 개념이 잘 만들어져 있어야 한다. 그래서 수학의 세계로 첫걸음을 내딛는 1~3학년까지의 초기 학습이 아주 중요하다.

아래 표는 학년별 선수학습 내용이다. 해당 학습이 완성된 상태에서 새 학년이 되어야 새 학년의 수학을 쉽게 배울 수 있다. 겨울 방학을 이용하여 복습하고 새 학년이 되어야 한다. 그래야 쉬운 수학 학습이 된다.

〈학년별 선수학습〉

학년	선수학습 (이번 학습을 받아들이기 위해 완성되어 있어야 하는 학습)
유아	잘 먹고, 잘 자고, 잘 놀기
1학년	손에 힘 기르기, 10분 정도의 학습 집중력, 1~30까지 수의 정확한 순서, 10의 크기를 직관적으로 알기
2학년	묶음과 낱개의 의미, 덧셈 구구의 완성
3학년	받아올림/내림의 이해, 동수누가, 몇씩 몇 묶음, 몇 배의 의미를 이해하고 구구단 완벽하게 외우기
4학년	두 자리×한 자리, 두 자리÷한 자리, 분수의 정확한 이해, 대분수를 가분수로 가분수를 대분수로 바꾸기
5학년	자연수의 덧셈, 뺄셈, 곱셈, 나눗셈의 완성, 분모가 같은 분수의 덧셈과 뺄셈
6학년	약수와 배수, 약분과 통분, 분모가 다른 분수의 덧셈과 뺄셈, 곱셈

공부하는 방법을 조금만 바꾸어 보자.

아이 학습에 관심이 있는 부모 중 많은 이는 선행학습에 집착하게 된다. 초등학교 1학년 혹은 그보다 더 어린 나이에 구구단을 외우게 만들고 2학년 2학기 '곱셈 구구' 단원평가가 끝나면 그날로 구구단 학습을 접는다. 그리고 3학년 곱셈 학습이 시작될 때까지 잊고 지낸다. 그동안 아이의 기억 속에서 곱셈의 의미는 잊혀진다. 구구단도 가물가물해진 채로 3학년 공부와 만나게 된다. 3학년 곱셈 학습은 2학년 때 배운 곱셈의 의미와 곱셈 구구가 완전하다는 전제하에 학습이 진행된다. 그것이 완성되지 않은 아이는 그만큼의 어려움을 안고 3학년을 시작하게 되는 것이다.

그럼 어떻게 하는 것이 효과적일까? 구구단이 걱정된다면 미리 구구단을 외우게 할 것이 아니라 아이가 배운 범위 안에서 구구단의 개념이 만들어지게 연습하는 것이 좋다. 덧셈은 1학년 때 배운 개념이다. 10칸 노트에 같은 수를 더해 가는 것을 연습하면 아주 좋다.

예. ① 2, 4, 6, 8, 10, 12, 14, 16, 18, 20
② 5, 10, 15, 20, 25, 30, 35, 40, 45, 50

이것 또한 아이가 수용할 수 있는 범위 내에서 해야 한다. 연습하다 보면 2씩, 5씩 더해 가는 것이 다른 큰 수를 더해 가는 것보다 쉽다. 작은 수이기도 하고 규칙이 보이기 때문이다. 7씩, 8씩 더하는 것은 어렵다. 어려운 것은 더하는 횟수를 줄여야 한다. (7, 14, 21) 3개까지가 잘 될 때 (7, 14, 21, 28, 35) 5개까지로 늘려야 한다.

무엇을 공부하든 항상 후딱 해낼 수 있는 범위여야 한다. 학교에서 배우기 전에는 '곱셈의 의미'를 미리 설명할 필요도 없다. 배운 범위 안에서 열심히 연습하다 보면 알지 못하는 사이에 곱셈의 의미도 학습된다. 동수누가의 의미로 곱셈을 도입할 때 같은 수를 더해 본(예. 3+3+3+3=12) 경험이 있는 아이가 의미를 받아들이기가 훨씬 쉽다. 이미 배운 덧셈의 연습이지만 앞으로 배울 곱셈 학습의 다리 역할을 하게 되는 것이다.

구구단은 곱셈의 의미를 배운 후 2학년 1학기 여름 방학부터 집중적으로 연습한다. 그리고 2학년 2학기 곱셈 구구 단원의 학습이 끝난 뒤에도 3학년이 될 때까지 계속 연습하는 것이 좋다. 동수누가 연습을 한 아이는 아주 쉽게 구구단을 외울 수 있다.

곱셈의 개념을 배우는 2학년 1학기, 구구단을 익히는 2학년 2학기 수업 후에 3학년에서 곱셈, 나눗셈을 배우기 전까지 약 6개월의 공백이 있다. 그 공백의 시간에 곱셈의 의미를 꾸준히 학습하고 구구단을 열심히 외우며 머릿속에 곱셈과 관련된 하나의 공간을 만들어야 한다. 그 공간은 자극이 없으면 커지지 않는다. 점점 작아지다가 없어질 수도 있다. 그 공간의 크기를 키운 뒤에 곱셈 연산에 들어가야 쉬운 곱셈 학습이 된다.

3학년이 되었을 땐 곱셈의 의미뿐만 아니라 구구단의 암기도 완전하게 되어있어야 한다. 2학년 2학기 곱셈 구구를 배울 때는 조금 서툴러도 상관없다. 점점 잘하게 만들면 된다. 배울 때 다른 아이보다 조금 더 잘하게 하고 싶은 욕심에 먼저 앞당겨 시작하면 악순환의 고리 속으로 빠질 수 있다.

선행학습은 누가 하더라도 어렵다. 적기에 배우는 것보다 시간도 더 많이 필요하다. 그렇다고 더 효과적인 것도 아니다. 미리 시작하여 단원평가가 있을 때까지 공부하고 평가가 끝났다고 해서 끝낼 것이 아니라, 지금 배우는 것을 열심히 하여 다음 관련 학습이 나올 때까지 꾸준히 하는 것이 훨씬 효과적인 방법이다. 지금 배우는 것은 다음 학습의 디딤돌이 되기 때문이다.

곱셈 알아보기

▶ **곱셈의 의미(2-1학기)**

곱셈은 똑같은 수를 반복적으로 더할 때 덧셈식이 아닌 새로운 표현 방법이 약속되어 있음을 알게 함으로써 시작된다.

> 묶어 세기(몇씩 몇 묶음) → 몇의 몇 배 → 덧셈식을 곱셈식으로 나타내기 순으로 진행된다. 기본수의 덧셈
> (1 + 1 = 2부터 9 + 9 = 18까지의 덧셈)이 '선수학습'되어야 한다.

문제: 다음 ○의 수를 세어보세요.

○○○○　○○○○　○○○○　○○○○　○○○○

(풀이) 다음 4가지 방법으로 ○의 수를 구할 수 있다.

① 묶어 세기: 4씩 5묶음

4 − 8 − 12 − 16 − 20

② 몇의 몇 배

4의 5배: 4 + 4 + 4 + 4 + 4 = 20

「배」의 개념을 아이가 낯설어한다. 「배」의 개념을 확실하게 만들어야 한다.

4의 1배: 4

4의 2배: 4 + 4

4의 3배: 4 + 4 + 4

4의 4배: 4 + 4 + 4 + 4

4의 5배: 4 + 4 + 4 + 4 + 4를 의미한다.

③ 덧셈식: 4 + 4 + 4 + 4 + 4 = 20

④ 곱셈식: 4×5=20 읽기: 4 곱하기 5는 20과 같습니다.

4와 5의 곱은 20입니다.

※ 4씩 5묶음, 4의 5배, 4 + 4 + 4 + 4 + 4, 4×5는 같은 의미, 다른 표현이다.

▶ **2학년 여름 방학 내내 하루에 한 번씩**

2학년 여름 방학 즈음부터 다음 ①~⑧번까지를 한 세트로 하여 매일 하루에 한 번 연습하도록 한다. 바둑돌, 스티커, 도장 찍기 등을 이용하면 좋다. 어느 정도 연습의 시간이 지난 다음에는 빈 A4용지에 '6씩 3묶음'이라고 질문을 던지면, 빈 여백에 ①~⑥번까지를 술술 쓸 수 있을 때까지 연습해야 한다. 쓰면서 소리 내어 읽게 하는 것이 훨씬 효과적이다. 곱

셈의 개념을 가르치는 것이 목표이므로 8씩 7묶음처럼 계산하기 어려운 것은 피해야 한다.

문제: 6씩 3묶음

① 도장 찍기(혹은 스티커 붙이기, 그리기 등)

　　○○○○○○　　○○○○○○　　○○○○○○

② 묶어 세기: 6 – 12 – 18

③ 6씩 3묶음은 18입니다.

④ 6의 3배는 18입니다.

⑤ 덧셈식으로 나타내면 6 + 6 + 6 = 18입니다.

⑥ 곱셈식으로 나타내면 6 × 3 = 18입니다.

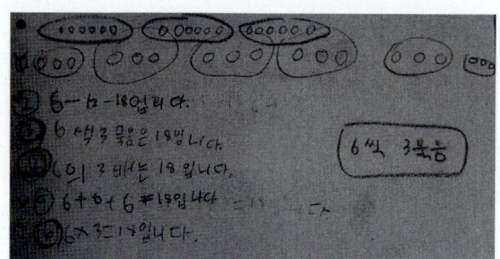

⑦ 개미 다리는 6개입니다. 개미 3마리의 다리는 모두 몇 개일까요?

덧셈식과 곱셈식으로 나타내어 보세요.

덧셈식: □+□+□=□(개)

곱셈식: □×□=□(개)

⑧ 6×3= □로 나타낼 수 있는 문장을 만들어 보세요(힌트: 수선화 꽃잎 6장).

(⑧번 문제는 글로 쓰게 하기보다는 말로 하게 만드는 것이 더 좋다. 쓰는 것이 부담되어서는 안 된다.)

이런 과정들을 통해 곱셈의 개념이 완전히 이해되게 만들어야 한다.

▶ **구구단을 외자**

보편적으로 5단 → 2단 → 4단 → 3단 → 6단 → 9단 → 7단 → 8단 순으로 익히게 되나 아이의 상황에 맞게 연습하면 된다. 교과서에서는 2단 → 5단 → 3단, 6단 → 4단, 8단

→ 7단 → 9단 순으로 배운다.

① 3×4와 4×3의 의미는 다르다. 3×4는 3씩 4묶음 즉, 3 + 3 + 3 + 3을 나타내고, 4×3은 4씩 3묶음 4 + 4 + 4를 나타낸다. 의미를 알고 난 후, 구구단의 교환을 확인한다. 외우는 과정에서 2, 3, 4, 5단을 완벽하게 외우고 교환의 의미로 일정 부분을 해결하는 「쉬운 구구단 표」를 활용하면 아이가 받는 심리적 부담이 줄어든다.

〈쉬운 구구단 표〉

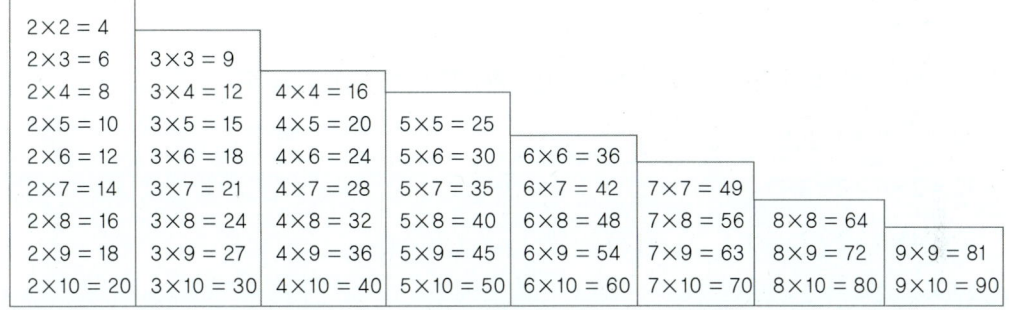

3×7 = 21 ↔ 7×3 = 21 앞, 뒤를 바꾸어 가며 외우도록 한다.

② 아이는 7단과 8단을 외우기 어려워한다. 아이가 힘들어하는 7×7 = 49, 8×8 = 64, 8×9 = 72 등 몇 개를 냉장고와 집안 여기저기에 붙여 두고 집중적으로 물어봐 주는 것도 좋다. 아침에 학교 가는 아이를 향해 오늘의 암호는 "칠칠"하면 아이는 "사십구"라고 답해야 한다. 학교에서 돌아왔을 때도 오늘의 암호는 "칠칠", 밥 먹을 때도 오늘의 암호는 "칠칠", 놀러 나갈 때도 오늘의 암호는 "칠칠", 잠자기 전에도 오늘의 암호는 "칠칠" 냉장고 문을 열 때도 "칠칠" … 시도 때도 없이 "칠칠"을 외쳐 어려운 몇 개는 미리 알고 시작할 수 있게 만들어 준다.

③ 2×10 = 20, 3×10 = 30, 4×10 = 40, 5×10 = 50, …, 9×10 = 90
곱하기 10은 그냥 외울 수 있는 부분이니 구구단을 외울 때 곱하기 10까지를 같이 외운다. 아이가 처음 구구단을 외울 때는 같은 수를 더해 가면서 외우게 된다. 그래서 한 군데서 틀리면 줄줄이 아래로 다 틀리게 된다. 중간에 확인하는 지점을 하나 만들어 두면 좋다. ×1 → ×10 → ×5를 먼저 외우게 한다. 2×1 = 2이고 2×10 = 20이다. 2×5는 20의 반인 10이 된다.

3×1 = 3이고 3×10 = 30이다. 3×5는 30의 반인 15가 된다.

그러면 한 군데가 틀리더라도 ×5에서 점검할 수 있다.

「반」이라는 의미는 빵을 먹을 때, 물을 마실 때 그 의미를 일러 주어 일찍 알게 해 주는 것이 좋다.

④ 곱셈 구구를 잘 외우는 아이는 곱이 12가 되는 구구단, 16이 되는 구구단, 24가 되는 구구단 등 답을 먼저 제시하고 구구단을 찾는 연습을 하는 것도 좋다.

6: 2×3, 3×2

12: 3×4, 4×3, 6×2, 2×6

16: 2×8, 8×2, 4×4

24: 3×8, 4×6, 6×4, 8×3

구구단을 더 작은 곱으로 곱해가는 것도 게임처럼 연습해도 된다(워크북 참고).

12 = 3×4 = 3×2×2

12 = 2×6 = 2×2×3

12 = 4×3 = 2×2×3

12 = 6×2 = 3×2×2

⑤ 같은 수를 곱하는 것도 익숙하면 좋다.

2×2, 3×3, 4×4, 5×5, … , 8×8, 9×9

10보다 큰 수도 다음 몇 개는 외워두면 유용하게 사용할 수 있다.

10×10=100, 11×11=121, 12×12=144, 13×13=169

⑥ 잘 알고 있는 것처럼 보여도 하루에 1개 정도 의미를 물어본다.

"3×8이 무슨 의미야?"

자연스럽게 대답이 나와야 한다.

"3×8은 3을 8번 더한 거야 혹은 3의 8배, 3씩 8묶음을 나타내는 거야."

⑦ 구구단을 외울 때 집안 곳곳에 구구단을 붙여 두는 것도 좋다. 난이도를 달리하여 붙여둔다. 그날 기분에 따라 답이 모두 적혀 있는 곳에 가서 외우게 해도 되고, 답이 하나도 적혀 있지 않은 곳에 가서 외우게 해도 된다. 눈을 감고 외우다가 막히는 부분은 눈을 뜨고 확인한다. 아이가 재미있어한다.

4×1=4	4×1=4	4×1=☐	4×1=☐
4×2=8	4×2=8	4×2=☐	4×2=☐
4×3=12	4×3=12	4×3=12	4×3=☐
4×4=16	4×4=16	4×4=☐	4×4=☐
4×5=20	4×5=☐	4×5=20	4×5=20
4×6=24	4×6=24	4×6=☐	4×6=☐
4×7=28	4×7=28	4×7=☐	4×7=☐
4×8=32	4×8=32	4×8=32	4×8=☐
4×9=36	4×9=36	4×9=☐	4×9=☐
4×10=40	4×10=☐	4×10=40	4×10=40

▶ (2 × 4) − 2 = 2 × ☐

「=과 곱셈식」의 의미가 정확해야 쉽게 해결할 수 있는 문제이다. 다음과 같이 설명한다.

① "=(는)이 있어." 하면서 가운데 「=」을 쓴다.
② "「=」이 있으면 「=」 왼쪽과 오른쪽의 「2의 개수」가 어떻게 되어야 할까?", 같아야 된다는 대답이 나와야 한다.
③ "2×4는 2를 몇 번 더한 거야?" 4번이라는 대답이 나오지 않으면 그것부터 해결하고 다시 이 문제로 돌아와야 한다.
④ "2 + 2 + 2 + 2에서 2를 한 번 빼. 그러면 2가 몇 개 남게 되지?", "3개"
⑤ "2 + 2 + 2를 곱셈식으로 나타내면 2 곱하기 뭐가 될까?"의 과정을 찬찬히 밟아간다. 아이가 물어올 때마다 친절하게 설명해주어야 한다. 이 문제를 어려워한다면 하루에 이와 유사한 1~2문제를 이해할 때까지 꾸준히 연습한다.

오늘 이 문제를 정복해야지 하고 한꺼번에 20문제를 풀린다면 아이는 이해하지 못하고 질리게 될 것이다.

(4×5) + 4 = 4 × ☐ ← (4+4+4+4+4) + 4 = (4×6)
(4×3) + 4 + 4 = 4 × ☐ ← (4+4+4) + 4 + 4 = 4×5
(4×7) − 4 = 4 × ☐ ← (4+4+4+4+4+4+4) − 4 = 4×6

$$(4 \times 6) - 4 - 4 - 4 = \square \times \square \leftarrow (4+4+4+4+4+4) - 4 - 4 - 4 = 4 \times 3$$

▶ 우리 아이는 이렇게 연습했어요.

딸아이가 2학년이 되면서 A4 용지에 가로 10개 □ 칸을 6줄 만들어 잔뜩 뽑아 냉장고 위에 올려두고 아침 먹기 전에 1장씩 연습하게 하였다. 덧셈의 연습도 되고 곱셈의 연습도 되어 동수누가의 의미와 구구단을 익히기에 엄청 효과적이었다. 은연중에 배수의 연습도 되었다.

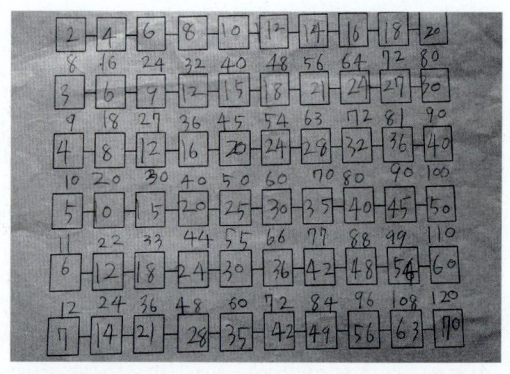

여담 하나.
어떻게 공부했냐고 옆에서 자꾸 물으니 되짚어 생각하게 된다. 우리 아이가 남들과 다르게 뭘 공부했을까?

1. 어릴 때 한 조각 퍼즐부터 시작하여 꽤 많은 퍼즐을 사 모았다. (3세~)
2. 1부터 10까지 수의 도트 세기 연습을 1년 정도 하였다. (6세)
3. 덧셈 구구 연습을 2년 정도 하였다. (7세~8세)
4. 동수누가 연습을 1년 하였다. (9세)
5. 매일 책을 읽고 있었다.

공부를 시작하고 처음 1~2년은 기초를 다지고 습관을 만드는 시기이다. 그 시작이 언제여도 마음은 느긋하게, 실천은 우직하게 하여야 한다. 기초를 다질 때가 가장 어렵다. 기초가 완성되면 그다음은 순식간에 올라갈 수 있다.

▶ 교과서에 나오는 문제들

이런 문제들을 풀면서 곱셈의 의미를 좀 더 정확하게 만들어야 한다.

1. ○의 개수를 옳게 말한 친구를 모두 찾아 ○표 하세요.

   ○○○○○○　○○○○○○　○○○○○○
   ○○○○○○　○○○○○○　○○○○○○

   연우 : 6 + 6 + 6 + 6으로 6을 네 번 더해서 구할 수 있어. (　)
   은영 : 6×5에 6을 더해서 구할 수 있어. (○)
   새미 : 6×6의 곱으로 구할 수 있어. (○)

2. 8×6을 계산하는 방법을 설명해 보세요.
   지원 : 8×2를 □ 번 더하면 돼.
   유준 : 8×□ 와/과 8×□ 을/를 더하면 돼.
   (그림을 그려서 확인하는 것이 좋다. 정답 : 1과 5 혹은 2와 4, 3과 3 등)

3. 숫자를 한 번씩만 사용하여 □ 안에 알맞은 수를 써넣으세요.
   (2, 4, 8) → 7×□ = □□
   (2, 4, 6) → 7×□ = □□
   (3, 6, 9) → 7×□ = □□

4. 달리기 경기에서 1등은 3점, 2등은 2점, 3등은 1점을 얻습니다. / 영채네 반에는 1등이 5명, 2등이 3명, 3등이 4명 있습니다. / 영채네 반의 달리기 점수는 모두 몇 점일까요?
   (풀이) ① 1등 점수의 합 : 3×5 = 15
   　　　 ② 2등 점수의 합 : 2×3 = 6
   　　　 ③ 3등 점수의 합 : 1×4 = 4
   　　　 ① + ② + ③ = 15 + 6 + 4 = 25(점)

5. 과일 가게에서 사과는 한 상자에 6개씩, / 배는 한 상자에 9개씩 담아서 팔고 있습니다. / 아버지께서는 사과 4상자와 배 3상자를 사 오셨습니다. / 아버지께서 사 오신 과일은 모두 몇 개일까요?

(풀이) ① 배 : 9×3 = 27

② 사과 : 6×4 = 24

③ 사과 + 배 : 24 + 27 = 51   (답) 51(개)

※ ① 사고의 흐름을 따라가며 자기만의 간단한 식을 적을 수 있어야 한다. 문장으로 길게 풀어 쓰지 않아도 된다.

② 문장제 문제는 끊어 읽기를 잘해야 한다.

▶ **(두 자리의 수) × (한 자리의 수)**

3학년~4학년에 걸쳐

두 자리×한 자리 → 세 자리×한 자리 → 두 자리×두 자리 → 세 자리×두 자리
3-1학기　　　　　　　3-2학기　　　　　　　4-1학기

로 확장되며 곱셈 학습이 진행된다.

어른의 관점으로는 21×3이나 18×3은 비슷하다. 하지만 아이가 받아들이는 난이도는 다르다. 「두 자리의 수×한 자리의 수」학습은 다음과 같은 순서로 진행된다. 교과서의 흐름을 쫓아가며 하나의 형태가 완성된 후 다음 형태의 학습을 하는 것이 모든 형태를 섞어 학습하는 것보다 더 쉽다. 각 단계를 충분히 연습하고 다음 단계로 넘어가야 한다. 각 단계가 완성된 다음에는 섞어 풀어도 상관없다.

1단계: 30×2(몇십×몇)
2단계: 22×4(올림 없음)
3단계: 42×3(십의 자리에서 올림)
4단계: 17×5(일의 자리에서 올림)
5단계: 63×5(십의 자리, 일의 자리 모두에서 올림)

단계마다 ① 문제 상황 제시, ② 어림하기, ③ 수 모형으로 계산 원리 이해하기, ④ 세로 계산 원리와 형식을 이해하기, ⑤ 형식화하여 연습하기, ⑥ 활용하여 문제 해결하기(문장제)의 과정을 거치며 학습하게 된다.

계산 방법을 형식화하기 전에 막대 모형을 직접 그려 보면서 의미를 완전하게 파악해야 한다. 하지만 아이는 교과서에 그려진 막대 모양조차도 쳐다보지 않고 지나칠 때가 많다. 도입 단계에서는 꼭 그려 보게 하여 정확하게 이해하고 설명할 수 있게 해야 한다. 위의 ③번 과정을 충분히 경험하여 개념을 완전히 파악한 후 형식화하여 연습해야 한다.

18×3은 18 + 18 + 18로 나타낼 수 있다. 18 + 18 + 18 = 10 + 8 + 10 + 8 + 10 + 8 = 10 + 10 + 10 + 8 + 8 + 8이 되는 것을 직접 조작하여 확인하는 과정을 반드시 거쳐야 한다. 하나가 정확하게 인지되면 조금씩 확장되는 개념은 저절로 따라온다. 하나를 완전하게 이해할 수 있도록 신경 써야 한다. 이 시점에는 곱셈의 의미, 구구단, 덧셈 구구가 완성되어 있어야 쉽다.

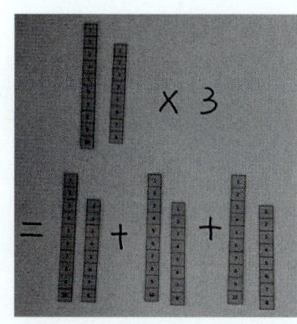 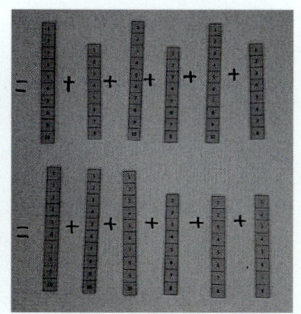

문장을 식으로 만들고, 식을 문장으로 표현하는 것 또한 자연스럽게 받아들여져야 한다.

문제 1 : 기민이는 동화책을 하루에 34쪽씩 읽었습니다. / 기민이가 3일 동안 읽은 동화책은 모두 몇 쪽인지 구해 보세요.
(풀이) 34 + 34 + 34 = 34×3
(답) 102쪽

문제 2 : 30×3으로 계산할 수 있는 상황을 말해 보세요.
예. 달걀이 30개씩 3판이 있습니다. 달걀은 모두 몇 개일까요?

▶ (두 자리의 수) × (한 자리의 수) 연습하기 (워크북 참고)

① 32×3 = 32 + 32 + 32 (수 막대 이용하기)

$\begin{cases} 30 + 30 + 30 = 90 \\ 2 + 2 + 2 = 6 \end{cases}$

90 + 6 = 96

※ 32×3 = 32 + 32 + 32 = 30 + 2 + 30 + 2 + 30 + 2 = 30 + 30 + 30 + 2 + 2 + 2 = 90 + 6 = 96 처럼 「=」을 써서 풀이하면 아이가 이해하지 못한다. 수 막대를 이용하여 차례대로 한 단계씩 이해하게 한다.

②

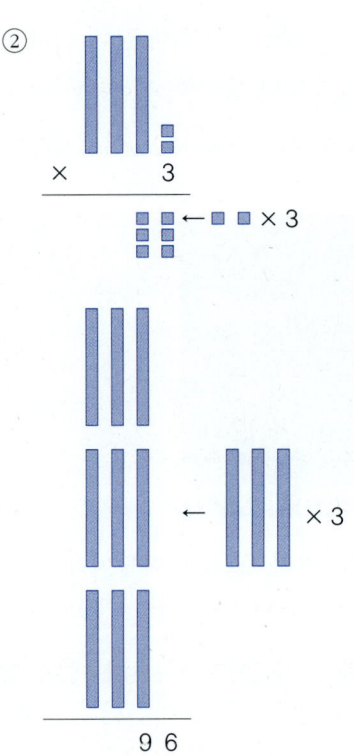

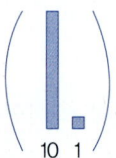

③

		3	2	
	×		3	
			6	← 2×3
		9	0	← 30×3
		9	6	

④

		3	2
	×		3
		9	6

　선행까지는 아니어도 겨울방학이면 다음 학기 공부를 시작하는 아이가 있다. 2학년 겨울방학이라면 ①, ②의 방법이 ③, ④의 방법보다 현명한 예습이다. 처음 「두 자리의 수×한 자리의 수」를 경험하는 아이는 ③, ④의 방법부터 시작해서는 안 된다. 수 막대를 이용하여 ①의 방법으로 곱셈을 덧셈으로 풀어 곱셈의 의미를 이해하는 것부터 시작해야 한다. 그런 다음 ②와 같이 수 막대를 그려가며 세로 계산 원리를 이해한다. 그리고 나서야 ③, ④의 방법으로 형식화하여 연습한다.

　곱셈의 의미는 모르면서 계산하는 방법만 미리 조금 알고 가는 것은 앞으로의 수학 학습에 그다지 도움이 되지 않는다. 예습은 지금 아이가 알고 있는 범위 안에서 다음 학습을 받아들일 준비를 하는 것이다.

　공부하는 순서 : ①, ② → ③, ④

▶ (두 자리의 수) × (두 자리의 수) (워크북 참고)

두 자리의 수×두 자리의 수 형태는 막대 모양으로 확인하기가 어렵다. 두 자리의 수×두 자리의 수는 모눈종이에 그려 그 의미를 확인한다. 53×29는 53을 29번 더한 것과 같다. 머릿속에서 곱해지는 각 부분의 크기가 연상될 때까지 실제로 그려가며 연습해야 한다.

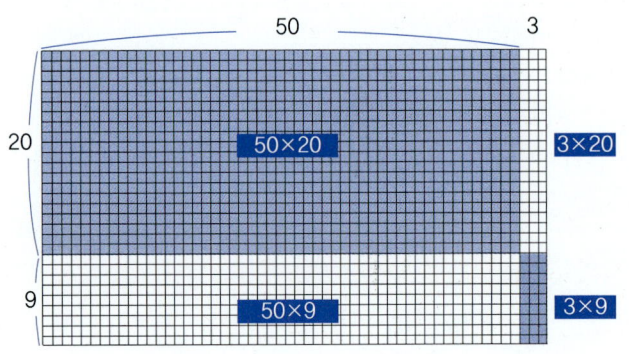

53 × 29   50 × 20 = 1000   3 × 20 = 60
           50 × 9 = 450   3 × 9 = 27

		5	3	
	×	2	9	
		2	7	←3×9
	4	5	0	←50×9
		6	0	←3×20
1	0	0	0	←50×20
1	5	3	7	

		5	3	
	×	2	9	
	4	7	7	←53×9
1	0	6	0	←53×20
1	5	3	7	

모눈종이에 그려 곱하기의 의미를 완전히 이해한 후 연습에 들어가야 한다. 자릿값을 잘 살펴보아야 한다. 격자무늬의 종이에 연습하면 자릿수를 잘 찾아 쓸 수 있다. 「두 자리의 수×두 자리의 수」는 곱셈 이치를 정확히 이해하고, 두 자리의 수×한 자리의 수의 곱셈이 숙달되어 있으면 쉽게 해결할 수 있다. 두 자리의 수×두 자리 수의 곱셈을 한꺼번에 너무 많이 연습하는 것은 아이를 지치게 한다. 하루에 3~5문제를 꾸준히 연습하자.

나눗셈 알아보기

나눗셈은 덧셈, 뺄셈, 곱셈의 연산을 자유롭게 활용할 수 있을 때 가능한 연산이다. 나눗셈은 「기본적인 덧셈과 뺄셈, 곱셈의 기본 개념, 곱셈 구구」의 충분한 연습을 전제로 한다. 나눗셈을 어려워하는 아이는 덧셈, 뺄셈, 곱셈 학습도 잘 살펴보고 복습해야 한다.

나눗셈은 주어진 개수를 똑같이 나누어 줄 때 몇 개씩 나누어 주어야 되는지를 묻는 등분제(같은 크기로 분할하는 의미)와 같은 양이 몇 번 들어있는지를 묻는 포함제(같은 수를 거듭해서 뺀 횟수: 동수누감) 2가지 의미로 도입된다. 일반적으로 등분제의 문제에 익숙하나 포함제의 문제도 의도성을 가지고 짚어 주어야 나중에 분수의 나눗셈을 이해하기가 쉽다.

처음에 배우는 나눗셈(예: 12÷4)은 곱셈 구구의 역으로 해결 가능해서 신경 써서 지도하지 않으면 나눗셈의 의미는 놓치고 구구단 학습의 연장선에 놓일 수 있다. 다양한 나눗셈 상황을 경험하여 정확하게 이해하는 것이 중요하다. 나눗셈 개념이 정확하게 자리 잡혔다는 전제하에 (몇십몇)÷(몇)의 나눗셈은 다음의 과정을 거치며 학습이 진행된다.

나눗셈의 상황 이해하고 식 세우기 → 묶음 어림하기 → 수 모형을 이용하여 나눗셈의 계산 원리 이해하기 → 형식화하여 계산하기 → 검산하기

▶ **등분제의 나눗셈**

전체를 몇 개의 묶음으로 똑같이 나누었을 때 한 묶음의 크기

문제: 과자 8개를 2명이 똑같이 나누어 먹으려고 합니다. 한 명이 먹을 수 있는 과자의 수는?
(풀이) 과자 8개를 2명에게 번갈아 가며 똑같이 나누어 놓아본다. 한 명이 가질 수 있는 과자는 4개이다. 이것을 식으로 나타내면 8÷2 = 4이다.

> 8 ÷ 2 = 4와 같은 식을 나눗셈식이라 한다.
> 읽기: 8 나누기 2는 4와 같습니다.
> 이때 4는 8을 2로 나눈 몫, 8은 나누어지는 수, 2는 나누는 수라고 한다.
>
> $\underset{\text{나누어 지는 수}}{8} \div \underset{\text{나누는 수}}{2} = \underset{\text{몫}}{4}$

바둑돌 등을 이용하여 직접 나누거나, 그림을 그려 나눗셈이 어떠한 상황에 대한 약속인지를 바르게 인지해야 한다.

8÷2의 몫은 8을 똑같이 2개로 나눈 것 중 하나의 크기이다.

문제: 빵 12개를 3명이 똑같이 나누어 먹으려고 합니다.
　　　한 사람이 먹을 수 있는 빵은 몇 개일까요?
(풀이) 12 ÷ 3 = 4
(답) 4개

▶ **포함제의 나눗셈**

전체를 같은 양으로 몇 개씩 묶었을 때 묶음의 개수

바둑돌 12개를 3개씩 덜어내면 몇 번 덜어낼 수 있는지 알아봅시다.

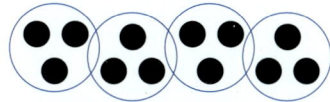   12-3-3-3-3 = 0 → 12÷3= 4

바둑돌 12개를 4개씩 덜어내면 몇 번 덜어낼 수 있는지 알아봅시다.

   12-4-4-4 = 0 → 12÷4 = 3

문제 1. 과자 8개를 한 접시에 2개씩 담으려면 접시는 몇 개가 필요할까요?
(풀이) 8 − 2 − 2 − 2 − 2 = 0 → 8 ÷ 2 = 4(개)

　　　　8에서 2를 4번 뺄 수 있음을 의미한다.

(답) 4개

문제 2. 빵 20개를 한 명에게 5개씩 나누어 주려고 합니다. 몇 명에게 줄 수 있을까요?
(풀이) ① 20 − 5 − 5 − 5 − 5 = 0
　　　② 20 ÷ 5 = 4
(답) 4명

포함제 문제는 20 ÷ 5 = 4로 바로 갈 것이 아니라 20 − 5 − 5 − 5 − 5 = 0의 과정을 거치는 것이 나눗셈의 의미를 이해하기에 좋다.

포함제에서 몫은 같은 수를 뺀 횟수를 나타낸다.

20 − 5 − 5 − 5 − 5 = 0 → 20 ÷ 5 = 4
　　　　　4번

6학년 과정 분수의 나눗셈은 포함제를 이해해야 해결할 수 있다.

문제: $2 \div \frac{1}{3}$

(풀이) 2에서 $\frac{1}{3}$을 6번 덜어낼 수 있다(포함제).

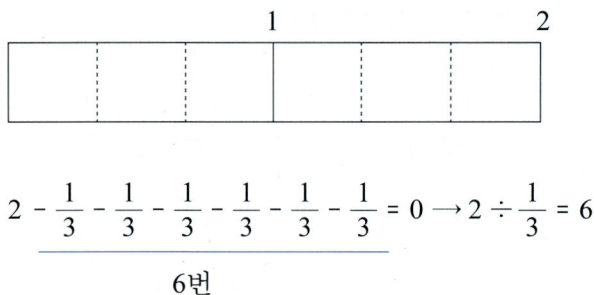

$$2 - \frac{1}{3} - \frac{1}{3} - \frac{1}{3} - \frac{1}{3} - \frac{1}{3} - \frac{1}{3} = 0 \rightarrow 2 \div \frac{1}{3} = 6$$

6번

▶ 나누어떨어지게 만들기 연습하기

나눗셈에서 나머지가 0일 때, 나누어떨어진다고 한다. 바꾸어 말하면 나누어떨어지면 나머지가 0이다.

$17 \div 4 = 4 \cdots 1 \rightarrow (17 - 1) \div 4 = 4$ ○○○○　○○○○　○○○○　○○○○　∅

$18 \div 4 = 4 \cdots 2 \rightarrow (18 - 2) \div 4 = 4$ ○○○○　○○○○　○○○○　○○○○　∅∅

16 ÷ 4 = 4로 나누어떨어지는 것은 쉽게 구할 수 있다. 16이 (17 - 1), (18 - 2)로 표현 되는 상황이 되면 아이는 혼동 속에 빠진다. 구체적 조작기(피아제의 인지 발달 단계 중 3번째 단계로 구체적 사물에 대한 논리적 조작이 가능한 시기이다. 초등학생의 인지 발달 단계는 구체적 조작기에 있다.)에 있는 아이는 손으로 만져보고 눈으로 직접 확인하는 과정을 거치면 훨씬 쉽게 개념을 이해할 수 있다.

동그라미를 그리고 → 지우고 → 식으로 나타내는 연습을 해야 한다. 바둑돌을 가지고 직접 확인해도 좋다.

곱셈과 나눗셈의 관계 알아보기

덧셈과 뺄셈, 곱셈과 나눗셈, 약수와 배수의 관계는 비슷한 맥락에 있다. 바둑돌, 스티커 붙이기, 도장 찍기 등의 구체적 활동을 통해 서로의 관계를 정확히 이해해야 한다. 10칸 노트를 이용하면 규칙이 좀 더 잘 보인다.

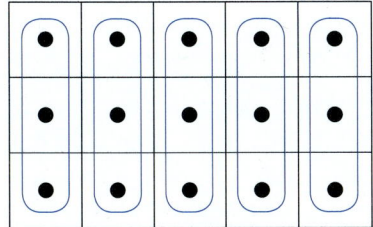

3 + 3 + 3 + 3 + 3 = 15 → 3×5 = 15

15−3−3−3−3−3 = 0 → 15÷3 = 5

5 + 5 + 5 = 15 → 5×3 = 15

15−5−5−5 = 0 → 15÷5 = 3

15	
5	3

5×3 = 15   3×5 = 15

15÷5 = 3   15÷3 = 5

동수누가 형태의 ●를 보고 곱셈식과 나눗셈식으로 나타내는 연습을 하루에 1~2문제 꾸준히 연습하여 서로의 관계를 인식해야 한다. 주어진 ●를 보고 곱셈식 2개 나눗셈식 2개를 쓰게 하거나, 곱셈식 혹은 나눗셈식을 제시하고 ●를 그려 표시하게 한다. 곱셈식에서 나눗셈식 2개가, 나눗셈식에서 곱셈식 2개가 나올 수 있음을 구체적인 경험으로 알게 한다.

※ 그림을 보고 보기와 같이 곱셈식과 나눗셈식으로 나타내어 보세요.

〈보기〉

4+4+4=12 → 4×3 =12

3+3+3+3=12 → 3×4= 2

12−4−4−4=0 → 12÷4 = 3

12−3−3−3−3=0 → 12÷3=4

(워크북 참고)

※ 나눗셈을 배우기 전인 2학년 겨울방학 동안은

3 + 3 + 3 + 3 = 12 → 3 × 4 = 12

4 + 4 + 4 = 12 → 4 × 3 = 12

12 − 4 − 4 − 4 = 0

12 − 3 − 3 − 3 − 3 = 0

까지만 연습하면 된다. 2학년 곱셈을 배우면서부터 시작해서 3학년 나눗셈을 배울 때까지 진행한다. 10칸 노트에 ● 스티커를 붙여 사용한다.

나눗셈의 계산이 맞는지 확인하기

나눗셈은 마지막 단계에서 반드시 검산의 과정을 거쳐야 한다. 곱셈과 나눗셈은 역연산의 관계에 있다. 곱셈과 나눗셈의 관계로 몫을 맞게 구했는지 확인할 수 있다. 검산하는 것이 습관 되어야 소소한 실수를 줄일 수 있다.

문제 1: 어떤 나눗셈식을 계산하고 계산 결과가 맞는지 확인한 식이 보기와 같습니다. 계산한 나눗셈식을 쓰고 몫과 나머지를 구해 보세요.

〈보기〉

3 × 7 = 21, 21 + 2 = 23

(풀이) 23 ÷ 3 = 7 … 2   몫: 7 나머지: 2

　　　23 ÷ 7 = 3 … 2   몫: 3 나머지: 2

〈보기〉

3 × 7 = 21, 21 + 3 = 24

(풀이) 24 ÷ 7 = 3 … 3   몫: 3 나머지: 3

　　　24 ÷ 3 = 7 … 3 (×): 나머지는 나누는 수보다 작아야 한다.

문제 2: 어떤 수를 3으로 나누었더니 몫이 9, 나머지가 2가 되었습니다.
어떤 수는 얼마일까요?
(풀이) □ ÷ 3 = 9 ⋯ 2 → 3 × 9 = 27, 27 + 2 = 29, □ = 29
「나누어지는 수 = 나누는 수 × 몫 + 나머지」의 관계를 정확히 이해한다.

곱셈의 상황 & 나눗셈의 상황(3학년)

곱셈과 나눗셈의 개념이 섞여 있는 상황에서 곱셈과 나눗셈의 식 세우기가 가능해야 한다. 곱셈과 나눗셈의 의미를 정확하게 이해해야 가능하다.

1. 사과 9개를 3명에게 똑같이 나누어 주려고 합니다. 한 명에게 사과를 몇 개씩 줄 수 있을까요?
   (풀이) 9 ÷ 3 = 3   (답) 3개
   1-1 3명에게 사과 9개씩을 나누어 주려고 합니다. 사과는 몇 개가 있어야 할까요?
   (풀이) 3 × 9 = 27   (답) 27개

2. 사탕 12개를 접시에 똑같이 나누어 담으려고 합니다. 접시의 수에 따라 담을 수 있는 사탕의 수를 구해 보세요.
   접시 2개에 담을 때 : 한 접시에 □ 개   (답) 6개
   접시 3개에 담을 때 : 한 접시에 □ 개   (답) 4개
   접시 4개에 담을 때 : 한 접시에 □ 개   (답) 3개
   접시 6개에 담을 때 : 한 접시에 □ 개   (답) 2개

3. 민경이는 32쪽짜리 책을 매일 4쪽씩 읽으려고 합니다. 이 책을 모두 읽으려면 며칠이 걸릴까요?
   (풀이) 32 ÷ 4 = 8   (답) 8일
   3-1 지원이는 하루에 32쪽씩 4일 동안 책을 읽었습니다. 지원이가 읽은 책은 모두 몇 쪽일까요?

(풀이) 32 × 4 = 128   (답) 128쪽

3-2 서희는 33쪽짜리 책을 매일 4쪽씩 읽으려고 합니다. 이 책을 모두 읽으려면 며칠이 걸릴까요?

(풀이) 33 ÷ 4 = 8 … 1   (답) 9일

4. 장미 16송이를 한 명에게 2송이씩 주려고 합니다. 몇 명에게 나누어 줄 수 있을까요?
(풀이) 16 ÷ 2 = 8(명)

4-1 장미 16송이를 한 명에게 4송이씩 주려고 합니다. 몇 명에게 나누어 줄 수 있을까요?

(풀이) 16 ÷ 4 = 4(명)

4-2 장미 16송이를 8명에게 똑같이 나누어 주려고 합니다. 몇 송이씩 나누어 줄 수 있을까요?

(풀이) 16 ÷ 8 = 2(송이)

4-3 16명에게 장미 2송이씩 주려고 합니다. 장미는 몇 송이가 필요할까요?

(풀이) 16 × 2 = 32(송이)

5. 승훈이네 학교 3학년은 한 반에 24명씩 6개 반이 있습니다. 승훈이네 학교 3학년 학생은 모두 몇 명일까요?

(풀이) 24 × 6 = 144(명)

5-1 소윤이네 반 학생 수는 24명입니다. 6개 모둠으로 만들어 수업하려면 한 모둠 학생은 몇 명일까요?

(풀이) 24 ÷ 6 = 4(명)

5-2 윤주네 반 학생 수는 24명입니다. 한 모둠의 학생을 4명으로 하면, 몇 개의 모둠을 만들 수 있을까요?

(풀이) 24 − 4 − 4 − 4 − 4 − 4 − 4 = 0, 24 ÷ 4 = 6(개)

6. 사과 48개와 배 44개가 있습니다. 이 사과와 배를 4상자에 똑같이 나누어 담으려고 합니다. 한 상자에 담을 수 있는 사과와 배는 각각 몇 개입니까?

(풀이) 문장을 끊어 읽고, 그 문장에 맞는 식을 세운다. 서술형 문제의 시작은 끊어 읽기이다. ① 사과 48개와 배 44개가 있습니다. / ② 이 사과와 배를 4상자에 똑같이

나누어 담으려고 합니다. / ③ 한 상자에 담을 수 있는 사과와 배는 각각 몇 개입니까?

① 사과: 48개, 배: 44개

② 사과: 48 ÷ 4 = 12, 배: 44 ÷ 4 = 11

③ 한 상자에 담을 수 있는 사과는 12개, 배는 11개이다.

④ 검산: 사과; 12 × 4 = 48, 배; 11 × 4 = 44

7. 색종이가 한 묶음에 7장씩 12묶음 있습니다. / 미술 시간에 한 명이 색종이를 9장씩 사용한다면 / 몇 명이 사용하고 몇 장이 남습니까?

(풀이) 문장을 끊어 읽고, 그 문장에 맞는 식을 세운다.

① 7 × 12 = 84(장)

② 84 ÷ 9 = 9 ⋯ 3

③ 9명이 사용하고 3장이 남는다.

8. 민지가 하루에 32쪽씩 3일 동안 읽은 동화책을 다시 읽으려고 합니다. / 하루에 7쪽씩 읽으면 모두 읽는 데 며칠이 걸리겠습니까?

(풀이) ① 동화책의 전체 쪽 수: 32 × 3 = 96(쪽)

② 96 ÷ 7 = 13 ⋯ 5

③ 답: 14일

9. 예지가 가지고 있는 사탕은 10의 4배와 같습니다. / 이것을 친구 8명에게 나누어 주려고 합니다. 친구 한 명에서 줄 수 있는 사탕은 몇 개일까요?

(풀이) ① 예지가 가지고 있는 사탕의 수: 10 × 4 = 40(개)

② 40 ÷ 8 = 5

③ 답: 5개

시작이 참 어렵다.

하루 공부를 시작할 때 연필 잡기가 가장 어렵다. 어른인 나도 글을 쓸 때 TV를 끄고 책상에 앉아 키보드에 손을 올리기까지가 제일 어렵다. 막상 시작하면 몇 시간이고 앉아서 글을 써 내려가곤 한다. 지금 내가 하는 일은 누가 시켜서 하는 일도 아니고, 하지 않는다고 해서 난리 나는 것도 아니다. 내가 좋아서 하는 일이다. 그럼에도 불구하고 무기력함에 종일 이불 속에서 누에고치처럼 있을 때도 있다. 책상에 앉아서도 휴대전화를 한동안 만지작거리고 누구에게 전화라도 올라치면 이때다 싶어 몇 십 분을 통화하며 뭉그적거린다.

나는 방 안에서는 더 안 된다. 식탁에서 하는 것이 집중력이 더 좋다. 아이도 집중력이 더 좋은 곳이 있다. 공부를 시작할 때도 곧장 어려운 문제로 들어가기보다 약간의 워밍업이 필요하다. 후딱(1장 푸는 데 5분을 넘어가지 않는) 풀 수 있는 연산 문제 한 장 정도를 먼저 풀고 시작하면 연산도 강화되고 본격적인 학습으로의 진입도 쉬워진다.

분수를 배우기 전인 1~3학년 아이는 「합이 18까지의 덧셈과 구구단」을 연습하면 좋고, 분수를 배운 3~6학년 아이는 「두 자리의 수×한 자리의 수, 두 자리의 수÷한 자리의 수, 대분수, 가분수 문제」를 상황에 맞게 연습하고, 지금 학년에서 배우는 내용과 관련된 문제로 들어가면 된다.

공부하라고 소리만 치지 말고 공부할 수 있는 환경을 만들어 주는 것도 중요하다. 아이도 공부해야 한다는 것은 다 알고 있다. 실천이 잘 안 될 뿐이다. 생각과 실천 사이의 간격이 좁아질 수 있는 방법을 아이와 같이 고민해 보아야 한다. 딸아이는 중학교 내내 방정식과 인수분해 문제를 학년에 맞게 4~8문제를 매일 풀고 자기가 해야 하는 과제의 학습으로 들어갔다.

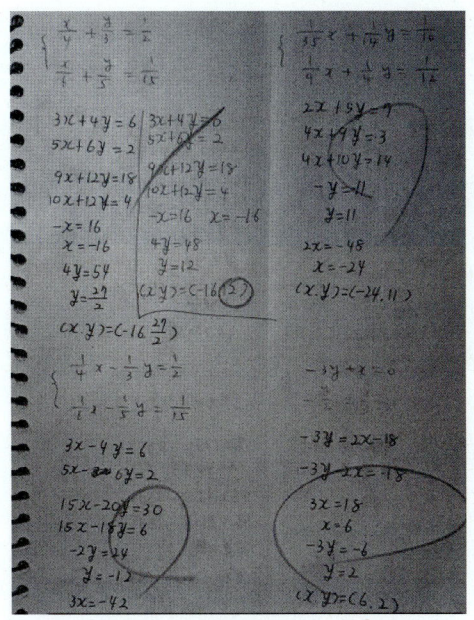

3학년 연산 연습 문제 (워크북 참고)

워크북 72~74쪽과 같은 패턴의 문제를 하루에 1장 정도 꾸준히 학습하면 좋다. 문제는 수학책과 익힘책에 있는 문제를 가져오면 된다. 매일 1~2장씩 1년 정도 꾸준히 공부하면 연산 실력이 많이 좋아진다. 세로셈, 곱셈, 나눗셈을 모눈이 있는 종이에 연습하면 자릿수를 잘 맞추어 계산할 수 있다. 분수(워크북 81~82쪽)도 모눈이 있는 종이에 연습해야 「똑같이 나눈다」의 의미를 정확하게 알게된다. 기본 연산이 잘 안 되는 아이는 학년에 상관없이 기본 연산도 같이 연습하여 익숙하게 만들어야 한다.

교과서를 이용한 수와 연산 영역의 복습

저학년인 아이가 수학을 힘들어한다면 다음과 같이 관련 단원끼리 묶어 복습해야 한다. 수학 교과서와 익힘책을 분철하여 사용하면 좋다.

학년	단원	학년	단원
1-1	1단원 9까지의 수 3단원 덧셈과 뺄셈 5단원 50까지의 수	1-2	1단원 100까지의 수 2단원 덧셈과 뺄셈(1) 4단원 덧셈과 뺄셈(2) 6단원 덧셈과 뺄셈(3)
2-1	1단원 세 자릿수 3단원 덧셈과 뺄셈 6단원 곱셈	2-2	1단원 네 자릿수 2단원 곱셈 구구
3-1	1단원 덧셈과 뺄셈 3단원 나눗셈 4단원 곱셈 6단원 분수와 소수	3-2	1단원 곱셈 2단원 나눗셈 4단원 분수

※ 국정 교과서에서 검인정 교과서로 바뀌면서 단원은 출판사에 따라 조금씩 달라질 수 있다. 하지만 전체적인 흐름은 비슷하다.

FIRST MATHEMATICS

CHAPTER
04

분수
(초등 3~6학년)

학년별 분수, 소수 학습의 흐름
3학년 1학기에 배우는 분수
3학년 2학기에 배우는 분수
3학년 분수 정리
4학년 분모가 같은 분수의 덧셈과 뺄셈 지도 순서
3~4학년인 아이가 분수가 어려워한다면

학년별 분수, 소수 학습의 흐름

아이에게 자연수의 개념을 깨닫게 하기 위해서 많은 시간과 정성을 기울였듯이 분수의 개념을 깨닫게 하는 데도 많은 정성과 시간이 투자되어야 한다. 자연수 개념을 깨치고 나면 정도의 차이는 있지만, 대부분 아이가 자연수의 덧셈, 뺄셈, 곱셈, 나눗셈까지는 어느 정도 익히고 활용하며 학습을 진행하게 된다. 하지만 분수 영역부터는 의도성을 가지고 배우고 익히지 않으면 어른이 되어서도 분수의 개념을 모르고 살아갈 수도 있다. 1학년 때 자연수 개념을 배우고 단계를 밟으며 올라왔듯이 분수의 개념도 단계를 잘 밟으며 학습을 진행해야 한다.

자연수 덧셈·뺄셈의 완성, 기본적인 곱셈, 나눗셈을 능숙하게 할 수 있다는 전제하에 3학년 때 「등분할」의 개념으로 처음 분수를 접한다. 3-1학기 후반부에 피자 한 판, 식빵 한 개, 케이크 한 개와 같이 전체가 1개인 도형(연속량)을 통해 '똑같이 나눈다.'의 의미를 익힌다. 그리고 '전체를 똑같이 나눈 것 중의 몇 개'의 의미로 분수를 도입한다.

3-2학기가 되면 1학기 때 배운 개념에서 확장하여 사과 8개, 사탕 12개와 같이 '전체가 여러 개인 것을 똑같이 나눈 것 중의 몇 개'의 개념으로 분수를 알게 한다. 전체가 몇 개이더라도 전체를 똑같이 나눌 수 있는 감각을 길러야 한다.

아이가 처음 분수를 접할 때, 교과서에서 배우는 분수를 힘들어하지는 않는다. 그 전 단원에서 복잡한 계산을 하다가 대부분 그림으로 이루어져 있는 분수 단원을 가볍게 지나가기도 한다. 하지만 그 속에 내포된 의미를 완전히 이해하고 다음 학년으로 넘어가는 아이는 그리 많지 않다. 분수 단원의 차시별 목표 하나하나마다 충분한 연습의 과정을 거쳐야 분수의 의미를 완전히 파악할 수 있다. 자연수의 수 개념은 부모들이 그나마 관심을 가지고 몇 년에 걸쳐 연습을 시킨다. 하지만 분수부터는 그 개념을 아주 많이 연습해야 함에도 불구하고 타인의 손으로 넘어가는 경우가 많아진다.

아이가 잘하고 있는지 아닌지는 지켜보아야 알 수 있다. 금방 수정할 수 있는 몇 개의 개념을 놓쳐 수학을 포기하게 만들 수도 있다. 제 때에 제대로 학습하지 않으면 어디에 문제가 있는지도 모른 채 '그냥 수학은 어렵다'로 귀결되어 버린다. 수학이 어렵다고 하는 많은 아이의 학습이 3학년 분수부터 꼬이기 시작한다. 분수를 시작하는 첫걸음부터 완전하게 이해하여 개념이 잘 자리 잡힐 수 있도록 애써야 한다. 수학은 여러 개의 개념이 모여 하나의 큰 사고 과정에 이르게 만든다. 하나하나를 잘 다듬어 만들어야 한다.

분수 학습의 첫걸음은 그 이전까지의 학습이 완전함을 전제로 한다. 3-2학기 이산량(전체가 여러 개인 것)의 분수 학습은 3-1학기 연속량의 단위분수, 진분수를 완전하게 이해하는 것을 전제로 하며, 4학년 분수 학습은 3학년 가분수, 대분수의 완전한 이해를 전제로 한다. 또한 5학년 분수 학습은 3~4학년 과정에서 배운 분수의 완전한 이해를 전제로 한다. 매 학년 배우는 내용을 완전하게 한 후에 하나를 더 보태며 확장되어 나간다.

3-1학기	– 피자 한 판, 식빵 한 개와 같이 <u>전체가 1개</u>인 도형을 <u>똑같이 나눈 것 중의 몇 개</u>의 의미로 분수가 도입된다. – 분모가 같은 분수의 크기 비교, 단위분수의 크기 비교 – $\frac{1}{10} = 0.1$
3-2학기	– 사과 8개, 사탕 12개와 같이 <u>전체가 여러 개인 것</u>을 「똑같이 나눈 것 중의 몇 개」의 개념으로 분수를 확장한다. – 진분수, 자연수, 가분수, 대분수
4-2학기	– 분모가 같은 분수의 덧셈과 뺄셈 – $\frac{1}{100} = 0.01$ $\frac{1}{1000} = 0.001$ – 소수의 덧셈과 뺄셈
5-1학기	– 분모가 다른 분수의 덧셈과 뺄셈
5-2학기	– 분수의 곱셈 – 소수의 곱셈
6-1학기	– 분수의 나눗셈(분수÷자연수) – 소수의 나눗셈(소수÷자연수)
6-2학기	– 분수의 나눗셈(분수÷분수) – 소수의 나눗셈(소수÷소수)

3학년 1학기에 배우는 분수

▶ **전체를 똑같이 나누어 보기**

〈분수 카드〉

3학년인 아이가 '5는 다섯'이라는 크기를 의심하지 않을 것이다. 그렇게 되기까지는 수없이 많은 반복의 과정을 거쳤을 것이다. 5라는 숫자는 실생활에도 많이 노출되어 있어 접근하기가 쉽다. 하지만 $\frac{3}{4}$이라는 크기는 의도적으로 노출하지 않으면 그 의미를 정확하게 모르고 지나갈 수도 있다.

색종이, 빨대, 리본, 샌드위치 등을 똑같이 2등분, 3등분, 4등분 하여 $\frac{1}{2}$, $\frac{1}{3}$, $\frac{1}{4}$ 등의 '상대적 크기'에 대한 감을 익혀야 한다. $\frac{1}{2}$, $\frac{1}{3}$, $\frac{2}{3}$, $\frac{1}{4}$, $\frac{2}{4}$, $\frac{3}{4}$과 같은 진분수는 '1보다 작은 수'임을 명확하게 인지해야 한다.

분수를 배우기 시작하면서부터 어릴 때 도트 카드로 수를 익힌 것처럼 분수에 대한 이해를 높이기 위해 '분수 카드'를 만들어 전체가 1개인 분수를 표현하는 방법을 꾸준히 연습하여 분수에 대한 느낌이 자연스러워질 수 있도록 해야 한다.

▶ **등분할된 도형을 분수로 나타내고 읽어 보기**

분수는 전체가 1개인 도형을 똑같이 몇 등분하는 것으로 시작한다. '전체를 똑같이 몇 등분'으로 나누었을 때 전체와 부분의 크기를 알고 바르게 읽고 쓸 수 있도록 해야 한다.

'전체를, 똑같이 나눈다.'라는 약속을 정확하게 이해해야 한다. 문장 속의 '전체'와 '똑같이'에 동그라미를 하여 그 부분을 정확히 인식하게 한다. 의도를 가지고 짚어 주지 않으면 그냥 설렁설렁 보고 지나치게 된다. 대충 지나치고 나면 전체가 여러 개인 분수로 개념이 확장되는 순간 굉장히 어렵게 느끼게 된다.

분수는 − (가로선)을 기준으로 가로선 아래를 분모, 위쪽을 분자라 한다. 분모에는 「전체를 똑같이 나눈 수」를, 분자에는 「똑같이 나눈 수 중의 몇」을 쓰고, 「분모에 쓰인 수」분의 「분자에 쓰인 수」로 읽게 된다.

'전체를 똑같이 3으로 나눈 것 중의 2'는 → $\frac{2}{3}$라 쓰고 → '3분의 2'로 읽는다. 거꾸로 '3분의 2'는 → $\frac{2}{3}$라 쓰고 → '전체를 똑같이 3으로 나눈 것 중의 2'로 말할 수 있고 도형으로 나타낼 수 있어야 한다.

3학년 1학기 처음 분수의 의미를 배운 후 3학년 여름방학 내내 다음과 같은 분수를 '말을 하며' 연습해야 한다. 그래야 개념을 좀 더 정확하게 알 수 있다. 도형으로도 나타내어 본다.

$\frac{1}{2}$: 2분의 1, 전체를 똑같이 2개로 나눈 것 중의 1, 분모에 오는 수는 전체를 똑같이 나눈 수 2

$\frac{2}{3}$: 3분의 2, 전체를 똑같이 3개로 나눈 것 중의 2, 분모에 오는 수는 전체를 똑같이 나눈 수 3

분수에서 분모에 오는 수는 '전체를 똑같이 나눈 개수'임을 정확하게 알아야 한다. 정확하게 익히지 않으면 다음 도형을 가분수로 나타낼 때 $\frac{7}{5}$이라 하지 않고 $\frac{7}{10}$이라고 답하게 될 수도 있다. 개념을 정확하게 모르면 범할 수 있는 오류를 미리 알고, 유의하여 개념을 정확하게 짚어 줄 필요가 있다.

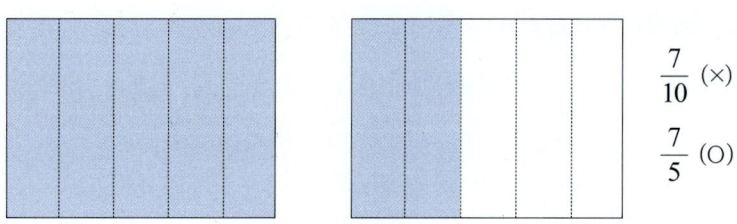

문제: 색칠한 부분을 분수로 나타내고 읽어 보세요. (워크북 참고)

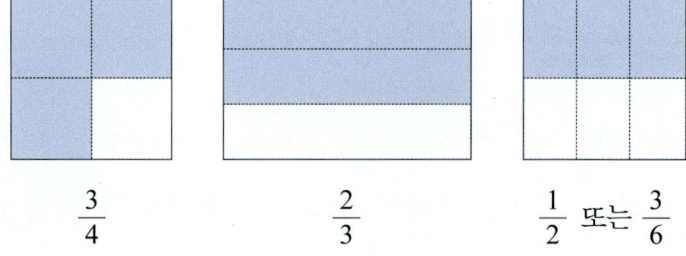

$\frac{3}{4}$ $\frac{2}{3}$ $\frac{1}{2}$ 또는 $\frac{3}{6}$

▶ **분수를 직접 그려 보기**

도형을 보고 분수로 쓰는 것을 충분히 연습한 후, 분수를 도형으로 나타내는 것도 연습한다. 직접 그려 보면서 '똑같이 나눈다'라는 것을 정확하게 경험할 수 있다.

정확하게 등분할된 그림을 보고 분수로 나타내는 연습만 하면 똑같이 나눈다는 개념을 놓칠 수 있다. 그려 보면 의미가 더 명확해진다. 동시에 수직선에 나타낼 수도 있어야 한다. 등분할된 도형을 눈으로만 보며 학습하지 말고, 직접 전체를 똑같이 나누어 보는 경험을 통하여 분수의 의미를 정확하게 이해하도록 해야 한다. 하나를 분명하게 알아야 다음 것이 잘 보인다.

▶ **부분을 보고 전체 알기**

$\frac{1}{3}$의 크기를 보고 1의 크기를 알 수 있어야 한다.

예 1. 어떤 수의 $\frac{1}{3}$이 3일 때 어떤 수는? 9

그림을 그려 이해하는 것이 좋다. $\frac{1}{3}$을 보고 전체를 똑같이 3등분한 것임을 알아야 한다.

| 3 | | |

$3 \times 3 = 9$

예 2. 어떤 수의 $\frac{2}{3}$가 10일 때 어떤 수는? 15

| 5 | 5 | |

$10 \div 2 = 5,\ 5 \times 3 = 15$

예 3. 어떤 수의 $\frac{2}{5}$가 10일 때 어떤 수는? 25

왜 전체를 똑같이 5 등분하는지 이해되어야 한다.

| 5 | 5 | | | |

$10 \div 2 = 5,\ 5 \times 5 = 25$

부분을 보고 전체의 모양이 잘 그려지지 않을 때는 색종이를 똑같이 접은 다음 한 부분을 오려 내고 부분과 전체를 파악하게 하는 연습을 하면 좋다.

정확하게 알기 전에는 분모, 분자라는 단어도 분모·분자의 위치도, 나타내는 방법도 다 헷갈린다. 알고 나면 너무나도 쉽다. 이해하려고 노력하면서 아이의 사고 단계가 그만큼 더 뛰어오르기 때문이다. 어떤 개념에 대한 약속을 정확하게 받아들일 때마다 수학적 사고력은 그만큼 성장한다.

▶ 단위분수 : $\frac{1}{2}, \frac{1}{3}, \frac{1}{4}$ 등과 같이 분자가 1인 분수(워크북 참고)

단위분수, 진분수 형태를 완벽하게 익힐 때까지 연습한다(진분수라는 용어는 3학년 2학기에 나온다). 도형과 수직선 위의 분수 모두를 이해할 수 있어야 한다.

문제: 색칠한 부분을 분수로 나타내고 수직선 위에 나타내어 보세요.

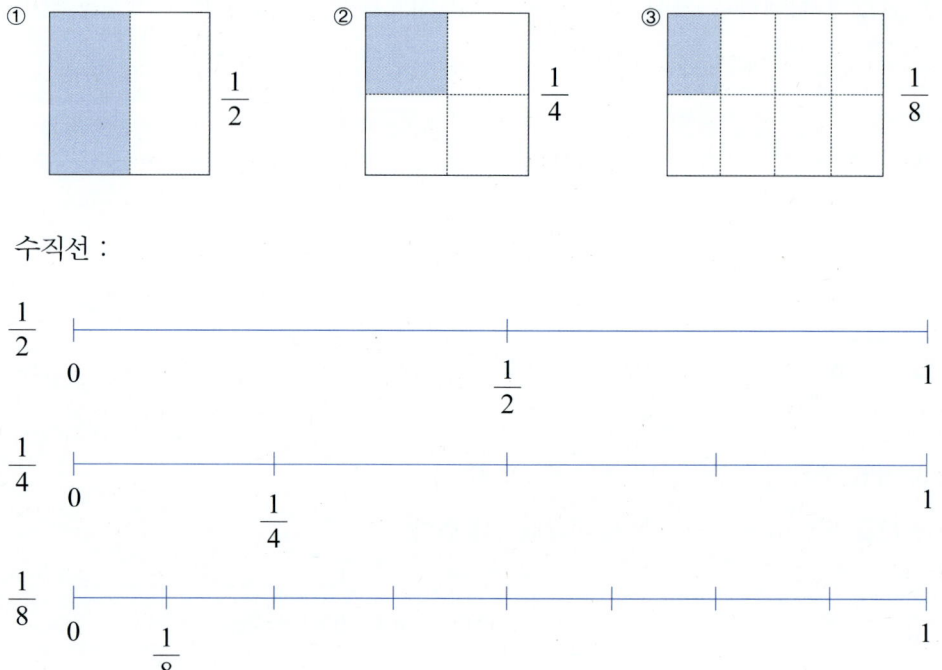

▶ **분모가 같은 분수의 크기 비교하기**

단위분수는 분수를 세는 기준이 되는 분수이다. 분모가 같은 분수의 크기 비교는 단위분수를 이용한다. 분모가 같다는 것은 단위분수의 크기가 같음을 말한다. 단위분수의 개수로 분수의 크기를 비교할 수 있다.

'분모가 같을 땐 분자의 수가 크면 큰 분수, 분자의 수가 작으면 작은 분수'라고 외워 해결하지 말자. 번거롭더라도 직접 그림을 그려 보아야 한다. 분모가 같은 분수는 분자의 수가 단위분수의 개수임을 느낌이 올 때까지 확실하게 짚고 넘어가야 한다.

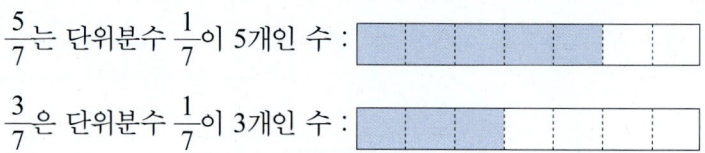

분모가 같은 진분수의 크기 비교 : $\frac{5}{7} > \frac{3}{7}$

(단위분수의 수가 많을수록 큰 분수이다)

비교하는 방법만 기억하면 쉽게 잊어버린다. 왜 그런지 설명할 수 있어야 한다. 설명할 수 있을 때까지 직접 그려 보면서 확인해야 한다.

문제: 분모가 9인 분수 중에서 $\frac{3}{9}$보다 크고 $\frac{8}{9}$보다 작은 분수를 모두 찾아 ○표 하세요.

($\frac{8}{9}$ $\frac{2}{9}$ ⟨$\frac{7}{9}$⟩ $\frac{3}{9}$ ⟨$\frac{6}{9}$⟩)

▶ **단위분수의 크기 비교하기**

단위분수의 크기 비교 : $\frac{1}{2} > \frac{1}{3}$

직접적인 활동을 통해 크기를 경험해 보지 않으면 3이 2보다 크기 때문에 $\frac{1}{3}$이 $\frac{1}{2}$보다 크다고 느낄 수도 있다. 수직선에 나타내기, 모눈종이에 그려 보기, 색종이 오리기, 종이 띠, 식빵 자르기 등을 통해 크기에 대한 느낌이 오게 해야 한다. 지금까지 배웠던 자연수의 크기와는 다르다. 충분한 확인 작업을 거친 후 분모가 큰 단위분수일수록 더 작은 분수임을 알도록 해야 한다. 이해 없이 암기되어서는 안 된다.

문제: 샌드위치 1개를 2조각으로 나누어 한 조각($\frac{1}{2}$)을 먹을 때와 3조각으로 나누어 한 조각($\frac{1}{3}$)을 먹을 때 더 큰 샌드위치 조각은?

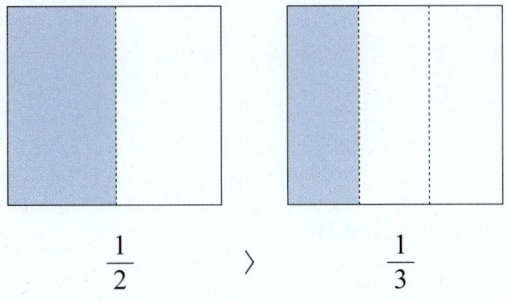

CHAPTER 4. 분수(초등 3~6학년)

 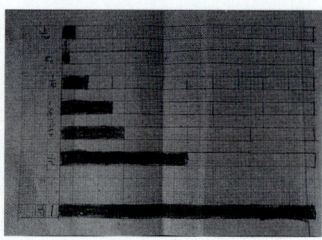

문제: ㉠ + ㉡을 구하시오.

- $\frac{5}{7}$는 $\frac{1}{7}$의 5배이므로 $\frac{5}{7}$는 $\frac{1}{7}$이 ㉠개입니다.
- $\frac{1}{9}$이 5개이면 $\frac{5}{㉡}$입니다.

(풀이) ㉠ = 5, ㉡ = 9, ㉠ + ㉡ = 5 + 9 = 14

(답) 14

문제: 조건에 알맞은 분수는 모두 몇 개입니까?

- 분자는 1입니다
- $\frac{1}{10}$보다 큰 분수입니다
- 분모는 1보다 큽니다

(풀이) 단위분수의 크기 비교가 분명해야 한다. 이 문제를 어려워한다면 분모가 같은 분수와 단위분수에 대한 크기 비교부터 다시 공부해야 한다. 단위분수는 분모가 작을수록 큰 분수이다.

$$\frac{1}{2} > \frac{1}{3} > \cdots \frac{1}{9} > \frac{1}{10}$$

(답) 8개

▶ $\frac{7}{8}, \frac{6}{7}, \frac{5}{6}$의 크기 비교(그림 그려 보기)

수학 문제를 해결하는 데는 한 가지 방법만 있는 것은 아니다. $\frac{7}{8}, \frac{6}{7}, \frac{5}{6}$의 크기 비교를 위해서는 3가지 방법을 생각할 수 있다.

① 분모를 통분하여 크기를 비교한다.

(8, 7, 6)의 최소 공배수는 168이다.

$(\frac{7}{8}, \frac{6}{7}, \frac{5}{6}) \rightarrow (\frac{7\times21}{8\times21}, \frac{6\times24}{7\times24}, \frac{5\times28}{6\times28}) \rightarrow (\frac{147}{168}, \frac{144}{168}, \frac{140}{168})$이 되므로 $(\frac{7}{8} > \frac{6}{7} > \frac{5}{6})$가 된다. 세 수를 통분하면 분모의 숫자가 너무 커진다. 숫자가 커지면 계산하는 것이 부담스럽고, 실수하기 쉽다.

② 분수 2개씩 크기를 비교한다.

$(\frac{7}{8}, \frac{6}{7}) \rightarrow (\frac{7\times7}{8\times7}, \frac{6\times8}{7\times8}) \rightarrow (\frac{49}{56} > \frac{48}{56}) \rightarrow (\frac{7}{8} > \frac{6}{7})$

$(\frac{7}{8}, \frac{5}{6}) \rightarrow (\frac{7\times6}{8\times6}, \frac{5\times8}{6\times8}) \rightarrow (\frac{42}{48} > \frac{40}{48}) \rightarrow (\frac{7}{8} > \frac{5}{6})$

$(\frac{6}{7}, \frac{5}{6}) \rightarrow (\frac{6\times6}{7\times6}, \frac{5\times7}{6\times7}) \rightarrow (\frac{36}{42} > \frac{35}{42}) \rightarrow (\frac{6}{7} > \frac{5}{6})$

따라서 $(\frac{7}{8} > \frac{6}{7} > \frac{5}{6})$가 된다. 분수를 2개씩 비교하면 여러 번 구해야 하는 번거로움이 있다.

③ 단위분수로 풀기

$\frac{7}{8}$은 $1(=\frac{8}{8})$에서 $\frac{1}{8}$만큼을, $\frac{6}{7}$은 $1(=\frac{7}{7})$에서 $\frac{1}{7}$만큼을, $\frac{5}{6}$는 $1(=\frac{6}{6})$에서 $\frac{1}{6}$만큼을 뺀 수이다.

$(\frac{1}{8} < \frac{1}{7} < \frac{1}{6})$이므로 1에서 가장 큰 수 $\frac{1}{6}$을 뺀 $\frac{5}{6}$가 가장 작고, 1에서 가장 작은 수 $\frac{1}{8}$을 뺀 $\frac{7}{8}$이 가장 큰 수이다. 그림을 그려 보면 훨씬 쉽게 답을 구할 수 있다.

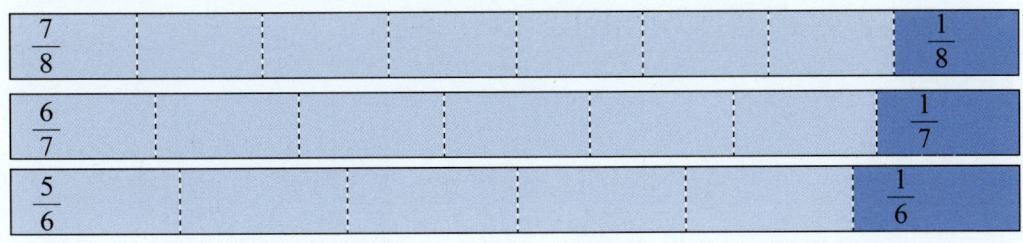

$(\frac{1}{8} < \frac{1}{7} < \frac{1}{6}) \rightarrow (\frac{7}{8} > \frac{6}{7} > \frac{5}{6})$가 된다.

이 문제는 5학년에 나오는 문제이다. 하지만 단위분수에 대한 이해가 분명하면 3학년인 아이도 이 문제를 쉽게 풀 수 있다. 수학은 규칙을 찾아가는 과정이다. 주어진 분수 사이에 어떤 공통점이 있을까를 살펴볼 줄 아는 안목이 있어야 한다. 주어진 분수는 분모, 분자의 차이가 1인 분수이다. 전체를 기준으로 볼 때 단위분수만큼을 뺀 분수이다.

통분을 잘하는 것도 수학적 능력이지만 좀 더 쉬운 방법은 없을까를 살펴볼 줄 아는 것이 더 큰 능력이다. 어떤 문제를 접하더라도 학습 과정 중에 규칙을 찾을 수 있게 수학 공부를 하는 것이 좋다. 배우는 한 개 한 개를 정확하게 나의 것으로 만들어 가는 과정이 수학적 사고력을 키우는 과정이다. 감당하기 버거운 공부, 억지로 하는 공부는 생각으로 가기가 쉽지 않다.

▶ 1이 되는 분수(분모와 분자가 같은 분수) (워크북 참고)

$\frac{2}{2} = 1, \frac{3}{3} = 1, \frac{4}{4} = 1, \cdots, \frac{7}{7} = 1, \cdots$ 이 되는 것을 알게 한다. 반대로 1을 $\frac{2}{2}, \frac{3}{3}, \frac{4}{4}, \cdots \frac{7}{7}$로 바꿀 수 있어야 한다.

1을 분수로 바꾸는 것은 쉬워 보이지만 많은 연습이 필요하다. 완전한 이해가 바탕 되지 않으면 자연수를 분수로 고칠 때, 분모를 어떤 수로 정해야 할지 혼란스럽다.

문제에 따라 1은 $\frac{3}{3}$이 될 수도 $\frac{6}{6}$이 될 수도 있다. 상황에 맞게 바꾸어야 한다. 주어진 문제에서 1이 무엇인지를 파악하는 것은 아주 중요하다.

$4 - 1\frac{1}{3} = 3\frac{3}{3} - 1\frac{1}{3}$ (1 = $\frac{3}{3}$) $4 - 1\frac{5}{6} = 3\frac{6}{6} - 1\frac{5}{6}$ (1 = $\frac{6}{6}$) ← 4학년 학습

문제: 색칠한 부분을 분수로 나타내어 보세요. (워크북 참고)

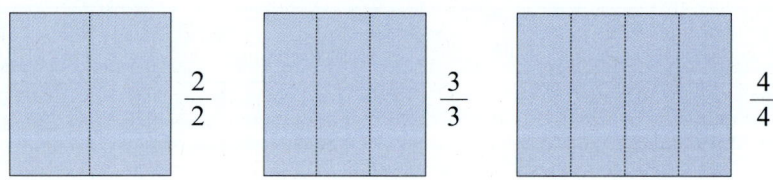

▶ 분모가 10인 분수를 소수로 나타내기

전체를 똑같이 10으로 나눈 것 중의 1은 $\frac{1}{10}$이다. $\frac{1}{10}$을 0.1이라 쓰기로 약속한다. 분모가 10인 분수의 다른 표현 방법으로 소수를 도입한다.

$\frac{1}{10}$ = 0.1, $\frac{2}{10}$ = 0.2, ⋯ / 0.1 = $\frac{1}{10}$, 0.2 = $\frac{2}{10}$, ⋯로 표현하는 것에 익숙해져야 한다.
4학년 때는 $\frac{1}{100}$ = 0.01, $\frac{1}{1000}$ = 0.001로 확장된다. $\frac{1}{10}$ = 0.1의 학습이 잘 뿌리 내려야 $\frac{1}{100}$ = 0.01, $\frac{1}{1000}$ = 0.001도 쉽게 익힐 수 있다.

5학년 때 배우는 소수의 곱셈은 이것을 활용하여 분수로 접근하는 것이 간단하다. 0.6×0.4 = $\frac{6}{10}$×$\frac{4}{10}$, 3.6×2.8 = $\frac{36}{10}$×$\frac{28}{10}$로 바꾸어 계산한다. 분수를 곱하는 방법은 5학년 때 배우면 된다.

소수의 곱셈을 쉽게 공부하려면 0.6 = $\frac{6}{10}$은 3학년 때 반드시 완성해야 한다. 5학년이 되어서 0.6 = $\frac{6}{10}$을 다시 공부하려고 하면 과정이 복잡해진다.

1. 0.5는 0.1이 ⬜5⬜ 개입니다.
2. 0.1이 7개이면 ⬜0.7⬜ 입니다
3. $\frac{2}{10}$ = ⬜0.2⬜
4. 0.9 = ⬜$\frac{9}{10}$⬜
5. 3cm 6mm = ⬜36⬜ mm = ⬜3.6⬜ cm
6. 0.1이 10개이면 ⬜1⬜ 입니다.

    0.1이 20개이면 ⬜2⬜ 입니다.

    0.1이 45개이면 ⬜4.5⬜ 입니다.

7. ⬜ 안에 들어갈 수 있는 수를 모두 찾아 ○표 하세요.

    0.⬜ > 0.5 (1, 2, 3, 4, 5, ⑥, ⑦, ⑧, ⑨)

    8.6 < 8.⬜ (1, 2, 3, 4, 5, 6, ⑦, ⑧, ⑨)

CHAPTER 4. 분수(초등 3~6학년)

8. 길이를 cm로 나타내고, 긴 길이부터 소수로 써보세요.

   33 mm = $\boxed{3.3}$ cm   47 mm = $\boxed{4.7}$ cm   21 mm = $\boxed{2.1}$ cm   52 mm = $\boxed{5.2}$ cm

   (답) 5.2, 4.7, 3.3, 2.1

9. 가장 큰 수와 가장 작은 수를 찾아 각각 기호를 쓰시오.

   > ㉠ 6.5
   > ㉡ 6과 6/10
   > ㉢ 0.1이 60개인 수
   > ㉣ 6과 0.4만큼의 수
   > ㉤ 1/10이 68개인 수

   가장 큰 수 : ㉤ / 가장 작은수 : ㉢

1번~9번 문제와 같이 어떤 형태로 나와도 분수와 소수로의 전환이 자연스럽도록 연습해야 한다.

다음 과정을 충분히 거치며 연습한다.
① 수직선을 그린다. (모눈종이에 그리면 편리하다.)
② 1을 표시한다.
③ 1을 10개로 나누고 $\frac{1}{10}$ = 0.1, $\frac{1}{10}$ = 0.2, …로 나타낸다.

헷갈릴 때는 반드시 수직선을 그려 정확하게 확인해야 한다. 문제집의 문제만 후다닥 풀고 지나가려 하지 말고 왜 그런지 찬찬히 살피며 생각하는 과정이 필요하다.

"$\frac{6}{10}$은 왜 0.6이야"라고 물었을 때 대답할 수 있어야 한다.

3학년 2학기에 배우는 분수

전체가 1개인 도형을 똑같이 나누고 분수로 나타내는 과정을 통하여 분수를 이해하는 것이 3학년 1학기 분수 학습이다. 3학년 2학기에는 전체가 여러 개인 분수에 대해 학습하게 된다. 나눗셈과 전체가 1개인 분수의 정확한 이해가 선수학습된 상태로 3학년 2학기 학습이 시작되어야 한다.

이산량(전체가 여러 개인 경우)에 대한 분수를 이해하기 위해서는 전체가 몇 개이더라도 전체를 1로 볼 수 있는 감각이 필요하다. 전체가 여러 개인 것을 등분할하여 '전체에 대한 부분'의 의미로 분수를 나타내게 된다. 이때 분모에 「전체 묶음 수」를 분자에 「부분 묶음 수」를 쓰게 된다.

자연수를 등분할하는 방법에 따라 한 묶음의 수가 달라지고, 그에 따라 나타낼 수 있는 분수도 달라진다. 바둑돌을 가지고 등분할하는 연습을 해야 한다. 직접 확인하는 구체적 활동이 분수에 대한 이해를 쉽게 만든다.

▶ **그림을 보고 분수로 나타내어 보기**

18개를 몇 개로 묶느냐에 따라 12를 여러 가지 분수로 나타낼 수 있다.

12는 18의 $\frac{4}{6}$가 될 수도 $\frac{2}{3}$가 될 수도 $\frac{6}{9}$이 될 수도 있다.

※ 12는 18의 몇 분의 몇인지 알아보세요.

18을 3씩 묶으면 6묶음이 된다. 12는 3씩 4묶음이다. 12는 18의 $\frac{4}{6}$이다.

18을 6씩 묶으면 3묶음이 된다. 12는 6씩 2묶음이다. 12는 18의 $\frac{2}{3}$이다.

18을 2씩 묶으면 9묶음이 된다. 12는 2씩 6묶음이다. 12는 18의 $\frac{6}{9}$이다.

※ 8은 12의 $\frac{4}{6}$가 될 수도 $\frac{2}{3}$가 될 수도 있다.

12를 6묶음으로 묶으면 한 묶음의 수는 2이다. 8은 12의 $\frac{4}{6}$이다.

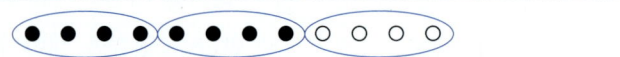

12를 3묶음으로 묶으면 한 묶음의 수는 4이다. 8은 12의 $\frac{2}{3}$이다.

아이가 많이 어려워한다. 바둑돌을 가지고 직접 나누어 보며 분수가 나타내는 의미를 깨닫도록 해야 한다. 직접 많이 다루어 볼수록 이해하기가 쉬워진다. 이해가 될 때까지 꾸준히 연습해야 한다.

▶ 16의 $\frac{3}{4}$은?

전체가 여러 개인 분수를 학습할 때는, 전체가 1개인 분수를 정확하게 그릴 수 있다는 전제하에 시작해야 한다.

16의 $\frac{3}{4}$을 구하려면 먼저 전체가 한 개인 도형의 $\frac{3}{4}$을 알아야 한다.

① 도형 1개를 똑같이 4칸으로 나누어 그중에 3칸을 표시한다($\frac{3}{4}$).

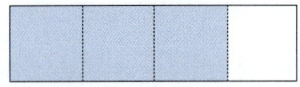

② 16개를 4칸에 똑같이 나누어 본다(16÷4). 나누기의 개념이 정확하면 16÷4칸=4를 통해 한 칸(묶음)에 들어갈 개수를 쉽게 구할 수 있다. 그것이 안 되면 칸마다 1개씩 두며 나누어도 된다.

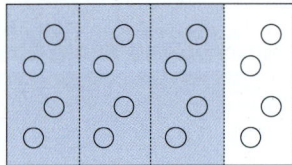

③ 3칸에 놓여있는 수를 합한다. 4 + 4 + 4 = 4×3 = 12

④ 16의 $\frac{3}{4}$은 12가 된다.

어른의 안목으로 보면 16÷4×3이다. 하지만 아이의 안목으로는 이렇게 설명해서는 받아들이기 힘이 든다. 구체적으로 한 개의 도형을 그리고, 똑같이 나누고, 더하는 과정을 통해 16÷4 = 4, 4×3 = 12가 느껴질 수 있게끔 천천히 반복해서 학습해야 한다.

1개의 도형을 그리고 구체물을 놓는 과정이 생략되면 아이가 개념을 혼란스러워한다. 바둑돌을 가지고 직접 확인하며 이해해야 한다. 이것 또한 많은 연습이 필요한 부분이다.

16의 $\frac{1}{4}$: 4   16의 $\frac{2}{4}$: 8   16의 $\frac{3}{4}$: 12   16의 $\frac{4}{4}$: 16

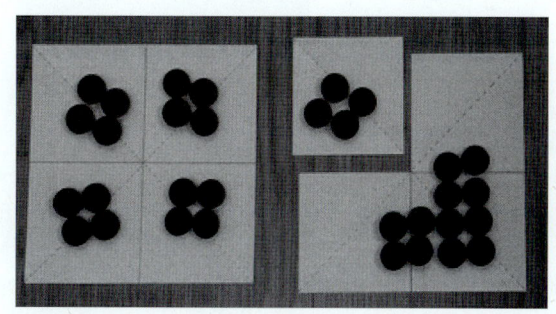

※ 분수 학습에 들어가기 전에 자연수의 덧셈, 뺄셈, 곱셈, 나눗셈이 완전하면 분수 학습에 유리하다. 도형을 똑같이 나눌 수 있듯이 자연수도 똑같이 나눌 수 있어야 한다. 똑같이 나누기 위해서는 나눗셈에 대한 이해가 선수학습되어야 한다.

▶ 바둑돌을 가지고 직접 확인하기

전체 바둑돌의 개수에 따라 $\frac{1}{2}, \frac{1}{3}, \frac{2}{3}, \cdots$가 나타내는 바둑돌의 개수는 달라진다. 바둑돌을 만져보는 활동을 통해 바둑돌이 4개일 때의 $\frac{1}{2}$과 6개일 때의 $\frac{1}{2}$의 개수가 달라짐을 완벽하게 이해해야 한다.

1. 4의 $\frac{1}{2}$: 2   6의 $\frac{1}{2}$: 3   8의 $\frac{1}{2}$: 4   10의 $\frac{1}{2}$: 5   12의 $\frac{1}{2}$: 6

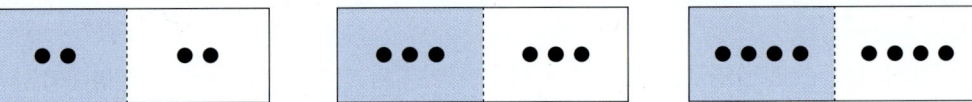

2. 6의 $\frac{1}{3}$: 2   9의 $\frac{1}{3}$: 3   12의 $\frac{1}{3}$: 4   15의 $\frac{1}{3}$: 5

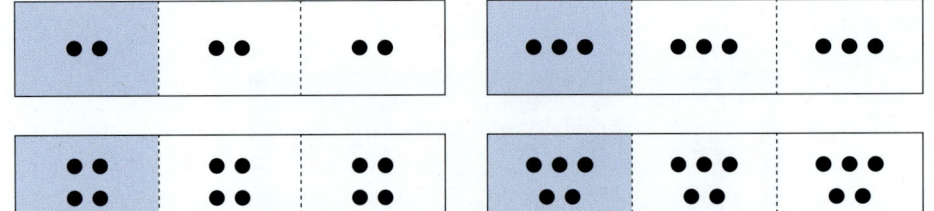

3. 6의 $\frac{2}{3}$: 4   9의 $\frac{2}{3}$: 6   12의 $\frac{2}{3}$: 8   15의 $\frac{2}{3}$: 10

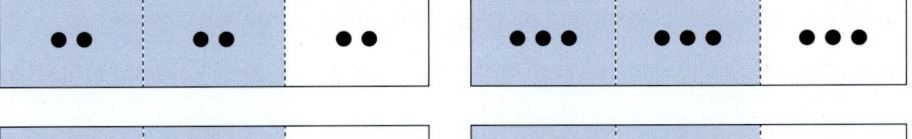

4. 4의 $\frac{1}{4}$: 1   8의 $\frac{1}{4}$: 2   12의 $\frac{1}{4}$: 3

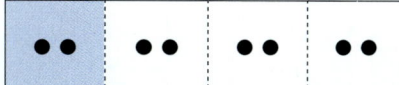

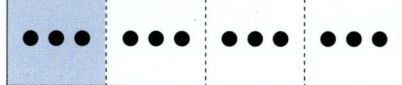

5. 4의 $\frac{2}{4}$: 2   8의 $\frac{2}{4}$: 4   12의 $\frac{2}{4}$: 6

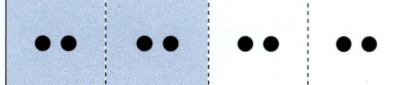

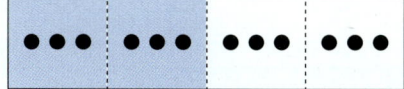

한꺼번에 후다닥 해치우는 느낌으로 공부해선 안 된다. 오늘은 $\frac{1}{4}$, 내일은 $\frac{2}{4}$. 조금씩 찬찬히 살펴보며 알게 해야 한다.

▶ **진분수와 가분수**

진분수: $\frac{1}{4}$, $\frac{2}{4}$, $\frac{3}{4}$ 과 같이 분자가 분모보다 작은 분수(1보다 작은 분수)

가분수: $\frac{4}{4}$, $\frac{5}{4}$ 와 같이 분자가 분모와 같거나 분모보다 큰 분수(1과 같거나 1보다 큰 분수)

자연수: 1, 2, 3과 같은 수

문제: 조건에 맞는 분수를 찾아 ○표 하세요.

분모와 분자의 합이 13이고 가분수입니다. (4/6, ⑨/4, 6/7)
분모와 분자의 합이 15이고 진분수입니다. (12/3, ②/13, 14/7)

문제: 색칠한 부분을 가분수로 나타내어 보세요. (워크북 참고)

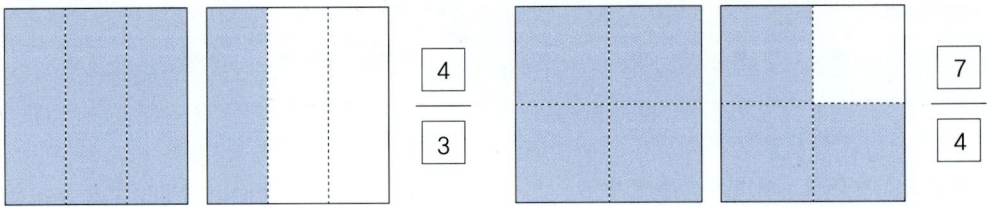

▶ 대분수 (워크북 참고)

1과 $\frac{1}{4}$은 $1\frac{1}{4}$이라 쓰고, 1과 4분의 1이라고 읽습니다.

$1\frac{1}{4}$과 같이 자연수와 진분수로 이루어진 분수를 대분수라고 합니다.

문제: 색칠한 부분을 대분수로 나타내어 보세요. (워크북 참고)

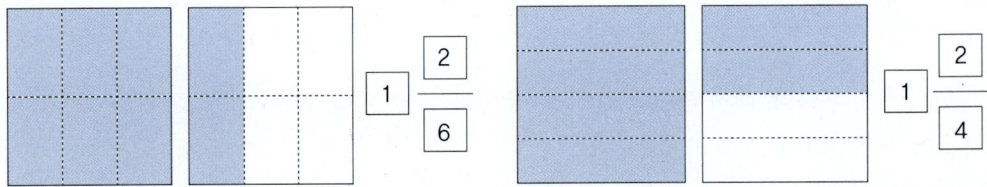

▶ 분수를 수직선에 나타내기

'셋은 3'을 구체물로 확인했듯이 분수도 도형과 수직선을 통해 '크기'와 '위치'를 확인하는 과정이 필요하다.

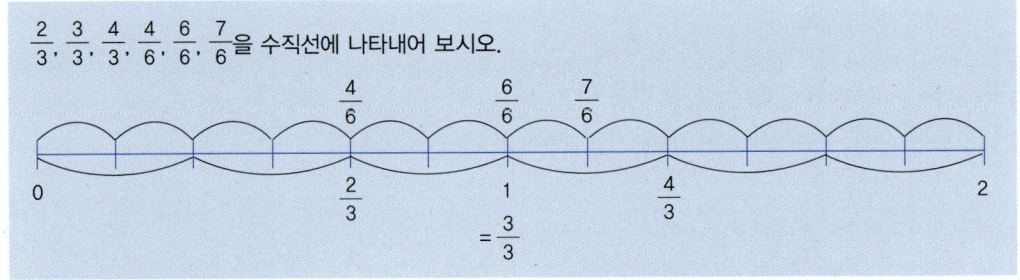

1보다 큰 분수는 대분수와 가분수로 나타낼 수 있다. 분수가 어떤 두 자연수 사이에

있는지 파악할 수 있어야 한다. $\frac{7}{6}$은 1(=$\frac{6}{6}$)과 2(=$\frac{12}{6}$)사이에 있는 수이다. 1을 똑같이 6개로 나눈 것 중의 7개이므로 1의 범위를 벗어나고 2의 범위를 넘지 않음을 이해하고, 수직선에도 정확하게 표시할 수 있어야 한다. 여기서 1은 $\frac{6}{6}$과 같고 2는 $\frac{12}{6}$와 같다. 정확하게 이해하고 충분한 연습이 필요하다. 직접 그려 보며 확인하는 것이 가장 좋은 방법이다.

$\frac{2}{2} = 1, \frac{4}{2} = 2, \frac{6}{2} = 3, \cdots$

$\frac{3}{3} = 1, \frac{6}{3} = 2, \frac{9}{3} = 3, \cdots$

$\frac{5}{5} = 1, \frac{10}{5} = 2, \frac{15}{5} = 3, \cdots$

※ 비교하면서 많이 나타내어 보면 분수의 크기에 대한 느낌이 정확해진다.

① 수직선에 $\frac{7}{6}$과 $\frac{7}{5}$을 나타내어 보자. $\frac{7}{6}$을 나타낼 때 1은 $\frac{6}{6}$이고, $\frac{7}{5}$을 나타낼 때 1은 $\frac{5}{5}$가 된다.

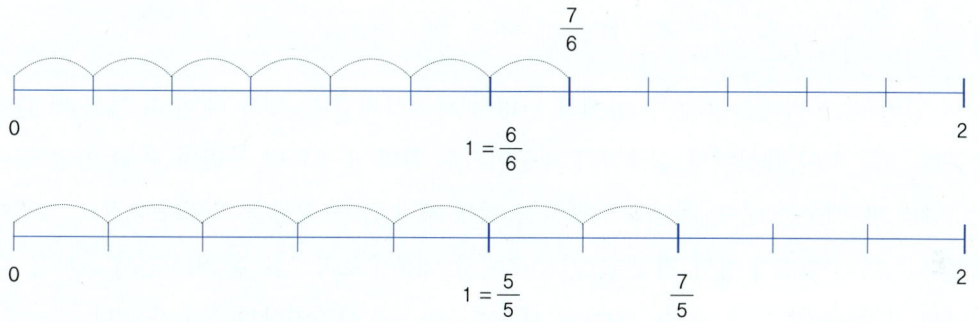

② $1\frac{1}{3}, 2\frac{1}{3}, 3\frac{1}{3}$을 도형으로 그리고 수직선에 나타내어 보자. $1\frac{1}{3}$은 1과 2 사이의 수이고, $2\frac{1}{3}$은 2와 3 사이의 수이다. $3\frac{1}{3}$은 3과 4 사이에 있는 수이다.

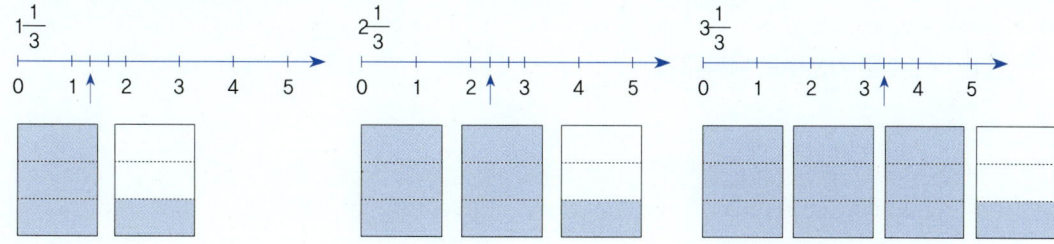

③ $2\frac{1}{2}, 2\frac{1}{3}, 2\frac{1}{4}$을 도형으로 그리고 수직선에 나타내어 보자.

$2\frac{1}{2}, 2\frac{1}{3}, 2\frac{1}{4}$은 2와 3 사이에 있는 수이다.

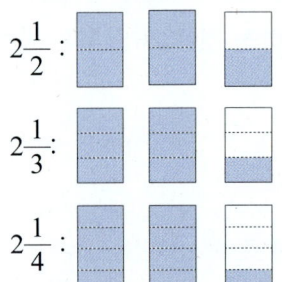

수직선에 나타내기

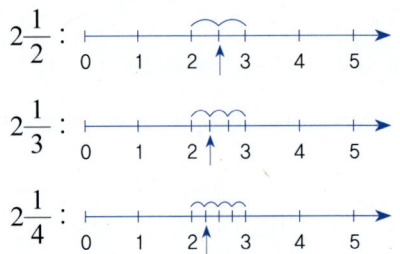

이 땅의 많은 아이들이 분수 앞에서 한없이 좌절하게 되는 것은 「분수의 개념」에 대한 충분한 이해 없이 계산에만 집중하기 때문이기도 하다. 3~6학년 동안의 분수 학습 중에서 3학년 때 배우는 분수 개념을 이해하는 것에 제일 많은 정성을 기울여야 한다. 개념이 형성되고 나면 대분수에서 가분수, 가분수에서 대분수로의 전환을 익히면서 개념을 더 단단히 만들 수 있다. 그 과정이 앞으로 배우게 될 분수 사칙연산의 기초가 된다.

단위분수를 이해하고, 대분수에서 가분수로, 가분수에서 대분수로의 전환이 쉬우면 의외로 분수의 덧셈과 뺄셈은 아주 간단하다.

▶ **대분수를 가분수로 나타내기**

$$2\frac{1}{3} = \frac{2 \times 3 + 1}{3} = \frac{7}{3}$$

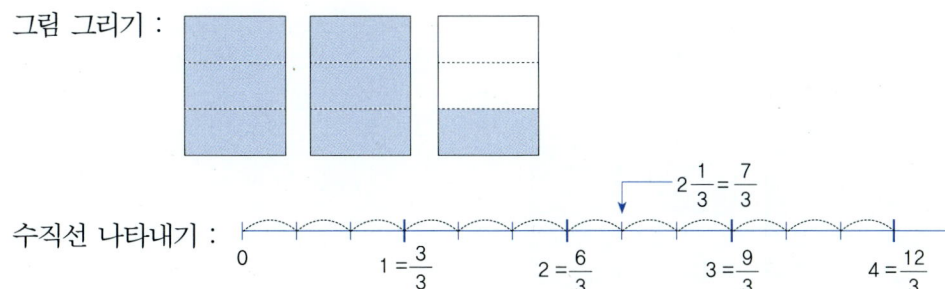

도형, 수직선을 통해 분자에 오는 수는 단위분수 $\frac{1}{3}$의 개수이며, 단위분수의 개수는 왜 '2×3 + 1'이 되는지 이해한다. 도형으로 그리거나 수직선에 나타내어 보면서 크기와 위치를 확인하는 과정이 꼭 필요하다. 개념이 정확하게 자리 잡을 때까지는 그림을 보며 직접 확인하는 것이 좋다. 직접 그려 보면서 $2\frac{1}{3}$을 가분수로 나타내면 $\frac{2\times3 + 1}{3}$이 됨을 정확하게 알아야 한다.

하루에 5~10문제를 꾸준히 연습하여 분수 크기에 대한 감을 가질 수 있도록 만들어야 한다. 처음 어떤 개념으로 진입할 땐 한꺼번에 많은 양을 공부한다고 잘 알게 되는 것도 아니다. 소낙비가 쏟아지면 미처 땅으로 흡수되기 전에 흘러가 버리지만, 부슬부슬 내리는 비에 대지가 촉촉이 젖듯이 한꺼번에 많은 양이 아니라 꾸준히 몇 개를 공부하면서 이해를 하게 된다. 그리고 아이가 나름의 방법으로 정리해야 한다. 스스로 정리된 개념만이 아이의 실력으로 남는다.

▶ **가분수를 대분수로 나타내기**

문제: $\frac{23}{6}$을 그림과 수직선으로 나타내어 보자.

(풀이) 1을 6개로 똑같이 나눈다. 왜 6개로 나누는지를 이해한다. $\frac{23}{6}$은 단위분수 $\frac{1}{6}$이 23개 있는 것이다. 1개에 $\frac{1}{6}$이 6개 있으므로 3과 $\frac{5}{6}$로 나타낼 수 있다.

(그림)

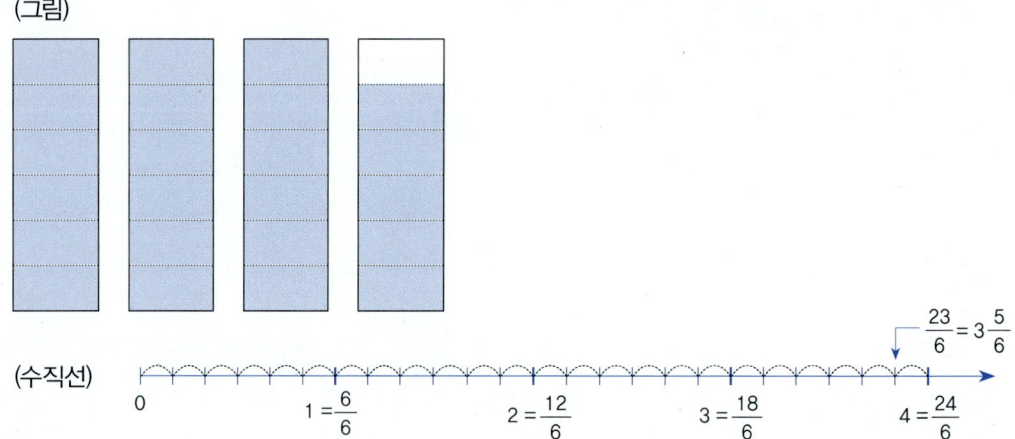

(수직선)

$\frac{23}{6} = 3\frac{5}{6}$: 23÷6=3 … 5에서 몫은 대분수의 자연수 부분이, 나머지는 분수 부분의 분자가 된다. 23을 왜 6으로 나누어 몫을 구해야 하는지에 대한 이해가 그림을 통해 확인되어야 한다. 구체적으로 확인된 사고가 일반화된 개념의 이해를 쉽게 만들어 준다. 완전히 이해되기 전에 공식처럼 외워서 숙달시키면 안 된다. 공식을 외워버리면 의미를 파악할 기회를 놓칠 수 있다. "왜 그렇게 해?"하고 질문을 던졌을 때 의미를 완전히 파악하고 설명할 수 있을 때 연습에 들어가는 것이 좋다.

대분수를 가분수로, 가분수를 대분수로 바꾸는 연습을 충분히 해야 한다. 분수의 크기와 수직선에서의 위치가 머릿속에 그려져야 한다. 크기와 위치를 가늠하면서 하루에 1~2문제라도 꾸준히 연습하면 4학년 때 배우는 '분모가 같은 분수의 덧셈과 뺄셈'이 아주 쉬워진다.

3학년 2학기 때 분수를 배우고 난 다음 4-2학기 분수 학습까지는 약 10개월의 시간이 있다. 그 시간 동안 분수 학습을 조금씩 병행해야 분수에 대한 감을 잃지 않고 분수가 어떤 수인지 정확하게 이해할 수 있게 된다. 그러지 않고 다른 영역의 수학 공부만 하다가 4학년 분수를 만나게 되면 분수에 대한 기억이 희미해지게 된다. 그 10개월의 시간을 어떻게 활용하느냐에 따라 분수 학습이 쉬워질 수도 어려워질 수도 있다.

대분수를 가분수로 만들고, 가분수를 대분수로 만드는 아무것도 아닌 것 같은 그런 것들이 쌓여 수학 실력이 된다. 3~4학년 아이에게 「분수」라는 또 다른 하나의 세상이 열린 것이다. 그 세상이 어떤 것인지 정확하게 알게 해 주어야 한다.

> **TIP**
>
> 3학년 2학기 분수 단원의 학습이 끝나면 매일 2문제 정도를 아래와 같이 연습하면 좋다. 수학 학습이라는 것이 대단한 어떤 것을 알게 하는 것이 아니다. 아이가 배운 것을 정확하게 알게 해 주는 것이다. 모눈종이(워크북 92쪽) 위에 공부하면 도형과 수직선을 정확하게 그릴 수 있다.
>
>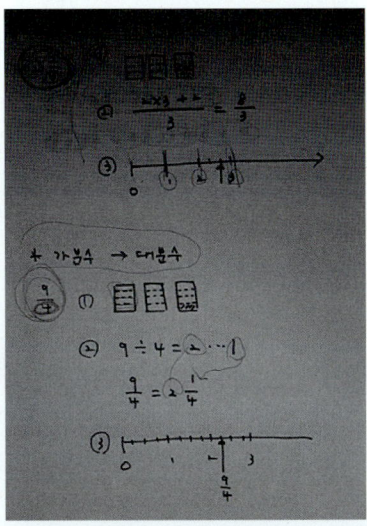

▶ **분모가 같은 분수의 크기 비교하기**

1. 분모가 같은 가분수의 크기 비교: 분자가 클수록 더 큰 분수임을 단위분수와 수직선을 통해 이해한다.

   ※ $\frac{7}{5}$ m와 $\frac{9}{5}$ m의 길이 비교하기

   ① 직접 그려보기: $\frac{7}{5}$은 $\frac{1}{5}$이 7개, $\frac{9}{5}$는 $\frac{1}{5}$이 9개

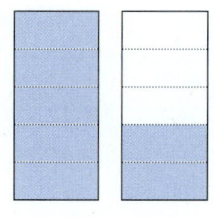   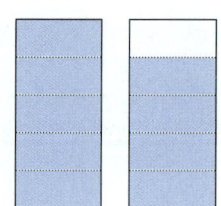 $\frac{7}{5} < \frac{9}{5}$

② 수직선에 나타내어 보기

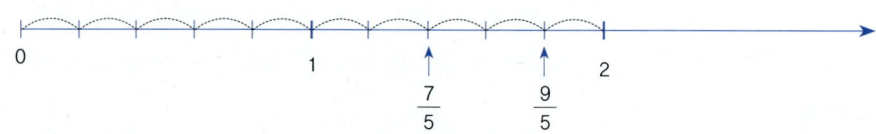

2. 분모가 같은 대분수의 크기 비교: 먼저 자연수의 크기를 비교한다. 자연수의 크기가 같으면 진분수의 크기를 비교한다.

※ $2\frac{1}{4}$과 $1\frac{3}{4}$의 크기 비교하기

① 직접 그려 보기

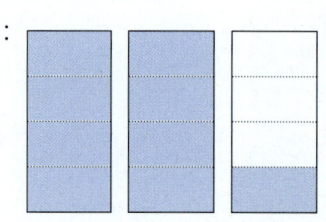   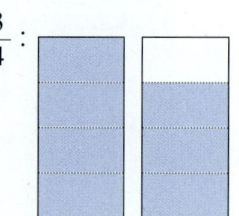 $2\frac{1}{4} > 1\frac{3}{4}$

② 수직선에 나타내어 보기

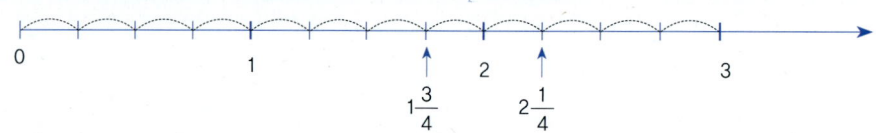

※ $1\frac{1}{4}$과 $1\frac{3}{4}$의 크기 비교 연습하기 ($1\frac{1}{4} < 1\frac{3}{4}$)

3. 분모가 같은 가분수와 대분수의 크기 비교: 가분수 혹은 대분수로 바꾸어 크기를 비교한다.

※ $\frac{7}{3}$과 $2\frac{2}{3}$의 크기 비교하기

$\dfrac{7}{3} = 2\dfrac{1}{3}$ 혹은 $2\dfrac{2}{3} = \dfrac{8}{3}$로 바꾸어 비교하기

① $\dfrac{7}{3} = 2\dfrac{1}{3}$이므로 $\dfrac{7}{3}(=2\dfrac{1}{3}) < 2\dfrac{2}{3}$

② $2\dfrac{2}{3} = \dfrac{8}{3}$이므로 $\dfrac{7}{3} < 2\dfrac{2}{3}(=\dfrac{8}{3})$

문제: $1\dfrac{2}{5}$보다 크고 $\dfrac{14}{5}$보다 작은 분수를 3개 찾아 ○표 하세요.

($\dfrac{6}{5}$ ㊀$2\dfrac{1}{5}$㊀ ㊀$1\dfrac{4}{5}$㊀ $\dfrac{7}{5}$ $3\dfrac{1}{5}$ ㊀$\dfrac{10}{5}$㊀)

(풀이) 모두 가분수로 고치거나, 대분수로 고쳐 조건에 맞는 수를 찾는다. $\dfrac{7}{5}(= 1\dfrac{2}{5})$보다 크고 $\dfrac{14}{5}$보다 작은 분수는 분자가 8~13 사이의 수를 찾으면 된다.

($\dfrac{6}{5}$ ㊀$\dfrac{11}{5}$㊀ ㊀$\dfrac{9}{5}$㊀ $\dfrac{7}{5}$ $\dfrac{16}{5}$ ㊀$\dfrac{10}{5}$㊀)

(답) $2\dfrac{1}{5}$, $1\dfrac{4}{5}$, $\dfrac{10}{5}$

3학년 분수 정리

분수의 개념을 익히는 순서는 다음과 같다.
1. 전체가 1인 연속량(실수와 대응하는 값, 도형)을 똑같은 크기의 조각으로 나누어 보는 과정을 통해 「전체를 똑같이 나눈 것 중의 몇 개」의 의미로 분수 개념을 도입한다.

2. 분수로 나타내기
① 단위분수, 진분수 형태를 완벽하게 익힐 때까지 연습한다.
   도형과 수직선 위의 분수도 이해할 수 있어야 한다.
② 1이 되는 분수(분모와 분자가 같은 분수)
   $\dfrac{2}{2} = 1, \dfrac{3}{3} = 1, \dfrac{4}{4} = 1, \cdots, \dfrac{7}{7} = 1$이다(3학년). 문제 속에서 자연수를 분수로 고칠 때, 분모를 어떤 수로 정할 지 쉽게 알 수 있어야 한다.
   (예. $3 - 1\dfrac{2}{5} = 2\dfrac{5}{5} - 1\dfrac{2}{5}$: 4학년)

③ 18을 3씩 묶으면 6묶음이 된다. 12는 18의 $\frac{4}{6}$이다. 18을 2씩 묶으면 9묶음이 된다. 12는 18의 $\frac{6}{9}$이다. 묶음의 크기에 따라 분수는 다르게 표현된다.

④ 전체가 여러 개인 분수를 학습할 땐, 전체가 1개인 분수를 정확하게 그릴 수 있다는 전제하에 시작해야 한다.

예. 8의 $\frac{3}{4}$은 얼마인지 알아보세요. 구체물로 확인하면서 완전하게 이해한다.

⑤ 진분수: 분자가 분모보다 작은 분수(1보다 작은 분수)

가분수: 분자가 분모보다 크거나 같은 분수(1보다 큰 분수)

⑥ 대분수: 자연수와 진분수로 이루어진 분수(가분수, 대분수를 도형과 수직선 위에 나타낼 수 있어야 한다.)

⑦ 가분수를 대분수로 나타내기

⑧ 대분수를 가분수로 나타내기

4학년 분모가 같은 분수의 덧셈과 뺄셈 지도 순서

1. 분수와 소수의 개념이 형성되어 있지 않으면 분수, 소수의 사칙연산이 어렵다. 분수와 소수의 사칙연산은 자연수의 사칙연산과 분수와 소수의 개념이 선수학습 되어있어야 한다. 잘 안 되는 부분이 있으면 반드시 복습해야 한다.

2. 4학년 때 배우는 분모가 같은 분수의 덧셈과 뺄셈은 '단위분수, 가분수·대분수의 이해와 가분수에서 대분수, 대분수에서 가분수로의 전환'이 자유로우면 쉽게 해결할 수 있다. 4학년 분수가 안 되면 3학년 분수부터 다시 시작해야 한다.

3. 학습의 진행 순서를 교과서의 흐름대로 가면 좋다. 아이에게는 $4 - 1\frac{5}{6}$와 $4\frac{2}{6} - 1\frac{5}{6}$의 난이도가 다르다. $4 - 1\frac{5}{6}$를 통해 자연수 부분을 분수로 바꾸는 것이 정확해진 다음 $4\frac{2}{6} - 1\frac{5}{6}$형태의 문제를 다루게 하는 것이 좋다. $4 - 1\frac{5}{6} = 3\frac{5}{6}$ (×)처럼 계산 오류가 나와서는 안 된다.

① $4 - 1\frac{5}{6} = 3\frac{6}{6} - 1\frac{5}{6} = 2\frac{1}{6}$

② $4\frac{2}{6} - 1\frac{5}{6} = 3\frac{8}{6} - 1\frac{5}{6} = (3 - 1) + (\frac{8}{6} - \frac{5}{6}) = 2\frac{3}{6}$

4학년 학습에서는 $2\frac{3}{6}$을 약분하여 $2\frac{1}{2}$로 나타낼 필요는 없다. 약분은 5학년 때 배운다. 학습은 늘 배운 범위 안에서 이루어져야 한다.

▶ **동분모 분수의 덧셈, 뺄셈 지도 순서 (4학년)**

1. 진분수끼리의 덧셈 (예. $\frac{3}{6} + \frac{2}{6}$, $\frac{5}{7} + \frac{4}{7}$)
2. 진분수끼리의 뺄셈, 1 − 진분수 (예. $\frac{3}{6} - \frac{2}{6}$, $1 - \frac{5}{7}$)
3. 대분수의 덧셈 (예. $3\frac{3}{5} + 1\frac{1}{5}$, $2\frac{2}{3} + 1\frac{2}{3}$)
4. 대분수의 뺄셈 (예. $3\frac{3}{5} - 1\frac{2}{5}$, $5\frac{5}{8} - \frac{36}{8}$): 분수 부분끼리 뺄셈이 가능
5. 자연수 − 분수 (예. $5 - \frac{4}{5}$, $6 - 2\frac{3}{4}$)
6. 분수끼리 뺄 수 없어서 1을 분모와 분자가 같은 분수로 고쳐서 빼야 하는 분수의 뺄셈 (예. $3\frac{3}{5} - 1\frac{4}{5}$)

TIP 분수 학습 순서

- 단위분수의 의미(3학년)
- 분모가 같은 분수의 크기 비교(3학년)
- 단위분수의 크기 비교(3학년)
- 분모가 같은 분수의 덧셈과 뺄셈(4학년)
- 분모를 같게 만드는 방법(통분, 5학년)
- 분모가 다른 분수의 크기 비교(5학년)
- 분모가 다른 분수의 덧셈과 뺄셈(5학년)
- 분수의 곱셈과 나눗셈(5~6학년)

3~4학년인 아이가 분수를 어려워한다면

3학년부터 벌써 수학을 포기하는 아이가 생겨나기 시작한다. 자연수를 알기 위해서는 각각의 수에만 집중하면 되지만, 분수를 이해하기 위해서는 분모, 분자 두 수 사이의 관계를 생각해야 한다. 그뿐만 아니라 앞의 학년에서 배운 내용의 학습결손도 누적되고 있기 때문이다. 하지만 3학년은 앞 학년의 부족한 학습을 채우고, 새로 배우는 「나눗셈」과 「분수」의 개념을 단단히 만들기에 충분한 시간이 있는 학년이다.

무엇을 어떻게 할 것인가에 대한 방향을 잘 잡고 나가야 한다. 3학년인 아이가 분수가 어렵다고 한다면 사교육으로 보내거나 문제집만 훑고 지나가서는 안 된다. 교과서와 익힘책에 나오는 분수를 모두 직접 그려 보고, 바둑돌로 확인할 수 있는 것은 하나하나 다 확인해야 한다. 하루에 몇 장 의무적인 메우기 식의 학습이 아니라 한 문제 한 문제를 완전히 알게 만들어야 한다. 문제를 해결하는 방법이 아니라 「분수」가 뭔지를 알게 해야 한다.

부모들은 고학년 수학이 어렵다고만 하지 1~4학년에 형성된 기본 개념과 습관들이 다음 학습에 얼마나 깊이 관여하는 것인가에 대해서는 간과하고 있다. 한 문제 속에 담겨있는 여러 가지 개념들을 완전하게 이해하고 있지 않다면 매끈한 수학적 사고를 기대하기 어렵다.

부모들의 입장에서는 비교적 쉽게 생각되는 1~4학년 학습을 방치하면 자녀들을 '수학 포기자'로 만들 수 있다. 너무 앞서 나가려 하지도 말고 내버려 두지도 말고 자기 학년의 학습을 아주 단단히 만들어야 하는 시기가 1~4학년이다. 4~5학년 분수가 어렵다면 반드시 3학년 분수부터 시작해야 한다. 3학년 때 배우는 분수의 개념과 그것의 연습은 엄청나게 중요하다. 중학생인 아이가 수학을 어려워한다면 교과서를 분철하여 초등학교 3학년 분수부터 분수 관련 단원끼리 묶어 한 번 쭉 풀어가면서 어디에 문제가 있는 것인지 살펴보아야 한다.

TIP

학교를 결석하고 '체험 학습'을 하게 되는 경우가 생긴다. 학교 학습보다 현장 체험 학습이 아이에게 더 많은 것을 줄 수도 있겠지만, 부득이한 경우가 아니면 학기 중의 여행은 조금 고민하여 생각해 볼 일이다.

아이가 버린 수학책을 들춰보면 중요한 개념이 나오는 페이지가 학습의 흔적 없이 하얗게 비어있는 경우를 종종 보게 된다. 개념에 대한 접근은 교과서가 제일 좋고, 학교 선생님이 제일 쉽게 잘 설명하신다.

교과서에 있는 별 필요 없을 것 같은 활동들을 통해 개념으로의 접근이 쉬워진다. 문제집이나 사교육을 통해 대신할 수 있으리라 생각하겠지만 중요한 개념을 놓쳐 버릴 가능성이 커진다. 2-1학기 곱셈의 의미, 3-1학기 나눗셈의 의미, 분수와 소수, 3-2학기 분수, 5학년 약수와 배수, 분수의 성질, 6학년 비와 비율을 배우는 시기에 여행을 떠나면 치명적인 학습결손이 생길 수도 있다.

CHAPTER 05

FIRST MATHEMATICS

약수와 배수 & 약분과 통분
(초등 5학년)

약수
배수
약수와 배수의 관계
약수, 배수와 관련된 여러 가지 문제
약분과 통분
분모가 다른 분수의 덧셈과 뺄셈(5학년)
분수의 곱셈과 나눗셈(5~6학년)
분수의 덧셈 상황 & 분수의 곱셈 상황
소수의 사칙연산
어림하기: 수 감각을 기르는 것도 중요하다.
교과서를 영역별로 묶어 수학 사전을 만들자
사고력 문제가 별거냐
선행학습보다 자기 학년의 완전학습이 훨씬 더 중요하다.
실수로 틀렸어요.
설명하게 하라: 문제를 보는 관점이 달라진다.
초등학교 고학년, 중학생인 우리 아이가 수학을 힘들어할 때

약수

▶ **약수 구하기**

약수의 정의를 가르쳐준다. 그런 다음 아래 3단계를 단계적으로 밟으며 여러 가지 수의 약수를 직접 구해 보는 활동을 통해 약수의 의미를 정확하게 인지하게 한다. 그리고 어떤 수의 약수를 한눈에 파악하는 연습을 해야 한다.

약수: 어떤 수를 나누어떨어지게 만드는 수

여러 수를 직접 나누어 나누어떨어지게 만드는 수를 찾아본다. 6의 약수는 6을 6번 나누어 보아야 하고, 20의 약수는 20을 20번 나누어야 한다. 40의 약수는 40을 40번 나누어 보아야 한다. 나눗셈에 익숙하지 않은 아이는 나누는 것 자체로 힘들어할 수 있다. 힘들게 나누어 보아야 "조금 더 쉽게 약수를 구할 방법은 없을까?"에 동의할 수 있다. 한 달 정도를 연습장에 직접 하나씩 나누면서 약수 구하기를 연습한다. 그리고 공부한 것을 들춰보며 '나누어떨어지게 하는 수에는 어떤 규칙이 있나?'를 찾게 한다. 어떤 수를 나누어 떨어지게 하는 수는 곱해서 어떤 수가 되게 만드는 수와 같다는 것을 힘든 경험의 과정을 통해 알게 한다.

1단계: 직접 나누어 보기

$2 \div ① = 2$ $6 \div ① = 6$ $12 \div ① = 12$
$2 \div ② = 1$ $6 \div ② = 3$ $12 \div ② = 6$
                        $6 \div ③ = 2$ $12 \div ③ = 4$
                        $6 \div 4 = 1 \cdots 2$ $12 \div ④ = 3$
                        $6 \div 5 = 1 \cdots 1$ $12 \div 5 = 2 \cdots 2$
                        $6 \div ⑥ = 1$ $12 \div ⑥ = 2$
                                                $12 \div 7 = 1 \cdots 5$
                                                $12 \div 8 = 1 \cdots 4$
                                                $12 \div 9 = 1 \cdots 3$
                                                $12 \div 10 = 1 \cdots 2$
                                                $12 \div 11 = 1 \cdots 1$
                                                $12 \div ⑫ = 1$

2를 나누어떨어지게 만드는 수 ①, ②를 2의 약수라고 한다.
6을 나누어떨어지게 만드는 수 ①, ②, ③, ⑥을 6의 약수라고 한다.
12를 나누어떨어지게 만드는 수 ①, ②, ③, ④, ⑥, ⑫를 12의 약수라고 한다.

※ 3학년 나눗셈을 배울 때부터 약수 구할 때를 염두에 두어야 한다. 3~4학년 동안 나눗셈을 꾸준히 연습하여 12 ÷ 5 = 2 ⋯ 2 수준의 나눗셈은 가볍게 계산할 수 있는 상태에서 5학년 학습을 시작해야 부담이 없다.

2단계: 곱해서 어떤 수가 되게 하는 수를 찾는 연습을 한다.

12: ①, ②, 3, 4, 5, ⑥, 7, 8, 9, 10, 11, ⑫

1부터 차례로 찾아 나간다. 1×12, 2×6을 찾으면 7, 8, 9, 10, 11은 앞쪽에(1과 2 사이에) 짝꿍 수가 없으므로 살펴볼 필요가 없음을 눈으로 확인하여 알게 한다.

※ 곱해서 어떤 수가 되는 수에 ○ 하기
(숫자는 워드로 출력해 주는 것이 좋다.)

2: ①, ②
3: ①, 2, ③
4: ①, ②, 3, ④
5: ①, 2, 3, 4, ⑤
6: ①, ②, ③, 4, 5, ⑥
7: ①, 2, 3, 4, 5, 6, ⑦
8: ①, ②, 3, ④, 5, 6, 7, ⑧
9: ①, 2, ③, 4, 5, 6, 7, 8, ⑨
10: ①, ②, 3, 4, ⑤, 6, 7, 8, 9, ⑩
11: ①, 2, 3, 4, 5, 6, 7, 8, 9, 10, ⑪
12: ①, ②, ③, ④, 5, ⑥, 7, 8, 9, 10, 11, ⑫

3단계: 1부터 차례대로 12의 곱을 찾을 수 있게 한다.

12의 약수를 구할 때 1, 2, …하고 작은 수부터 차례로 쓰지 않고 (1,   , 12)처럼 작은 약수와 큰 약수를 양쪽에서 써나가는 것이 약수를 빠뜨리지 않고 모두 쉽게 구하기에 좋다. 1 곱하기 12(1,   ,12), 2 곱하기 6(1, 2,   , 6, 12), 3 곱하기 4(1, 2, 3, 4, 6, 12)를 차례대로 구할 수 있게 시간을 두고 찬찬히 연습하면 좋다.

※ 직접 곱해서 '어떤 수가 되는 수' 구하기

2:

3:

4:

5:

6: 1,   , 6   →   1, 2, 3, 6

7:

8:

9:

10:

11:

12: 1,   , 12   →   1, 2,   , 6, 12   →   1, 2, 3, 4, 6, 12

초등학교의 모든 겨울방학은 예습보다 '복습'이 다가올 학년의 학습에 유리하다. 하지만 4학년 겨울방학은 예습이 필요하다. 4학년 12월부터 방학 동안 약수 구하기를 연습하며 5학년을 준비하는 것이 좋다.

5학년이 되면 「약수, 공약수, 최대공약수, 배수, 공배수, 최소공배수, 약분, 기약분수, 통분」 등의 개념을 한꺼번에 배우게 된다. 하나하나의 개념 모두가 중요하다. 진도가 나가는 속도가 상당히 빨라서 익히고, 활용하게 되기까지 시간이 부족할 수 있다.

약수의 개념이 정확해야 다음 개념으로 쉽게 넘어갈 수 있다. 약수를 자연스럽게 구할 수 있는 수준에 도달하면 공약수와 최대공약수로 개념을 확장할 수 있다. 약수 구하기가 자유롭지 않은 상태에서 공약수, 최대공약수로 나가면 뒤죽박죽 섞여 혼란스럽다. 한 가지가 정확할 때 살짝 앞으로 나가는 것이 좋다.

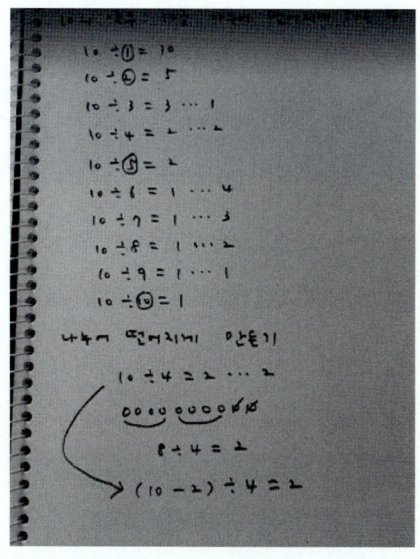

▶ 약수의 특징

1. 모든 자연수는 1로 나누어떨어지므로 1은 모든 수의 약수이다.
2. 어떤 수의 약수 중에서 가장 작은 수는 항상 1이다.
3. 어떤 수의 가장 큰 약수는 자기 자신이다.
4. 어떤 수의 약수에는 1과 자기 자신은 항상 포함된다.
5. 약수의 수는 수가 크다고 항상 많은 것은 아니다.
   예. 8의 약수는 1, 2, 4, 8로 4개지만, 9의 약수는 1, 3, 9로 3개뿐이다.
6. 약수의 수가 홀수인 수는 같은 수를 곱한 수(제곱 수)이다.
   예. 4(2×2), 9(3×3), 16(4×4), 25(5×5), …

외우고 시작해야 하는 내용이 아니다. 약수의 학습이 끝나고 나면 알게 되어야 하는 내용이다.

▶ 공약수, 최대공약수 구하기

공약수: 두 수의 공통인 약수

최대공약수: 두 수의 공약수 중에서 가장 큰 수

공약수와 최대공약수는 다음 2가지 방법으로 이해하고 숙달되게 한다.

문제: 12와 18의 공약수와 최대공약수를 구해 보세요.
(풀이)
첫 번째 방법: 개념에 입각하여 직접 구한다.
12와 18의 약수를 자연스럽게 구하는 것이 선수학습되어야 한다.
12의 약수: ①, ②, ③, 4, ⑥, 12
18의 약수: ①, ②, ③, ⑥, 9, 18
공약수: 1, 2, 3, 6
최대공약수: 6

두 번째 방법: 12와 18의 공약수를 이용하여 직접 나누어 본다. 처음엔 2나 3과 같은 작은 수로 나누게 되지만 수 감각이 커지면서 최대공약수 6으로 한 번에 나눌 수 있게 된다.

```
2 |12    18          6 |12    18
3 | 6     9             | 2     3
    2     3
```

최대공약수 : 2×3=6

(답) 최대공약수: 6
공약수: 1, 2, 3, 6 (공약수는 최대공약수의 약수이다.)

첫 번째 방법으로 연습하며 「공약수와 최대공약수」 개념을 정확하게 익힌다. '12의 약수는 12를 나누어떨어지게 하는 수, 18의 약수는 18을 나누어떨어지게 하는 수, 12와 18의 공약수는 12와 18을 동시에 나누어떨어지게 하는 수, 12와 18의 최대공약수는 12와 18을 동시에 나누어떨어지게 하는 1, 2, 3, 6 중에서 가장 큰 수 6' 문제를 풀며 머릿속에서 이 말들이 정리되고 있어야 한다. 직접 말하며 풀게 하는 것도 좋은 방법이다. 첫 번째 방법이 아주 익숙해지기 전에는 두 번째 방법을 제시하지 않는 것이 좋다. 첫 번째 방법을 통해 「약수, 공약수, 최대공약수」에 대한 느낌이 완전해지기를 기다려야 한다. 한 단계가 완전할 때 다음 단계로 넘어가야 아이가 받아들이기 쉽다. 약수가 뭔지도 정확히 모르는데 와르르 여러 가지를 쏟아부으면 어렵다는 느낌만 쏟아져 내려 아이가 받아들이지 못한다.

많은 시간이 필요한 부분이다. 시간이 필요한 부분이라고 하니 매일 몇 시간씩 한꺼번에 연습을 시키는 것은 어떨까? 이제 걸음마를 배우기 시작한 아이에게 매일 서너 시간씩 걷기 연습을 강도 높게 시킨다면 어떻게 될까? 마찬가지이다. 수학 학습이 어려운 이유 중의 하나는 어떤 하나의 개념을 익히고, 그 개념을 확장 시키는 데는 시간이 필요하다는 것이다. 10시간의 시간이 필요하다고 할 때 한꺼번에 10시간을 투자해도 가능하면 좋을 텐데 그렇지가 않다. 한꺼번에 10시간이 아니라 매일 1시간씩 10일 혹은 매일 30분씩 20일 동안 규칙적인 수학적 자극을 주어 아이가 머릿속에서 정리하고 다듬어 나갈 시간이 있어야 효과적으로 받아들일 수 있다.

수학 학습에는 생각을 다듬고 정리할 시간의 여백이 반드시 있어야 한다. 한꺼번에 몰아친다고 해결되지 않는다. 그래서 1주일에 한두 번 하는 과외나 학원 수업보다는 매일 꾸준히 하는 자기 주도 학습이 유리할 수밖에 없다. 학습하는 시간 내내 찬찬히 살펴 가며 조금씩 전진함이 중요하다. 알고 있는 것과 새로 알게 되는 것들의 차이가 미세해서 앞으로 나아가고 있음을 눈치채지 못하게 조금씩 나가는 것이 좋다.

두 번째 방법은 최대공약수와 공약수를 쉽게 구할 수 있게 연습하는 부분이다. 약수의 개념이 완전할 때 연습을 시작해도 늦지 않다.

▶ **공약수는 「최대공약수의 약수」이다.**

공부한 연습장을 그냥 버리지 말자. 공부한 것을 넘겨보며 규칙과 성질을 찾아낼 수 있다. 「약수 → 공약수 → 최대공약수」의 순으로 구해야 하지만 공부한 것을 잘 살펴보면 「최대공약수 → 공약수」의 순으로도 구할 수 있음이 눈에 보이게 될 것이다. **공약수는 최대공약수의 약수이다.** 경험하지 않고 암기한 것은 시간이 지나면 잊어버리기도 하고, 자주 헷갈리게 된다. 하지만 내가 경험으로 확인한 사실은 각인되어 잘 잊히지 않는다. 간혹 헷갈려도 왜 그런지 찬찬히 찾아갈 수 있다.

배수

▶ 배수 구하기

배수는 어떤 수를 1배, 2배, 3배, … 한 수이다.
2의 배수: 2, 4, 6, 8, …
3의 배수: 3, 6, 9, 12, …
4의 배수: 4, 8, 12, 16, …
5의 배수: 5, 10, 15, 20, …
6의 배수: 6, 12, 18, 24, …
7의 배수: 7, 14, 21, 28, …
8의 배수: 8, 16, 24, 32, …
9의 배수: 9, 18, 27, 36, …

많이 사용하는 배수 판정법: 초등 과정에서 꼭 알 필요는 없다.
2의 배수: 일의 자리가 0, 2, 4, 6, 8(짝수)
3의 배수: 각 자릿수의 합이 3의 배수 예) 279 : 2+7+9=18
4의 배수: 마지막 두 자리의 수가 00이거나 4의 배수 예) 4<u>00</u>, 5<u>12</u>
5의 배수: 일의 자리 숫자가 0, 5 예) 12<u>0</u>, 12<u>5</u>
6의 배수: 2의 배수이고 3의 배수 예) 34<u>2</u> : 일의 자리 2, 3+4+2=9
8의 배수: 마지막 세 자리의 수가 000이거나 8의 배수 예) <u>1000</u>
9위 배수: 각 자릿수의 합이 9의 배수 예) 279 : 2+7+9=18

▶ 배수의 특징

1. 어떤 수의 배수는 무수히 많다.
2. 모든 자연수는 1의 배수이다.
3. 어떤 수의 배수 중 가장 작은 수는 자기 자신이다.

▶ 공배수, 최소공배수 구하기

공배수: 두 수의 공통인 배수
최소공배수: 두 수의 공배수 중에서 가장 작은 수

6의 배수: 6, 12, 18, 24, 30, 36, 42, 48, 54, 60, 66, 72, …
12의 배수: 12, 24, 36, 48, 60, 72, …
6과 12의 공배수: 12, 24, 36, 48, 60, 72, …
6과 12의 최소공배수: 12

▶ 공배수는 「최소공배수의 배수」이다.

공배수, 최소공배수를 얼마간 공부한 다음에 공부한 연습장을 관찰할 필요가 있다. 공부한 연습장을 들춰보면 최소공배수의 배수가 공배수가 되는 것이 보이게 될 것이다. 공부한 연습장도 잘 활용해야 한다.

약수와 배수의 관계

15 = 5 × 3
15는 3과 5의 배수입니다. 3과 5는 15의 약수입니다.

단순해 보이는 이 한 문장을 잘 이해해야 한다. 다양한 여러 문제를 다루어 보며 약수와 배수가 어떤 관계 속에 있는지 잘 파악해야 한다.

문제: 8의 배수인 어떤 수가 있습니다. 이 수의 약수를 모두 더하였더니 60이 되었습니다. 이 수를 구하면?

(풀이)

1. 8의 배수를 구한다.

   8의 배수: 8, 16, 24, 32, …

2. 8, 16, 24, 32, …의 약수를 구한다.

   8의 약수 (1, 2, 4, 8) → 8의 약수의 합: 1 + 2 + 4 + 8 = 14

   16의 약수 (1, 2, 4, 8, 16) → 16의 약수의 합: 1 + 2 + 4 + 8 + 16 = 31

   24의 약수 (1, 2, 3, 4, 6, 8, 12, 24) → 24의 약수의 합: 1 + 2 + 3 + 4 + 6 + 8 + 12 + 24 = 60

(답) 24

※ 이 문제를 풀기 위한 선수학습:
① 약수, 배수의 의미 ② 약수를 쉽게 구할 수 있기 ③ 기본 덧셈

약수, 배수와 관련된 여러 가지 문제

어떤 물건을 똑같이 나누어 가질 때 약수를 활용하면 쉽게 똑같이 나눌 수 있다. 수나 양이 어떤 규칙을 가지고 커지는 경우에는 배수를 이용하면 쉽게 구할 수 있다. 약수, 배수 문제의 유형을 암기할 것이 아니라 정확한 이해를 바탕으로 다양한 활용이 가능하게 만들어야 한다. 이 학습을 할 즈음의 아이도 직접 확인하는 과정을 거치며 개념을 정리해야 쉽고 완전하게 개념을 만들 수 있다.

직접 종이를 오리고 붙이는 활동이 필요하다. 직사각형 종이를 늘어놓아 정사각형을 만들고, 직사각형을 잘라 정사각형을 만드는 경험을 통해 약수와 배수의 의미를 정확하게 알아야 한다. 이해하지 않고 외우기만 해서는 안 된다. 똑같은 한 권의 문제집을 풀어

도 발전하는 아이가 있는가 하면 늘 허덕이는 아이도 있다. 개념이 이해가 된 아이는 그와 관련된 어떤 문제가 나와도 해결할 수 있다. 여러 방향에서 바라보며 개념을 강화하게 된다.

문제를 외우면서 공부하는 아이는 변형되어 나오는 문제를 모두 다 외워야 하니 학습량이 끝이 없다. 그러고도 푼 적이 없는 문제가 나오면 당황하게 된다. 문제 풀이 과정을 살펴보며 아이가 그 개념을 정확하게 알고 있나 없나를 확인해야 한다. 풀이 과정 중에 안 되는 부분이 있으면 그 부분을 따로 연습해야 한다.

문제집을 풀 때 한 권을 다 풀었다가 아니라, 그 속에 나오는 개념을 정확하게 짚는 것이 중요하다. 약수, 배수 관련 문제는 한 문제 한 문제를 잘 이해해야 한다. 약수와 배수는 깊이 있게 공부하는 것이 좋다. 약수, 배수가 어떻게 문제 속에 녹아 있는지를 정확하게 볼 수 있어야 한다. 한 개념의 심화 학습은 다음 학년의 선행학습이 된다. 약수, 배수는 중1 과정에서 다시 배우게 된다. (유튜브 27강 참고)

(약수 문제)
1. 가로 56cm, 세로 24cm인 직사각형 모양의 종이가 있습니다. 가로, 세로 종이가 남지 않게 정사각형 모양으로 자르려고 합니다. 가능한 큰 정사각형을 만들려고 할 때, 정사각형의 한 변의 길이는 몇 cm일까요?

(풀이)
56cm 길이를 종이가 남지 않게 자른다는 것은 56을 어떤 수로 나누었을 때 나머지가 없어야 한다는 것을 의미한다. 즉 '56을 나누어떨어지게 만드는 수'를 찾는 것이다. 한 번에 이해하지 못하면 그림을 그려 보거나, 직접 잘라보는 확인의 과정을 거쳐야 머릿속에서 혼동이 없다. 유사한 문제를 무조건 많이 풀려 이 문제는 "최대공약수 문제야"를 기억하게 하지 말고, 왜 최대공약수 문제인가를 경험으로 이해하게 만들어야 한다. 이해될 때까지는 직접 그리고 오려 확인하는 과정이 필요하다.

(56, 24)의 최대공약수: 8

공약수: 1, 2, 4, 8

1cm, 2cm, 4cm, 8cm 정사각형으로 자를 수 있다.

(답) 가장 큰 정사각형: 8cm

1-1. 가장 큰 정사각형으로 잘랐을 때, 만들어진 정사각형은 몇 개인가요?

(풀이) 가로 : 56÷8=7

　　　세로 : 24÷8=3

　　　7×3=21

(답) 21(개)

(배수 문제)

2. 가로 4cm, 세로 3cm인 직사각형 타일을 붙여 정사각형을 만들려고 합니다. / 가장 작은 정사각형의 한 변의 길이를 구해 보세요. / 타일은 모두 몇 장이 필요할까요?

(그림)

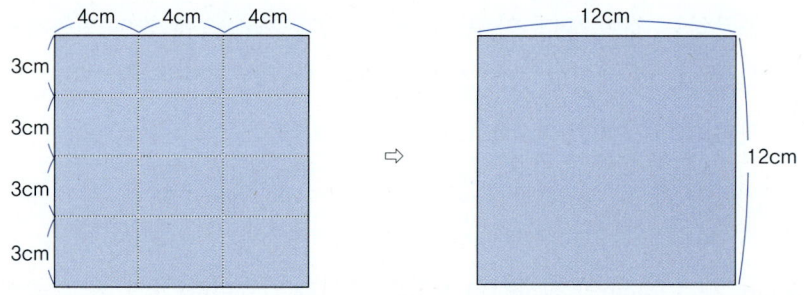

(풀이)

① 타일을 한 장, 두 장 붙일 때마다 가로는 4, 8, …(cm), 세로는 3, 6, …(cm)로 변하게 되므로 배수 문제이다.

② 정사각형 모양으로 만든다는 것은 가로의 길이와 세로의 길이를 같게 만드는 것이다. 4의 배수와 3의 배수가 처음으로 같아지는 수는 12이다.

③ 12cm가 되려면 가로 3장, 세로 4장 모두 12장의 타일이 필요하다.

(약수 문제)

3. 빵 30개와 사탕 45개가 있습니다.

3-1. 몇 명에게 남김없이 똑같이 나누어 줄 수 있을까요?

(풀이)

남는 것이 없다는 것은 나누어떨어진다는 것을 의미한다.

어떤 수를 나누어떨어지게 하는 수는 약수이다.

30의 약수: ①, 2, ③, ⑤, 6, 10, ⑮, 30

45의 약수: ①, ③, ⑤, 9, ⑮, 45

30과 45를 동시에 나누어 주어야 하므로 30과 45의 공약수 (1, 3, 5, 15)명에게 나누어 줄 수 있다.

3-2. 최대한 많은 사람에게 남김없이 똑같이 나누어 주려면 몇 명에게 몇 개씩 나누어 줄 수 있을까요?

(풀이)

15명에게 빵 2개(30÷15), 사탕 3개씩(45÷15)을 나누어 줄 수 있다. 문제 풀이를 통해 '나누어떨어지게 한다'를 어떻게 활용하는지 알게 한다.

(배수 문제)

4. 가 회사 버스는 15분마다 출발하고, 나 회사 버스는 20분마다 출발한다. 오전 7시에 가 회사 버스와 나 회사 버스가 동시에 출발했다.

4-1. 두 버스는 몇 분마다 동시에 출발할까요?

가: 15, 30, 45, 60, 75, …

나: 20, 40, 60, 80, …

(답) 60분

4-2. 두 버스가 두 번째로 동시에 출발하는 시각은?

(답) 8시

(약수 문제)

5. 어떤 수로 39를 나누면 나머지가 3이고, 54를 나누면 나머지가 2입니다. 어떤 수를 구해 보세요.

(풀이)

① 문장을 읽고 식을 세운다. (국어 능력도 필요하다.)

  $39 \div \square = ☆ \cdots 3$

  $54 \div \square = ★ \cdots 2$

② 약수, 배수와 관련된 문제임을 알고, 나누어떨어지게 고친다.

CHAPTER 5. 약수와 배수 & 약분과 통분(초등 5학년)

(39 − 3) ÷ □ = ☆ (나머지가 3이므로, 39에서 3을 빼면 나누어떨어진다.)

(54 − 2) ÷ □ = ★ (나머지가 2이므로, 54에서 2를 빼면 나누어떨어진다.)

36 ÷ □ = ☆

52 ÷ □ = ★

③ 약수, 배수의 관계를 이해한다. 나눗셈식을 세웠을 때 나누는 수의 위치에 오는 것은 약수(공약수, 최대공약수)를 구하는 것임을 이해한다.

※ 8(나누어지는 수) ÷ 2(나누는 수) = 4(몫)

④ 36의 약수도 되고, 52의 약수도 되어야 하므로 □ 안에 들어갈 수는 36과 52의 공약수를 구하면 된다.

⑤ (36, 52)의 최대공약수는 4이다. 공약수는 최대공약수의 약수이므로 (36, 52)의 공약수는 4의 약수인 1, 2, 4가 된다.

⑥ 나누는 수는 나머지보다 큰 수이다. 나누는 수는 3보다 큰 수여야 하므로 구하고자 하는 수는 4가 된다(3학년).

⑦ 검산하기 39 ÷ 4 = 9 ⋯ 3, 54 ÷ 4 = 13 ⋯ 2(3학년)

①~⑦을 모두 정확하게 알고 있어야 정답에 이를 수 있다. 한 문제 속에 알고 있어야 하는 여러 개의 개념이 있다.

(배수 문제)

6. 어떤 수를 12로 나누어도 2가 남고, 16으로 나누어도 2가 남습니다. 어떤 수 중에서 가장 작은 수를 구하시오.

(풀이)

① 문장을 읽고 식을 세운다.

□ ÷ 12 = ☆ ⋯ 2

□ ÷ 16 = ★ ⋯ 2

② 나누어떨어지게 고치면

(□ − 2) ÷ 12 = ☆

(□ − 2) ÷ 16 = ★

③ 나누어지는 수의 위치에 오는 것은 공배수(최소공배수)를 구하는 것이다. 여기서는 가장 작은 수를 구하는 문제이므로 최소공배수를 구해야 한다.

④ □ - 2는 12와 16의 최소공배수이다. 12와 16의 최소공배수는 48이다.

⑤ □ - 2 = 48 → □ = 50

⑥ 구하고자 하는 수는 50이다.

⑦ 검산하기

   50 ÷ 12 = 4 ⋯ 2, 50 ÷ 16 = 3 ⋯ 2

약분과 통분

▶ 크기가 같은 분수 만들기

분모와 분자의 숫자는 달라도 원이나 사각형 등을 그려 보면 나타내는 크기가 같은 분수를 만들 수 있다.

① 크기가 같은 분수

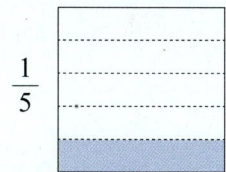 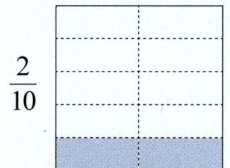 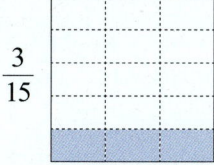

$\frac{1}{5}, \frac{2}{10}, \frac{3}{15}$ ⋯ 은 크기가 같은 분수입니다.

② 분수만큼 수직선에 표시해 보세요.

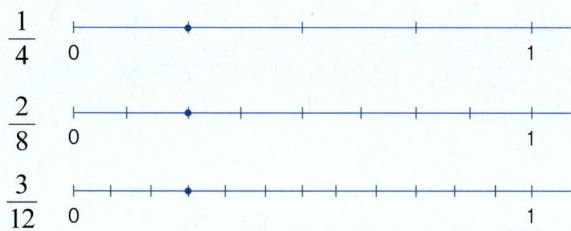

그림, 수직선을 그리며 직접 확인하는 경험이 많아야 한다. 분수의 분모와 분자가 어떻게 변하는지 직접 확인하여 분모가 2배, 3배로 커질 때 분자도 2배, 3배로 커지는 규칙을

알게 한다.

> - 분모와 분자에 0이 아닌 같은 수를 곱하면 크기가 같은 분수가 된다.
> $$\frac{1}{2} = \frac{2}{4} = \frac{3}{6} = \frac{4}{8} \cdots$$
> - 분모와 분자를 0이 아닌 같은 수로 나누면 크기가 같은 분수가 된다.
> $$\frac{6}{12} = \frac{6 \div 2}{12 \div 2} = \frac{6 \div 3}{12 \div 3} = \frac{6 \div 6}{12 \div 6}$$

▶ $\frac{6}{12}$ 과 크기가 같은 분수

- 분모와 분자를 두 수의 공약수(1, 2, 3, 6)로 나눈다.

$$\frac{6}{12}, \frac{3}{6}, \frac{2}{4}, \frac{1}{2}$$

- 분모와 분자에 1, 2, 3, …을 곱한다.

$$\frac{6}{12}, \frac{12}{24}, \frac{18}{36}, \frac{24}{48}, \cdots$$

문제 1. $\frac{2}{5}$와 크기가 같은 분수 중에서 분모와 분자의 합이 28인 분수 찾기

(풀이) $\frac{2}{5} = \frac{4}{10} = \frac{6}{15} = \boxed{\frac{8}{20}} = \frac{10}{25} = \frac{12}{30} = \cdots$

문제 2. 분모가 30보다 크고 50보다 작은 분수 중에서 $\frac{2}{7}$와 크기가 같은 분수를 모두 써 보시오.

(풀이) 분수의 성질 이해: 분모와 분자에 0이 아닌 같은 수를 곱하면 크기가 같은 분수가 된다.

$$\frac{2}{7} = \frac{4}{14} = \frac{6}{21} = \frac{8}{28} = \boxed{\frac{10}{35}} = \boxed{\frac{12}{42}} = \boxed{\frac{14}{49}} = \frac{16}{56} \cdots$$

▶ 약분

약분: 분모와 분자를 그들의 공약수로 나누어 간단히 하는 것

기약분수: 분모와 분자의 공약수가 1뿐인 분수(더 이상 나누어지지 않는 분수)

$$\frac{8}{12} = \frac{8 \div 2}{12 \div 2} = \frac{8 \div 4}{12 \div 4} = \frac{2}{3}$$

문제. 분모가 8인 진분수 중에서 기약분수 모두 찾기

(풀이) 진분수와 기약분수의 이해가 정확해야 한다.

분모가 8인 진분수: $\frac{1}{8}, \frac{2}{8}, \frac{3}{8}, \frac{4}{8}, \frac{5}{8}, \frac{6}{8}, \frac{7}{8}$

그중에서 기약분수는 $\frac{1}{8}, \frac{3}{8}, \frac{5}{8}, \frac{7}{8}$

▶ 통분

통분: 분수의 분모를 같게 하는 것
공통분모: 통분한 분모

▶ 통분의 필요성

자연수는 자릿값에 의해 단위가 결정된다. 자연수의 덧셈과 뺄셈을 할 때 일의 자리는 일의 자리끼리, 십의 자리는 십의 자리끼리 자릿값에 맞추어 같은 단위끼리 계산한다.

그렇듯이 분수의 덧셈과 뺄셈도 단위에 맞추어 계산해야 한다. 분수는 단위가 분모에 의해 결정된다. $\frac{2}{6} + \frac{7}{12}$에서 $\frac{2}{6}$는 $\frac{1}{6}$이 단위가 되고, $\frac{7}{12}$은 $\frac{1}{12}$이 단위가 된다. 같은 크기의 단위끼리 더할 수 있으므로 두 수의 단위를 공통 단위인 $\frac{1}{12}$을 구해 $\frac{4}{12} + \frac{7}{12}$로 계산해야 한다.

분모가 다른 경우 분모를 같게 만들어야 한다. 분수의 분모를 같게 하는 것을 「통분한다」고 한다. 통분은 분모가 다른 분수의 크기를 비교하거나, 분모가 다른 분수의 덧셈과 뺄셈을 할 때 필요하다.

▶ 분수의 크기 비교하기

분모의 단위가 같아야 크기를 비교할 수 있다. 통분하여 단위를 같게 한 다음 크기를 비교한다. 분모를 같게 만들고 나면 3학년 때 배운 분모가 같은 분수의 크기 비교로 해결할 수 있다. (122쪽)

분모가 다른 분수의 덧셈과 뺄셈(5학년)

$$2\frac{5}{6} + 3\frac{1}{4} = 2\frac{10}{12} + 3\frac{3}{12} = 2 + \frac{10}{12} + 3 + \frac{3}{12}$$

$$= (2+3) + (\frac{10}{12} + \frac{3}{12}) = 5 + \frac{13}{12} = 5 + 1\frac{1}{12} = 6\frac{1}{12}$$

분수의 덧셈은 단위분수의 개수 합을 구하는 것이다. 두 분수의 단위를 같게 만드는 것(통분)부터 시작하여 각 단계가 막힘없이 자연스럽게 흘러 답에 도달해야 한다. 막히는 부분은 연습이 더 필요하거나 개념을 다시 만들어야 하는 부분이다.

분모가 다른 분수의 덧셈과 뺄셈에서 가장 중요한 것은 통분하여 분모를 같게 만드는 과정이다. 5학년 분수의 덧셈과 뺄셈이 어렵다고 한다. 하지만 자세히 들여다보면 5학년 때 배우는 내용은 '통분하여 단위를 같게 만드는 것'까지이다. 나머지 부분은 3~4학년 때 배운 내용으로 풀어나간다. 통분하고 나면 4학년 때 배운 '분모가 같은 분수의 덧셈과 뺄셈'을 해결하는 과정과 같다.

통분하려면 「분수의 성질, 공배수, 최소공배수」를 이해하고 충분히 연습해야 한다. 하나의 문제 속에 꽤 많은 개념이 완성되어 있어야 한다. 어려울 때는 포함되어있는 하나하나의 개념들을 다시 살펴보아야 한다. 어설피 선행학습하는 것보다 그때그때 배우는 분수의 의미를 정확하게 이해하고 충분히 연습하여 5학년이 되는 것이 훨씬 현명한 방법이다.

3학년 때 분수를 배우기 시작하는 순간부터 5학년까지는 수준에 맞는 분수 문제를 매일 조금씩 연습하여 분수에 대한 감각을 익히는 것이 중요하다. 근본적으로 분수가 무엇인지를 알아야 한다. 분수의 단위가 무엇이며 왜 통분하고 약분하는 것인지 알아야 한다. 3학년부터 시작하여 5학년까지 적어도 2년은 꾸준히 연습해야 한다. 그러면 분수의 의미가 참 쉬워진다. 그렇게 3~6학년에 걸쳐 완성된 분수의 사칙연산은 중학교 때 배우게 될 유리식 연산의 기초가 된다.

수학적 사고력은 하루아침에 열 개의 계단을 한꺼번에 오를 수는 없다. 한 계단 한 계단을 오르며 조금씩 발전한다. 오늘 오르는 한 계단은 그다지 대단한 것 같지 않다. 놓치더라도 금방 쫓아갈 수 있을 것 같다. 하지만 별 것 아닌 것 같은 하나하나가 쌓여 유연한 수학적 사고력을 만들어 준다. 그래서 학습에 결손이 생기면 언제 어디부터 접근해야 할지 출발점을 잡기가 힘이 든다.

분모가 다른 분수의 덧셈과 뺄셈은 지금까지의 학습을 점검하는 부분이라 여겨야 한다. 이 학습이 무난히 받아들여지는 아이는 지금까지의 학습이 좋은 것이다. 하던 대로 해가면 된다. 이 학습을 어려워한다면 어디가 취약한지를 점검하고 원인을 찾아 반드시 해결해야 한다. 옆에서 선행하는 아이를 보면 복습을 하고 있기가 불안하지만, 이때 해결하지 않으면 악순환의 고리에서 빠져나올 수 없다. 내가 이해하지 못하는 순간에도 수학 수업은 계속되고 학습결손은 눈덩이처럼 불어난다. 수학 수업 시간에 알아들을 수 있는 상황으로 만들어야 한다.

분수의 곱셈과 나눗셈(5~6학년)

자연수의 곱셈에서는 계산 결과가 항상 더 커지고, 나눗셈은 항상 더 작아진다. 하지만 분수의 곱셈에서는 계산 결과가 더 작아질 수도 있고, 분수의 나눗셈은 몫이 더 커질 수도 있다. 자연수의 곱셈, 나눗셈과 분수의 곱셈, 나눗셈의 차이를 정확하게 알고 자연수 연산에서의 의미가 분수 연산으로 확장될 수 있게 해야 한다.

분수의 곱셈 계산 방법은 "분모는 분모끼리, 분자는 분자끼리 곱한다."이고, 분수의 나눗셈 계산 방법은 "나누는 분수의 분모, 분자 위치를 바꾸어 분모는 분모끼리, 분자는 분자끼리 곱한다."이다. 분모, 분자로만 이루어져 있지 않은 자연수, 대분수의 곱셈과 나눗셈은 분모, 분자로만 이루어진 분수로 고친 다음 계산한다. 그 과정에 계산을 좀 더 단순화시키기 위해 약분을 먼저 하기도 한다. 숙달하는 것은 그때그때 하면 된다. 하지만 공식처럼 알고 있는 계산 방법을 정확하게 이해하고 설명할 수 있어야 혼동이 없다. 기계적인 계산만 할 것이 아니라 '왜 그렇게 계산하는가?'도 반드시 알아야 한다. 이유를 따져 알아내는 그 부분만큼 수학적으로 성장한다.

(어떤 수)×진분수 = (어떤 수)보다 작은 수   예. $12 \times \frac{1}{2} = 6$

(어떤 수)×1 = (어떤 수)   예. $12 \times 1 = 12$

(어떤 수)×대분수 = (어떤 수)보다 큰 수   예. $12 \times 1\frac{1}{2} = 18$

문제: 계산 결과가 $\frac{5}{12}$보다 작은 것에 모두 ○표 하세요.

$\frac{5}{12} \times 1\frac{3}{4}$ $\frac{5}{12} \times 3$ ⓐ$\frac{3}{10} \times \frac{5}{12}$ⓑ   ⓐ$\frac{5}{12} \times \frac{7}{8}$ⓑ

(풀이) 계산하는 것만이 목표가 아니다. 어떤 수($\frac{5}{12}$)에 1보다 작은 수를 곱할 때, 어떤 수($\frac{5}{12}$)보다 작은 수가 된다는 것을 유추해 낼 수 있어야 한다.

(어떤 수)÷진분수=(어떤 수)보다 큰 수   예. $12 \div \frac{1}{2} = 24$

(어떤 수)÷1=(어떤 수)   예. $12 \div 1 = 12$

(어떤 수)÷대분수=(어떤 수)보다 작은 수   예. $12 \div 1\frac{1}{2} = 8$

분수의 곱하기는 분수 × 자연수 → 자연수 × 분수 → 분수 × 분수로 확장된다.

> 분수의 곱셈, 나눗셈을 시작하기 전에 2학년 때 배운 자연수의 곱셈, 3학년 때 배운 자연수의 나눗셈에 대한 약속을 다시 한번 짚어 볼 필요가 있다. 4 × 3은 4의 3배, 4씩 3묶음, 4 + 4 + 4를 의미한다. 12 ÷ 4 = 3은 12 − 4 − 4 − 4 = 0의 의미를 포함하고 있다.

분수의 나눗셈은 분수 ÷ 자연수를 먼저 배우고 분수 ÷ 분수의 나눗셈을 배우게 된다. 분수 ÷ 자연수를 학습하며 개념을 이해하게 하고, 분수 ÷ 분수의 나눗셈은 "나누는 수의 분모와 분자를 바꾸어 곱한다."라는 계산 알고리즘을 익히게 한다.

분수의 덧셈 상황 & 분수의 곱셈 상황

문제 1. 재석이는 물을 오전에 $2\frac{1}{2}$ 컵, 오후에 $1\frac{3}{5}$ 컵 마셨습니다. 영하는 물을 오전에 $\frac{4}{5}$ 컵, 오후에 $3\frac{1}{2}$ 컵 마셨습니다. 두 사람이 사용한 컵의 크기가 같다면 이날 하루

동안 누가 물을 얼마나 더 많이 마셨나요?

(풀이) 재석 : $2\frac{1}{2} + 1\frac{3}{5} = 1\frac{5}{10} + 1\frac{6}{10} = 3\frac{11}{10}$

영하 : $\frac{4}{5} + 3\frac{1}{2} = \frac{8}{10} + 3\frac{5}{10} = 3\frac{13}{10}$

$3\frac{13}{10} - 3\frac{11}{10} = \frac{2}{10} = \frac{1}{5}$ 답: 영하 $\frac{1}{5}$(컵)

문제 2. 우리 반 학생은 모두 40명입니다. / 이 중에서 ① 여학생은 전체 학생의 $\frac{3}{8}$입니다. / ② 여학생 중 안경을 쓴 학생은 여학생의 $\frac{1}{5}$ 이라면 / ③ 안경을 <u>쓰지 않은</u> 여학생은 몇 명일까요?

(풀이)

① 여학생 : $40 \times \frac{3}{8} = 15$(명)

② 안경을 쓴 여학생 : $15 \times \frac{1}{5} = 3$(명)

③ 안경을 안 쓴 여학생 : $15-3 = 12$(명)

혹은 $40 \times \frac{3}{8} \times \frac{4}{5} = 12$(명)

그림을 그리면 이해하기가 쉽다.

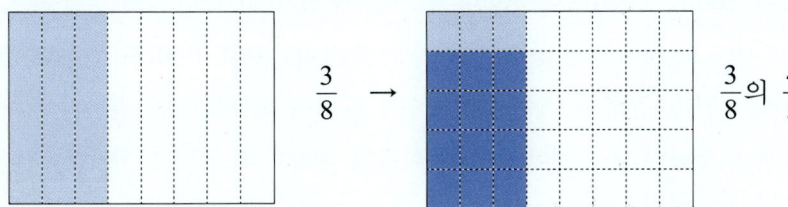

소수의 사칙연산

▶ 소수의 덧셈과 뺄셈(초등 4학년)

소수의 덧셈과 뺄셈은 '소수점 맞추기' 한 가지만 이해하면 된다. 소수점을 맞추어 같은 자릿수(단위)끼리 계산하면 된다. 일의 자리는 일의 자리끼리, 소수 첫째 자리는 소수 첫째 자리끼리, 소수 둘째 자리는 소수 둘째 자리끼리 계산한다. 계산하는 방법은 자연수의 계산 방법과 같다. 10이 넘으면 윗자리로 올려주고, 부족하면 윗자리에서 받아 내린다.

학년이 올라갈수록 초기 학습의 중요함을 더 절실히 느끼게 된다. 수학은 기초 내용을 토대로 더 심화되고 확장되어 가는 것임을 꼭 명심하길 바란다. 자연수의 덧셈, 뺄셈이 잘 되어야 소수의 덧셈, 뺄셈도 쉽게 접근할 수 있다. 소수의 덧셈, 뺄셈을 새롭게 접근하기보다 자연수의 덧셈, 뺄셈의 연장선에서 보는 것이 좋다.

▶ **소수의 곱셈(초등 5학년)**

곱의 소수점 위치를 알 수 있다.

$5.27 \times 10 = 52.7$	$6 \times 5 = 30$	$157 \times 32 = 5024$
$5.27 \times 100 = 527$	$6 \times 0.5 = 3$	$157 \times 3.2 = 502.4$
$5.27 \times 1000 = 5270$	$6 \times 0.05 = 0.3$	$157 \times 0.32 = 50.24$
		$157 \times 0.032 = 5.024$

곱의 소수점 위치가 정해지는 규칙성을 파악해야 한다. 곱하는 수가 10, 100, 1000으로 변하면 결과는 10배, 100배, 1,000배로 커진다. 곱하는 수의 「0」이 하나씩 늘어날수록 결과의 소수점은 오른쪽으로 하나씩 이동한다. 곱하는 수가 0.1, 0.01, 0.001로 변하면 결과도 0.1, 0.01, 0.001배가 된다. 곱하는 소수의 자릿수가 하나씩 늘어날수록 결과의 소수점은 왼쪽으로 하나씩 이동한다. 소수점이 하나씩 이동할 때마다 10배씩 커지거나, 작아진다는 것을 알아야 한다.

소수는 분수의 다른 표현이다. 5학년 때 소수의 곱을 배우게 되지만 이전에 배운 개념들의 연결만으로도 문제를 해결할 수 있다. 수학 학습은 알고 있는 개념을 바탕으로 새로운 개념으로 확장되어 나간다.

$0.4 \times 0.2 = \dfrac{4}{10} \times \dfrac{2}{10}$ ← 3-1학기 소수를 분수로 나타내기

$= \dfrac{8}{100}$ ← 5-2학기 분수의 곱셈

$= 0.08$ ← 4-2학기 소수를 분수로 나타내기

5학년 아이 중에 $0.4 \times 0.2 = 0.8$이라고 답하는 아이가 꽤 많다. '3-1학기 소수를 분수로

나타내기'와 '4-2학기 소수를 분수로 나타내기' 단원을 한 번만 정리하고 나면 개념이 명확해진다.

▶ **소수의 나눗셈**

6-1학기 소수÷자연수, 6-2학기 소수÷소수 형태의 나눗셈을 배우게 된다. 자연수의 나눗셈이 완성되었음을 전제로 한다. 소수의 나눗셈은 자연수의 나눗셈을 하는 것과 같은 이치이다. 소수점을 처리하는 방법만 이 과정에서 익히면 된다. 기본 계산의 충분한 연습을 통해 복잡한 연산으로 접근해야 한다. 복잡한 계산의 숙달에 목숨 걸지 않아도 된다. 배우는 동안 계산 원리에 대해서는 알아야 한다. 하지만 너무 많은 시간을 소수의 나눗셈 계산에 할애할 필요는 없다. 고학년 학습에서는 개념이 복잡해질수록 계산은 단순해진다.

어림하기: 수 감각을 기르는 것도 중요하다.

$$\frac{2}{3} + \frac{2}{4} = \frac{4}{7} \ (\times)$$

대충 어림잡아도 오답임을 알 수 있어야 한다. 반보다 큰 수($\frac{2}{3}$)에 반($\frac{2}{4}$)을 더했으니 1보다 큰 수임을 예측할 수 있어야 한다. 오답이 나오더라도 가능한 범위 내에서 나오는 오답과 그 범위를 벗어난 오답은 다르다.

집중해서 또박또박 문제를 정확하게 푸는 것도 중요하지만 전체를 볼 수 있는 능력도 중요하다. 계산에만 너무 집중하면 전체를 볼 수 있는 안목을 기르는 것을 놓칠 수 있다.

다음 문제를 어림하여 풀어보세요.

문제 1: 29+38 (2학년)

(풀이) 30+40=70　　　　　　　　　　　　　　　(답) 약 70

문제 2: 색종이 990원, 스케치북 1,990원, 크레파스 2,990원입니다. (3학년)

① 색종이 3묶음과 스케치북 2권, 크레파스 1개를 사려면 얼마의 돈이 필요할지 어림하여 구해 보세요.

(풀이) 3000+4000+3000=10000　　　　　　　(답) 약 만 원

② 만 원을 가지고 살 수 있는 물건의 종류를 구해 보세요.

(답) (색종이 5, 스케치북 1, 크레파스 1)

　　(색종이 1, 스케치북 3, 크레파스 1) 등

문제 3: 289,000원 코트를 30% 할인하여 판매합니다. 판매가격은 얼마인지 어림하여 구해 보세요. (6학년)

(풀이) $300000 \times \frac{70}{100} = 210000$　　　　　　(답) 약 21만 원

문제 4: 은영이는 187×19를 다음과 같이 어림하였습니다. 203×41은 어떤 방법으로 어림할지 □ 안에 알맞은 수를 써넣으세요. (4학년)

> 187는 200보다 작고, 19는 20보다 작으므로 계산 결과는 200×20=4000보다 작을 거야.
> 203은 □보다 크고, 41은 □보다 크므로 계산 결과는 □보다 클 거야.

(답) 200, 40, 8000

어림은 암산을 기반으로 하기 때문에 곱하는 수를 곱셈 구구로 해결할 수 있도록 바꾸어 계산하는 것이 좋다.

교과서를 영역별로 묶어 수학 사전을 만들자

교과서를 분철하여 영역별로 묶어두면 개념이 흔들릴 때 찾아볼 수 있는 아주 훌륭한 수학 사전이 된다. 개념이 흔들릴 때 그와 연관된 단원을 다시 풀어보자. 개념은 교과서가

그것을 배우는 아이의 지적 수준에 가장 잘 맞게 설명되어있다. 자기 학년에 배우면서 풀어가는 교과서와 한 학기가 끝나고 다시 한번 쭉 풀어보는 교과서는 느낌이 다르다. 배울 때는 쫓아가기에 바빴다면 복습하며 쭉 푸는 과정을 통해 개념을 깔끔하게 정리할 수 있다.

단편적인 지식도 알아야 하지만 전체적인 흐름을 쫓아갈 수도 있어야 한다. 고학년이 되어서 수학을 힘들어하는 아이에게도 적극적으로 권하고 싶은 방법이다. 학년이 올라가면서 아이가 수학이 어렵다고 하면 어떤 개념이 정확하지 않아 어려운지 파악하기가 쉽지 않다. 아이도 자기가 무엇을 모르는지 알지 못하는 경우가 대부분이다. 그럴 때 영역별로 묶은 교과서를 앞 학년의 과정부터 쭉 풀어나가면 해결점을 찾을 수 있다.

분수의 개념이 흔들릴 땐 무조건 3학년 때 배우는 분수부터 시작해야 한다. 3학년 1학기 나눗셈의 의미 단원도 추가하는 것이 좋다. 개념을 훑으면서 연습이 필요한 부분은 연습하여 강화하고 나서야 다음 학습을 받아들일 힘이 생긴다.

사고력 문제가 별거냐

교과서 각 단원의 마지막에 실린 '생각 수학'과 '탐구 수학'을 분철하여 묶으면 아주 훌륭한 사고력 문제집이 된다. 한 학기, 한 학년이 끝나고 각 단원의 생각 수학과 탐구 수학을 다시 풀려보자. 막힘없이 쭉 풀어나가며 설명할 수 있다면, 그 학년 수준의 문제를 해결할 사고력에 도달했다고 생각할 수 있다.

시중에 판매되는 문제집 속에는 우리 아이의 수학적 사고력 성장에 도움이 되는 문제도 있고 방해되는 문제도 있다. 그것을 걸러내기는 쉽지 않다. 교과서 속의 문제는 수학 교육의 전문가들이 모여 아이의 사고력 성장에 도움이 되도록 고민하여 만든 문제이다. 시행착오를 줄일 수 있다. 삼시 세끼는 대충 먹으면서 건강에 좋은 음식을 찾아 먹기보다, 삼시 세끼를 잘 챙겨 먹으며 건강에 나쁜 음식을 안 먹는 습관을 들이는 것이 건강관리에는 더 좋다. 사고력 문제, 심화 문제에 집착하다가 아이가 수학과 영영 멀어질 수 있다.

수학적 사고력이라는 것이 거창한 것이 아니다. '꼬여있는 어떤 문제를 해결할 수 있다'가 수학적 사고력 아니다. 문제를 해결해 나갈 때 그 근거를 '일관성 있게 생각할 수 있다'가 수학적 사고력이다. 사고력은 교과서의 보편적인 문제를 풀면서도 기를 수 있다. 어떤 문제를 풀더라도 설명할 수 있어야 한다. 어려운 문제는 고민의 흔적이 있어야 한다. 안 풀리는 부분을 고민하는 것 자체가 생각한다는 것이고, 생각한다는 것이 사고력이다.

문제를 풀 때 '언제 푼 적이 있는데'라는 기억을 지워야 한다. 어떤 문제를 풀더라도 풀었던 기억을 더듬는 것이 아니라 지금 처음 푸는 것처럼 그 문제만을 바라보며 내가 알고 있는 개념을 잘 연결하여 이치에 맞게 풀어가는 연습을 하여야 수학적 사고력이 성장한다.

암기된 것은 문제의 어느 지점에서 막히면 해결점을 찾을 수가 없다. 어느 부분에서 막혔을 때 근거에 맞게 잘 찾아가는 연습을 하여야 앞으로의 수학이 쉽다. 그래서 초등학교 때는 너무 어려운 문제는 피해야 한다. 너무 어려운 문제는 '생각'으로 접근할 수가 없다. 대부분 알고 있는 개념을 이리저리 잘 생각해내어 문제를 해결하는 과정에서 수학적으로 생각하는 힘이 생긴다. 그렇게 고민하여 문제를 푼 경험이 있는 아이는 자기가 푸는 문제에 대한 자신감을 가질 수 있게 된다. 그런 아이가 큰 시험에 강하다. 자기의 접근 방법에 확신을 갖고 끝까지 갈 수 있다. 반면에 자기가 푸는 문제에 자신감이 없는 아이는 생소한 문제를 만나면 끝까지 마무리하지 못하고 이 문제 저 문제 건드리다 만다. 그리고 집에 와서야 자기의 접근 방법이 맞았다는 것을 알게 된다.

지금 배우고 있는 개념을 잘 정리하여 생각의 상자 속에 차곡차곡 쌓아 두고 필요할 때 필요한 것을 잘 꺼내올 수 있는 것이 사고력이다. 사고력 문제는 대부분은 알고 있는 개념 속에 하나를 첨가하는 수준의 문제여야 한다.

조바심내지 말아야 한다. 처음엔 기어가도 괜찮다. 나중에 뛸 수 있게 하면 된다. 억지로 일으켜 뛰게 해서도 안 되고 내버려 두어도 안 된다. 뛰게 만들고 싶다면 뛸 수 있는 근력은 만들어 주어야 한다. 그것이 교과서 학습이다. 그것은 조금씩 매일 하는 것이 가장 효과적이다. 집중하여 꾸준히 공부하고 있을 때 비로소 우리 아이에게 더 좋은 방법이 보인다.

선행학습보다 자기 학년의 완전학습이 훨씬 더 중요하다.

5학년 분수의 덧셈과 뺄셈에 나오는 문제를 한 번 살펴보자.

$$3\frac{1}{6} - 1\frac{1}{4}$$

이 문제를 해결하려면 어떤 학습이 선수학습 되어있어야 할까?

① 통분하여 분모의 크기가 같은 분수로 만들 수 있다. (분수의 성질: 5-1학기)

$$3\frac{1}{6} - 1\frac{1}{4} = 3\frac{1\times2}{6\times2} - 1\frac{1\times3}{4\times3} = 3\frac{2}{12} - 1\frac{3}{12}$$

② $3\frac{2}{12} - 1\frac{3}{12}$의 자연스러운 계산을 위해서는 자연수를 분수로 바꿀 수 있다.

$$(1 = \frac{12}{12} : 3학년 \ / \ 3\frac{2}{12} = 2\frac{14}{12} : 4학년)$$

$$3\frac{1}{6} - 1\frac{1}{4} = 3\frac{2}{12} - 1\frac{3}{12} \ (5학년: 분수의 성질)$$

$$= 2\frac{14}{12} - 1\frac{3}{12} \ (3학년: 1과 같은 분수)$$

$$= (2-1) + (\frac{14}{12} - \frac{3}{12}) \ (4학년: 분모가 같은 분수의 뺄셈)$$

$$= 1\frac{11}{12}$$

$3\frac{1}{6} - 1\frac{1}{4}$을 가분수로 바꾸어 계산할 수도 있다.

$$3\frac{1}{6} - 1\frac{1}{4} = \frac{19}{6} - \frac{5}{4} \ (3학년: 대분수를 가분수로 바꾸기)$$

$$= \frac{38}{12} - \frac{15}{12} \ (5학년: 분수의 성질)$$

$$= \frac{23}{12} \ (4학년: 분모가 같은 분수의 뺄셈)$$

$$= 1\frac{11}{12} \ (3학년: 가분수를 대분수로 바꾸기)$$

이와 같은 계산 과정 중에 덧셈, 뺄셈, 곱셈, 나눗셈의 능숙함도 필요하다.

5학년 때 배우는 분수의 성질을 제외한 나머지는 1학년에서 4학년까지의 학습 내용이다. 1학년에서 4학년까지의 학습이 단단해야 5학년부터의 학습이 쉽다. 5학년 학습 내용이 유달리 어려운 것이 아니다. 5학년 학습 속에는 1학년에서 4학년까지 배운 학습 완성이 전제되어있다. 하지만 충분히 준비하고 5학년이 되는 아이가 생각보다 적기 때문에 5학년 학습을 어렵게 생각하게 된다. 서둘러 가려 하지 말고 5학년까지는 자기 학년의 학습을 단단히 하는 것이 아주 중요하다. 그 학년이 아니면 배울 수 없는 내용이다. 그 학년이 지나면 당연히 알고 있다고 생각하고 학습이 진행된다. 놓쳐버리고 학년이 올라가면 결손을 채우는 학습은 정말 쉽지가 않다.

5학년 문제의 어려움은 단지 5학년 학습만의 문제가 아니다. 아래 단계의 학습에 문제가 있는 경우가 더 많다. 5학년 수준의 문제를 막힘없이 쭉 풀어낼 수 있다면 5학년 수준의 사고력에 무리 없이 도달한 것으로 생각할 수 있다.

아무리 앞서 나가려 하여도 나이에 따른 한계도 있다. 서둘러 나가는 걸음은 꼼꼼함과 깊이감이 없을 수도 있다. 스쳐 지나가면서 본 것은 아이 사고의 확장에 큰 영향 미치지 않는다. 찬찬한 걸음 속에 아이가 '아하'하고 깨닫는 순간 '쑥' 성장하게 된다.

부모는 아이 사고의 흐름이 막히지 않게 그때그때 배우는 개념을 점검하고, 연습의 과정을 통해 완전히 아이의 것이 될 수 있게 방향을 잘 잡아 주어야 한다. 개념의 이해 없는 숙달이 아니라, 이해가 우선된 연습이 되어야 한다. 그 과정을 통해 개념은 좀 더 굳건히 아이의 것이 된다.

초등학교 저학년부터 아이는 쳇바퀴 돌듯이 돌고 있다. 조금만 객관적인 시선으로 보면 저렇게 하면 안 된다는 것이 눈에 훤하게 보여도 내 아이의 문제가 되면 눈을 감아 버리는 것 같다. 온 동네 아이가 모두 같은 패턴으로 움직이고 있다. 잘하는 아이도, 지금 공부가 힘든 아이도 선행학습에 목숨 걸고 있다. 아이는 생고생하고 있고, 부모는 아이를 위해 희생하고 있다고 생각한다. 아무리 그 방법은 아니라고 해도 듣고 싶은 말만 골라 듣는다. 물론 선행학습이 도움이 되는 아이도 있을 수 있다. 하지만 그 아이는 선행학습을 하지 않더라도 잘할 아이이다.

학습에 있어서 가장 중요한 것은 아이 본인의 '하고자 하는 의지'이다. 아이가 그런 마음을 먹을 수 있도록, 그 마음을 유지하며 공부할 수 있도록 도와주어야 한다. 부모의 욕심이 아이가 수용할 수 있는 학습 범위를 넘어서는 안 된다. 할 수 있는 부분부터 찬찬히 실력을 만들어 가며 전진해야 한다.

수학은 계통성이라는 큰 특성이 있다. 배우는 과정마다 학습 목표가 있다. 그 학습의 완성을 바탕으로 다음 학습으로 이어진다. 대충 알아서는 다음 학습에 활용할 수가 없다. 선행학습은 활용할 수 없는 상태에서 계속 앞으로만 나간다. 그러니 늘 어렵다. 한 학년이 올라갈 땐 그 전 학습이 완성되었다는 전제하에 그것을 도구로 삼아 학습이 시작된다. 그 전 학습을 완전하게 준비하지 않은 아이는 자유롭게 사용할 수 있는 도구가 없다. 한 학년 올라간 아이가 수학을 힘들어하는 것은 선행학습을 하지 않아서가 아니다. 이전 학년의 학습을 완벽하게 하지 않았음이 앞으로 나가려고 하는 아이를 움직이지 못하게 하는 것이다.

새로운 하나의 개념을 완전히 안다는 것은 굉장히 힘든 일이다. 그냥 문제집을 쭉 풀어 나간다고 완성되는 것이 아니다. 늘 왜 그런지 생각을 해야 한다. 지금 배우고 있는 과정도 어렵다. 하지만 자기 학년의 학습은 아이가 할 수 있을 만큼 어렵다. 그 과정 중에 작은 성공의 경험을 하며 알아가는 기쁨을 느끼게 해야 한다. 스스로 공부하는 습관을 만들고, 조금씩 전진할 수 있도록 기다려 주어야 한다. 수학 학습의 난이도는 어느 날 갑자기 손도 댈 수 없을 정도로 높아지지 않는다. 우리 아이가 어렵다고 손 놓아버리는 문제를 살펴보면 그 전 단계 학습의 결손이 누적된 경우가 대부분이다. 지금 자기 학년에서 배우는 개념 하나의 문제가 아니다. 하나의 개념이 문제인 것은 쉽게 해결할 수 있다. 하지만 학년이 올라갈수록 하나의 문제 속에 이미 완성되어 있어야 할 여러 가지 개념이 섞여 나온다. 하나하나의 개념이 완성되어 있지 않으면 해결하기가 쉽지 않다. 문제 속 개념을 일일이 설명하여 문제를 해결할 수는 없다. 대부분은 알고 있는 개념 속에 하나를 보태어 가는 학습이 되어야 한다. 대부분 알고 있어야 하는 개념을 필요할 때 자연스럽게 꺼내올 수 있어야 한다. 자연스럽게 꺼내오기 위해서는 완전하게 이해하고 적용할 수 있어야 한다. 수학은 암기하는 과목이 아니다. 처음부터 끝까지 이해해야 하는 과목이다. 경우에 따라 암기해야 편리한 것도 있지만 이해가 동반된 것이어야 한다.

실수로 틀렸어요.

엄마들은 자꾸 실수로 틀렸다고 말한다. 엄마랑 하면 무척 잘한다. 실수가 아니라면 집에 와서 다시 풀 때 맞을 리가 없다. 문제는 잘 풀었는데 마지막에 계산 실수가 있었다. 덧셈으로 해야 하는데 뺄셈으로 했다 등 얘기를 듣고 있으면 정말 잘하는 아이인데 실수를 한 것 같다. 그런데 나름의 규칙을 알게 된 아이는 손가락을 쓰든 점을 찍든 정확한 답을 구해낸다. 오락가락하는 아이는 아직 일관성 있게 생각하지 못함이다. 조금 냉철하게 바라볼 필요가 있다. 잦은 실수는 실수라고 말하지만, 실수가 아니다. 아직 개념이 흔들리고 있는 것이다.

설명하게 하라: 문제를 보는 관점이 달라진다.

모든 학습은 '생각하는 사람'으로 만드는 과정이라고 생각한다. 그중에 수학 학습은 '논리적으로 생각하는 사람'으로 만드는 과정이다. 그런데 생각하는 것은 머리를 쓰는 활동이라 별로 하고 싶지 않다. 아이든 어른이든 아무 생각없이 할 수 있는 단순한 것을 선호한다.

그냥 문제를 풀고 있으면 내가 외워서 푸는지, 진짜 이해하고 있는지 정확하게 알 수 없다. 문제를 친구에게 혹은 누구에게라도 설명할 때는 정확하게 이해하지 못하면 막히기 마련이다. 설명하는 것이 습관 되면 선생님의 설명도 허투루 듣지 않게 된다. 설명하는 사람의 입장이 되어 듣게 된다. 훨씬 능동적인 학습이 될 수 있다. 요즘 누가 그렇게 공부하나 할지 모르지만, '친구끼리' 혹은 '모둠별 학습'이 많은 도움이 된다. 잘하는 아이는 친구에게 설명함으로 개념이 더욱 정확해진다. 수학이 힘든 아이는 또래의 설명이 눈높이가 비슷하기 때문에 더 잘 전달된다.

수학은 쉽기도 하고 어렵기도 하다. 일반적으로 어른들이 생각하는 것과 조금 차이가 있다. 어른들이 쉽다고 생각하는 1학년 수 개념부터 5학년 약수, 배수의 개념까지가 진짜 어렵다. 그 이후로 어른들이 어렵다고 생각하는 부분은 처음보다 어렵지 않다. 앞부분의 학습 과정을 통해 개념에 대한 약속을 이해하는 방법만 알게 되면 수학은 아주 쉬워진다.

초등학교 고학년, 중학생인 우리 아이가 수학을 힘들어할 때

초등학교 교과서를 단원별로 분철하여,

첫 번째: 수와 연산 영역을 1학년부터 6학년까지 쭉 한번 풀어보면 좋다. 풀다 보면 어디가 부족한지 보인다. 막힌 부분에서 끙끙대기보다 원인을 찾아야 한다. 수학은 한 문제 속에 여러 개의 개념이 섞여 있는 경우가 대부분이다. 그 중 어느 한 군데라도 막히면 문제를 해결할 수 없다. 문제마다 하나하나를 설명하다 보면 아이는 지치고, 순간적으로 설명 들어 해결한 문제는 아이 것이 되지 않는다. 과감하게 처음부터 시작할 필요가 있다. 지난 학년의 과정을 복습할 때는 처음 그 개념을 익힐 때보다 이해하기가 쉽고, 처음 배울 때보다 훨씬 빠르게 익혀 나갈 수 있다. 분철하여 영역별로 풀면 학습결손을 보충하는 데는 아주 효과적이다.

두 번째: 규칙성 영역 중에서 6학년 「비와 비율, 백분율, 비례식과 비례배분」 부분도 꼼꼼하게 확인한다. 분수 학습이 완성되어야 이 부분의 학습이 쉽다.

세 번째: 도형 영역도 분철하여 학년별로 쭉 이어서 보면 좋다. 도형의 정의는 약속이므로, 정확하게 암기하도록 한다. 도형 영역은 교구 등을 이용해 직접 확인해 보는 것이 이해에 많은 도움이 된다.

지나온 학년 과정을 복습할 때는 활용 빈도가 높은 것을 더 집중적으로 연습해야 한다. 기본수의 덧셈(덧셈 구구)이 두 자리의 수 + 두 자리의 수 덧셈보다 활용 빈도가 훨씬 높다. 「두 자리의 수×한 자리의 수, 두 자리의 수÷한 자리의 수」가 「두 자리의 수×두 자리의 수, 세 자리의 수×두 자리의 수, 세 자리의 수÷두 자리의 수」보다 많이 사용된다. 그러니 고학년인 우리 아이가 수학을 힘들어할 땐 세 자리의 수÷두 자리의 수를 붙잡고 힘들어하기보다 「합이 18까지의 덧셈, 두 자리의 수×한 자리의 수, 두 자리의 수÷한 자리의 수」를 연습하면서 특별히 아래 분수 부분을 좀 더 꼼꼼히 살펴보면 좋다. 분수 부분을 풀고 중학교 과정으로 들어가면 된다. 중학교 과정도 「방정식, 함수」와 관련된 단원을 집중적으로 공부한다.

〈초등학교에서 배우는 분수〉

3-1학기: 분수와 소수(분수의 의미)
3-2학기: 분수(대분수 ↔ 가분수로 바꾸기)
4-2학기: 분모가 같은 분수의 덧셈과 뺄셈
5-1학기: 약수와 배수, 약분과 통분, 분모가 다른 분수의 덧셈과 뺄셈
5-2학기: 분수의 곱셈
6-1학기: 분수의 나눗셈(분수÷자연수), 비와 비율
6-2학기: 분수의 나눗셈(분수÷분수), 비례식과 비례배분

FIRST MATHEMATICS

CHAPTER 06

비와 비율
(초등 6학년)

비와 비율
백분율
소금물의 농도 & 소금의 양
중학교 때 배우는 소금물 문제
비의 성질
비례식
비례식의 성질
비례배분

비와 비율

▶ 비교하기

규칙성 영역에서는 6학년 때 배우는 「비와 비율, 백분율, 소금물의 농도 구하기, 소금의 양 구하기, 비례식과 비례배분」을 정확하게 알고 중학교 과정으로 올라가야 한다.

두 수를 비교하는 방법에는 두 수의 차를 이용한 절대적 비교와 두 수의 비를 사용하는 상대적 비교가 있다. 두 사람의 나이를 비교할 때는 뺄셈으로 비교해야 한다. 하지만 휴지의 가격을 비교할 때는 금액의 차를 비교할 것이 아니라 나눗셈을 이용하여 길이에 따른 가격을 구해야 한다. '1m에 얼마', '1kg에 얼마' 이렇게 단가를 구하는 것이 상대적 비교이다.

▶ 비

- 두 수를 나눗셈으로 비교할 때 기호 ' : '을 사용한다.
- 두 수 5와 1을 비교할 때, 5 : 1이라 쓰고 5 대 1이라고 읽는다.
- 기호 ' : '의 오른쪽에 있는 수가 기준이다.
- 5 : 1은 5가 1을 기준으로 몇 배인지를 나타내는 비이다.
- 비는 "기준에 대한"이라고 읽는다. 5 : 1은 "1에 대한 5의 비", "5의 1에 대한 비", "5와 1의 비" "5대1"이라고 읽는다.

▶ 비율

기준량을 1로 보았을 때 비교하는 양의 크기

- 비 1 : 5에서 기호 ' : '의 왼쪽에 있는 1은 비교하는 양이고, 오른쪽에 있는 5는 기준량이다. 비교하는 양을 기준량으로 나눈 값을 비의 값, 또는 비율이라고 한다.
- 비율 = 비교하는 양 ÷ 기준량 = $\dfrac{비교하는\ 양}{기준량}$

  비 1 : 5를 비율로 나타내면 $\dfrac{1}{5}$ 또는 0.20이다.

- 2:5와 5:2의 비의 값은 다르다.
- 2:5는 2가 5의 몇 배인지를 나타내고(5가 기준이다),
- 5:2는 5가 2의 몇 배인지를 나타낸다(2가 기준이다).

- 2:5에서 2는 5의 $\frac{2}{5}$(0.4)배이다.

  (2:5에서 5를 1로 보았을 때, 2가 나타내는 크기는 $\frac{2}{5}$이다.)

- 5:2에서 5는 2의 $\frac{5}{2}$(2.5)배이다.

  (5:2에서 2를 1로 보았을 때, 5가 나타내는 크기는 $\frac{5}{2}$이다.)

- 2:5의 비의 값은 $\frac{2}{5}$(0.4)고, 5:2의 비의 값은 2.5($\frac{5}{2}$)이다.

  2:5는 $\frac{2}{5}$: 1이고, 5:2는 $\frac{5}{2}$: 1을 나타낸다.

※ 비, 비의 값, 비율은 수학적으로 같은 의미이다. 비는 식이고, 비의 값 또는 비율은 수이다.

백분율

- 기준량을 100으로 할 때의 비율을 **백분율**이라고 한다.
- 백분율은 기호 **%**를 사용하여 나타낸다.
- 비율 $\frac{72}{100}$ 또는 0.72를 백분율로 **72%**라 쓰고 **72퍼센트**라고 읽는다.

비율 = $\frac{비교하는\ 양}{기준량}$

비교하는 양 = 기준량 × 비율

기준량 = 비교하는 양 ÷ 비율

1. 장난감 가게에서 20% 할인하는 인형을 16,000원에 샀습니다. 원래 인형 가격은 얼마일까요?

(풀이) 기준량 = 비교하는 양 ÷ 비율

인형 가격 = 16,000 ÷ $\frac{80}{100}$ = 16,000 × $\frac{100}{80}$ = 20,000(원)

2. 20,000원 하는 인형을 20% 할인하여 샀습니다. 인형을 구입한 가격은 얼마일까요?

(풀이) 비교하는 양 = 기준량 × 비율

구입 가격 = 20,000 × $\frac{80}{100}$ = 16,000(원)

소금물의 농도 & 소금의 양

1. 소금물 300g에 소금이 75g 녹아 있습니다. 소금물의 양에 대한 소금양의 비율은 몇 %입니까?

(풀이) 비는 '기준에 대한'이라고 읽으므로 「소금물의 양」이 기준량이 된다.

75 : 300 = $\frac{75}{300}$, $\frac{75}{300}$ × 100 = 25%

2. 소금물 500g에 녹아 있는 소금양의 비율이 15%입니다. 소금의 양은 얼마입니까?

(풀이) 500 × $\frac{15}{100}$ = 75g (소금의 양 = 소금물의 양 × 소금물의 농도)

3. 다음과 같이 소금물을 만들었습니다. 각 비커에 만들어진 소금물의 진하기는 몇 % 입니까?

> A비커: 물 70g에 소금 30g을 넣었습니다.
> B비커: 물 180g에 소금 60g을 넣었습니다.

(풀이) 소금물의 농도 = $\frac{소금의\ 양}{소금물의\ 양}$ × 100(%)

A 비커: $\frac{30}{100}$ × 100 = 30(%) (소금물의 양=물의 양+소금의 양)

B 비커: $\frac{60}{240}$ × 100 = 25(%)

소금의 양과 소금물의 농도를 구하는 것은 반드시 이해해야 한다. 헷갈리지 않고 정확

하게 구할 수 있어야 한다. 중학교 때 배우게 되는 소금물 관련 문제의 선수학습 부분이다. (워크북 참고)

중학교 때 배우는 소금물 문제

웬만큼 수학을 잘한다고 하는 아이가 와르르 무너지는 시기가 중학교 1학년 방정식의 활용을 배울 때 즈음이다. 특히 소금물 관련 문제가 아이를 좌절하게 만든다. 하지만 자세히 들여다보면 「소금물의 농도와 소금의 양」만 정확하게 구할 수 있다면 쉽게 해결할 수 있다. 6학년 때 이와 관련된 개념을 배우게 된다. 그 순간부터 소금물의 농도와 소금의 양 구하기(워크북 참고)를 하루에 1문제 정도 꾸준히 연습하여 개념에 혼동이 없게 해야 한다. 그런 다음에 소금물과 관련된 문제를 접하게 한다.

> 중학교 소금물 농도와 관련된 문제를 쉽게 해결하려면 「소금의 양과 소금물의 농도」에 관한 이해가 반드시 선수학습되어 있어야 한다.

소금물 문제는 기본적으로 4가지 유형의 문제가 있다. ① 물을 첨가하는 경우, ② 물을 증발시키는 경우, ③ 농도가 다른 두 컵의 물을 섞는 경우, ④ 소금을 첨가하는 경우이다. 어떠한 경우라도 변화하는 소금의 양을 쫓아가면 된다.

예 1. 농도가 다른 두 컵의 물을 섞는 경우

10%의 소금물과 15%의 소금물을 섞어서 12%의 소금물 500g을 만들려고
    A   B   C

한다. 이때 10%의 소금물은 몇 g을 섞어야 할까?

(풀이)
A컵에 들어있는 소금의 양과 B컵에 들어있는 소금의 양을 더하면 C컵에 들어있는 소금의 양이 된다. 소금물 문제는 컵을 그려주면 식 세우기가 더 쉽다. 컵을 그리고 그 컵에 들어있는 소금의 양을 구한다.

※ 소금의 양을 구하는 것은 초등 6학년부터 연습하여 확실하게 해 두어야 한다.

```
   A         B         C
  10%   +   15%   =   12%
   xg     (500-x)g    500g
```

A컵에 들어있는 소금의 양: $\dfrac{10}{100} x$(g)

B컵에 들어있는 소금의 양: $\dfrac{15}{100} (500-x)$(g)

C컵에 들어있는 소금의 양: $\dfrac{12}{100} \times 500$(g)

A컵에 들어있는 소금의 양 + B컵에 들어있는 소금의 양 = C컵에 들어있는 소금의 양

$$\dfrac{10}{100} x + \dfrac{15}{100}(500 - x) = \dfrac{12}{100} \times 500$$

식 세우기까지가 어렵다. 일단 식을 세우고 나면 식을 계산하는 방법은 중학교 1학년 때 배우고, 누구나 익힐 수 있다. 소금을 덜어내거나 첨가하지 않는 한 소금의 양은 변화가 없다는 개념만 정확하면 어떤 소금물 문제도 해결할 수 있다.

중학교 2학년 과정에서도 이와 똑같은 문제가 나온다. 1학년 때는 하나의 문자로 2학년 때는 2개의 문자로 푸는 차이만 있을 뿐 개념은 똑같다.

(2학년) 농도가 10%인 소금물 x(g)에 들어있는 소금의 양: $\dfrac{10}{100} x$(g)

농도가 15%인 소금물 y(g)에 들어있는 소금의 양: $\dfrac{15}{100} y$(g) ← $(500 - x)$(g) 대신 y(g)로 쓴다.

① $x + y = 500$

② $\dfrac{10}{100} x + \dfrac{15}{100} y = \dfrac{12}{100} \times 500$

연립방정식은 중학교 2학년 때 배운다. 중학교 2학년 때 이 문제의 식 세우기가 어렵다면 초등학교 6학년 농도 구하기부터 다시 시작해야 하니 마음이 급해진다. 배운 개념을 충분히 연습하여 조금씩 확장되는 연결 개념을 쉽게 받아들일 수 있게 해야 한다.

예 2. 물을 첨가하는 경우

10%의 소금물 100g이 있다. 여기에 물 몇 g을 넣으면 4%의 소금물이 되겠는가?
　　　Ａ　　　　　　　　　　Ｂ　　　　　　　Ｃ

(풀이)

물, 소금, 소금물을 모두 소금물로 생각하면 식을 세우기가 쉽다. 물은 0%의 소금물로 생각하고 식을 세운다.

물을 더 넣으면 물의 양만 변할 뿐이다. 컵 속의 소금의 양은 물을 넣기 전과 똑같다. 넣은 물의 양을 x(g)라고 했을 때,

```
   A           B            C
 [10%]   +   [0%]    =    [4%]
  100g        xg         (100+x)g
```

A컵에 들어있는 소금의 양: $100 \times \dfrac{10}{100}$ (g)

B컵에 들어있는 소금의 양(물은 0%의 소금물): $x \times \dfrac{0}{100}$ (g)

C컵에 들어있는 소금의 양: $(100 + x) \times \dfrac{4}{100}$ (g)

A컵에 들어있는 소금의 양 + B컵에 들어있는 소금의 양 = C컵에 들어있는 소금의 양

$$100 \times \dfrac{10}{100} + x \times \dfrac{0}{100} = (100 + x) \times \dfrac{4}{100}$$

예 3. 물을 증발시키는 경우

8%의 소금물 200g이 있다. 물을 몇 g 증발시켜야 10%의 소금물이 되겠는가?
　　Ａ　　　　　　　　Ｂ　　　　　　　　Ｃ

(풀이)

물을 증발시키면 물의 양만 줄어들 뿐 소금의 양은 변하지 않는다. 증발한 물의 양을 x(g)라고 했을 때,

A: 처음 컵의 소금의 양 → $200 \times \dfrac{8}{100}$(g)

B: 물은 0%의 소금물 → $x \times \dfrac{0}{100}$(g)

C: 물을 x(g) 증발시킨 컵의 소금의 양 → $(200 - x) \times \dfrac{10}{100}$(g)

A − B = C

$$200 \times \dfrac{8}{100} - x \times \dfrac{0}{100} = (200 - x) \times \dfrac{10}{100}$$

예 4. 소금을 첨가하는 경우

4%의 소금물 600g에 소금을 더 넣어 10%의 소금물을 만들려고 한다. 이때 더 넣어야 할 소금의 양은?
      A   B   C

(풀이)

소금은 100%의 소금물로 생각하고 식을 세운다. 넣은 소금의 양을 x(g)라고 할 때,

A: 4%의 소금물 600g에 들어있는 소금의 양 → $600 \times \dfrac{4}{100}$(g)

B: 소금은 100%의 소금물 → $x \times \dfrac{100}{100}$(g)

C: 10%의 소금물 (600+x)g에 들어있는 소금의 양 → $(600 + x) \times \dfrac{10}{100}$(g)

A + B = C

$$600 \times \dfrac{4}{100} + x \times \dfrac{100}{100} = (600 + x) \times \dfrac{10}{100}$$

비의 성질

비 2:3에서 기호 「 : 」 앞에 있는 2를 전항, 뒤에 있는 3을 후항이라고 한다.

> 1. 비의 전항과 후항에 0이 아닌 같은 수를 곱하여도 비율은 같다.
> 2. 비의 전항과 후항을 0이 아닌 같은 수로 나누어도 비율은 같다.

분수 : 분수, 소수 : 소수, 분수 : 소수를 가장 간단한 자연수의 비로 나타낼 수 있게 한다. 비의 성질을 정확히 알게 하는 것이 학습 목표이다.

문제: $0.6 : \frac{5}{7}$를 가장 간단한 자연수의 비로 나타내어 보시오.

(풀이) $0.6 : \frac{5}{7} = \frac{6}{10} : \frac{5}{7} = \frac{6}{10} \times 70 : \frac{5}{7} \times 70 = 42 : 50 = 42 \div 2 : 50 \div 2 = 21 : 25$

(답) 21 : 25

비례식

- 비율이 같은 두 비를 등호를 사용하여 2 : 3 = 4 : 6과 같이 나타낼 수 있다. 이와 같은 식을 비례식이라고 한다.
- 비례식 2 : 3 = 4 : 6에서 바깥쪽에 있는 두 항 2와 6을 외항, 안쪽에 있는 두 항 3과 4를 내항이라 한다.

문제: 비율이 같은 두 비를 찾아 비례식으로 나타내어 보세요.

2:3　　6:10　　3:4　　12:16

(풀이) 2 : 3을 비율로 나타내면 $\frac{2}{3}$　　6 : 10을 비율로 나타내면 $\frac{6}{10} = \frac{3}{5}$

　　　3 : 4를 비율로 나타내면 $\frac{3}{4}$　　12 : 16을 비율로 나타내면 $\frac{12}{16} = \frac{3}{4}$

(답) 비율이 같은 것을 찾으면
　　3 : 4 = 12 : 16

비례식의 성질

비례식에서 외항의 곱과 내항의 곱은 같다.

문제: 자동차가 일정한 빠르기로 8km를 달리는 데 5분이 걸렸습니다. 같은 빠르기로

240km를 달린다면 몇 시간 몇 분이 걸립니까? (주의: 단위를 통일해야 한다. 앞쪽의 비가 'km', '분'이면 뒤쪽의 비도 'km', '분'이다.)

(풀이) 8 : 5 = 240 : □

8 × □ = 240 × 5, 8 × □ = 1,200

□ = 1,200 ÷ 8 = 150(분)

(답) 2시간 30분

비례배분

전체를 주어진 비로 배분하는 것을 비례배분이라고 한다. 비례배분을 할 때는 주어진 비의 전항과 후항의 합을 분모로 하는 분수의 비로 고쳐서 계산하면 편리하다.

문제 1: 나와 동생이 사탕 30개를 2 : 3으로 나누어 가지면 각자 가지게 되는 사탕의 수는 몇 개일까요?

(풀이) 그림을 그리면 비가 잘 보인다.

$30 \times \dfrac{2}{2+3} = 30 \times \dfrac{2}{5} = 12$(개)

$30 \times \dfrac{3}{2+3} = 30 \times \dfrac{3}{5} = 18$(개)

(답) 나: 12개, 동생: 18개

문제 1-1: 나와 동생이 사탕 30개를 4 : 6으로 나누어 가지면 각자 가지게 되는 사탕의 수는 몇 개일까요?

(풀이) 4 : 6을 가장 간단한 자연수의 비 2 : 3으로 고쳐 구한다.

(답) 나: 12개, 동생: 18개

FIRST MATHEMATICS

CHAPTER 07

도형
(초등 1~6학년)

학년별 도형 학습의 흐름
색종이 접기
삼각형 만들기
칠교놀이
모양블록
펜토미노 게임
컴퍼스 사용하여 원 그리기
도형 뒤집기와 돌리기
다각형
입체도형
상자의 전개도 만들기
정육면체
교과서를 이용한 도형 영역의 복습

학년별 도형 학습의 흐름

1-1학기	⬜🛢️○
1-2학기	○, △, □ 모양
2-1학기	원, 삼각형(변, 꼭짓점), 사각형, 칠교판
3-1학기	선분, 반직선, 직선, 각, 직각, 직각삼각형, 직사각형, 정사각형
3-2학기	원, 원 그리기
4-1학기	평면도형의 이동(도형 뒤집기, 돌리기)
4-2학기	각도와 삼각형 (이등변삼각형, 정삼각형, 예각삼각형, 둔각삼각형) 수직, 수선과 평행 다각형의 이해 : 대각선, 사다리꼴, 평행사변형, 마름모, 정다각형
5-2학기	합동과 대칭 직육면체
6-1학기	각기둥과 각뿔
6-2학기	공간과 입체 원기둥, 원뿔, 구

※ 1학년 때 배우는 도형에 대한 이름은 특정 짓지 않는다. 도형을 나타내는 모형이나 그림을 이용하거나, 아이 나름대로 이름을 붙이게 한다.

초등학교 1~2학년 「도형 영역」의 학습은 주변의 여러 가지 사물을 통해 도형⬜, 🛢️, ○, ○, △, □의 모양을 살펴보고, 직관적으로 도형의 특징을 파악할 수 있게 한다. 도형에 대한 정확한 개념과 성질은 그 이후로 선(선분, 반직선, 직선) → 각 → 다각형 → 입체도형으로 확장되며 학습이 진행된다. 「수와 연산 영역」에서 수를 분해하고 합성하는 연습을 하였듯이, 「도형 영역」에서는 평면도형과 입체도형을 분해하고 합성하는 감각을 키워야 한다.

평면도형에 대한 감각을 기르는 데는 '퍼즐, 칠교, 색종이 접기, 모양블록, 펜토미노'가 많은 도움이 된다. 입체도형을 분해하고 합성하는 감각을 기르기 위해서는 정(직)육면체의 전개도를 많이 그려 보고, 직접 만들어 보는 경험이 필요하다. 그 과정을 통해 공간 지각 능력이 향상될 수 있다. 블록 놀이, 쌓기나무 놀이, 두부를 썰어 모양 관찰하기 등도 도움이 된다.

5학년 때 배우는 직육면체를 완전하게 알도록 노력한다. 직육면체 속에는 많은 성질과 특성들이 숨어있다. 여러 형태의 전개도, 겨냥도, 면의 수, 꼭짓점의 수, 모서리의 수, 모서리와 꼭짓점의 관계, 면과 면의 관계, 밑면의 모양과 모서리 수의 관계, 여러 방향에서 잘랐을 때 단면의 모습 등을 정확하게 알고 있어야 한다.

직육면체(정육면체)를 정확히 이해하고 있으면 향후 도형 영역의 수업에 많은 도움이 된다. 과자를 먹을 때마다 과자 상자를 분해하고 다시 조립할 필요가 있다. 많이 분해하고 조립해 직육면체가 머릿속에서 자유롭게 펼쳐지고 접어지면 유리하다.

원기둥 모양의 과자를 먹고 잘라 보면 원기둥의 전개도 모습을 확인할 수 있다. 휴지심도 잘라보자. 둥근 기둥 모양이 직사각형이 되는 것을 확인할 수 있다. 휴지를 다 사용할 때마다 잘라보는 경험을 한다면 아이는 원기둥의 전개도가 쉽게 상상될 것이다.

구체적인 조작 활동이 필요하다. 비싼 교구를 가지고 하려 하지 말고 가까이 있는 것을 적극적으로 활용하는 것이 더 효과적이다. 생활 주변의 많은 것이 도형으로 이루어져 있다. 책 속에서만 공부하면 굉장히 따분하고 어렵다. 놀이 중에 아이의 뇌를 자극하여 도형 감각을 키워줄 수 있는 것들이 있다. 다음에 소개하는, 대수롭지 않아 보이는 것들이 아이가 도형과 가까워질 수 있도록 만들어 줄 것이다. 평범한 놀이 중에 약간의 의도성을 가지면 좀 더 효과적인 수학 학습이 될 수 있다.

색종이 접기

색종이 접기는 도형을 이해하고 도형 감각을 키우는 데 도움이 된다. 선분, 각, 여러 가지 다각형의 모양이 색종이 접기를 하는 동안에 노출된다. 단지 용어만 모를 뿐이다. 하지만 접해본 것에 대한 정의는 쉽게 받아들일 수 있다. 대문 접기를 하면 합동이 되는 4개의 사각형을 접할 수 있고, 방석 접기를 하면 사각형이 합동인 8개의 삼각형으로 분할됨이 한눈에 들어온다. 접어놓은 모양을 보고 펼친 모양을 상상하거나, 색종이를 한 번, 두 번 접은 상태에서 자른 후 펼쳤을 때 나올 수 있는 모양을 나름대로 생각하는 것은 평면도형의 이해와 공간 지각력을 기르는 데 도움이 된다.

색종이 접기로 한 각이 삼등분되게 접을 수도 있고, 정삼각형, 정오각형, 정육각형, 정팔각형을 접을 수도 있다. 색종이를 몇 조각으로 자른 후 간단한 퍼즐 놀이도 할 수 있다. 더 나아가 종이접기 책을 보면서 색종이 접기를 할 수 있다. 그런 아이는 평면을 보고 입체를 이해하는 능력이 좋아진다. 그 모든 걸 떠나 색종이 접기는 재미있고 성취감을 맛볼 수 있다.

색종이 접기가 좋다고 하면 팀을 만들어 색종이 접기 수업을 하는 부모도 있다. 아무리 재미있는 것도 학습의 연장선으로 가면 하기 싫을 때도 해야 하는 재미없는 공부가 되어버린다. 아이와 함께 말을 주고받으며 조금씩 만들며 노는 것만으로도 충분하다. 놀이의 개념으로 접근해야 한다. 건강에 좋은 음식이 어떤 음식 하나가 아니듯 '이것만 하면 수학적 감각을 기를 수 있다.'가 아니라 생활 속의 다양한 활동 속에서 수학적 감각이 길러진다.

▶ **색종이 접어 자르기 (유튜브 참고! – 21강)**

① 색종이를 2번 접은 후 한 부분을 자른다.
② 펼쳤을 때의 모습을 예측하여 그려 본다.
③ 펼쳐서 모양을 확인한다.
④ 똑같게 예측하지 못했다면 왜 그런지 확인해 본다. 내가 생각한 것과 다른 부분을 찾아 수정하면서 공간 감각도 향상된다.

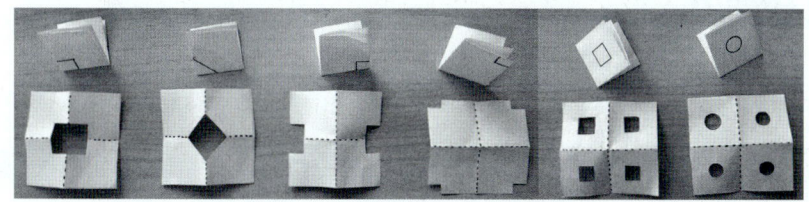

▶ 색종이 퍼즐

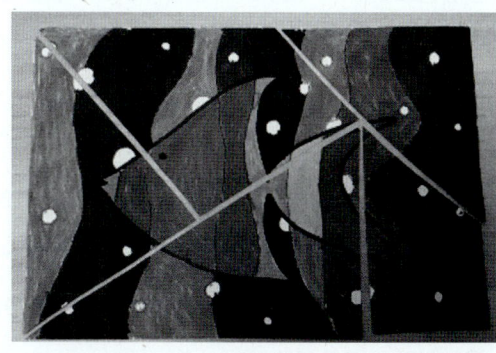 

▶ 색종이 접어 네모(사각형) 만들기

    색종이를 1번 접었을 때 만들어지는 네모의 수는?   2개

    색종이를 2번 접었을 때 만들어지는 네모의 수는?   4개

    색종이를 3번 접었을 때 만들어지는 네모의 수는?   8개

    색종이를 4번 접었을 때 만들어지는 네모의 수는?   16개

  아이가 아는 수의 범위까지 접어 세어 보면 된다. 30까지의 수를 아는 아이는 4~5번 접기까지 하여 만들어진 네모에 수 쓰기를 하여도 된다. 접을 때마다 네모의 수는 어떤 규칙을 가지고 많아진다. 접기 바로 전의 네모의 수만큼 많아진다. 그것을 경험으로 알게 한다.

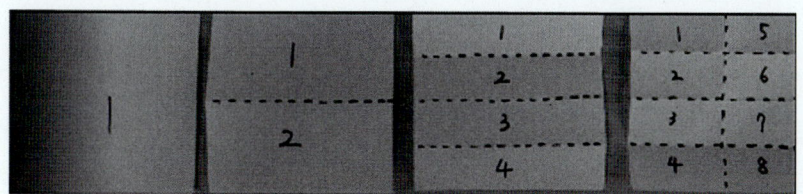

삼각형 만들기

2학년 도형 영역의 학습에서는 원, 삼각형, 사각형의 의미와 특징을 직관적으로 이해하고 도형의 이름과 변, 꼭짓점의 개수를 알게 한다. 그와 같은 도형을 접할 수 있는 환경을 많이 제공하는 것이 좋다.

부모가 어릴 때 하던 삼각형 만들기 놀이는 요즘 아이들도 여전히 재미있어한다. 7세~2학년 즈음에 점을 찍어 삼각형을 만드는 게임을 설명해준다. 그리고 같이 게임을 하며 두 점 사이를 곧게 긋는 연습, 곧은 선을 3개 연결하는 것을 연습하면 삼각형에 대한 이해는 저절로 완성된다. 놀이 학습에서는 꼭짓점, 변과 같은 용어들은 구태여 가르칠 필요없다. 용어는 학교 교육 과정 중에 배우면 되고 선분, 삼각형에 대한 느낌을 게임을 통해 알게 하면 좋다. 게임을 하다 보면 곧은 선이 4개가 되거나 굽은 선으로 그리면 안 된다는 것도 자연스럽게 말할 상황이 온다. 숫자 공부도 자연스럽게 병행할 수 있다(예. 점을 10개 찍어 보자, 점을 20개 찍어 보자, 삼각형을 만들 때마다 번호를 붙여보자).

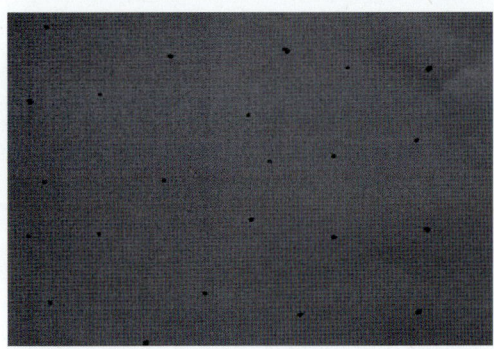

칠교놀이

칠교는 적극적으로 가지고 놀기를 권하고 싶다. 평면을 분해하고 합성하는 감각을 칠교놀이를 통해 자연스럽게 기를 수 있다. 칠교가 잘 되면 펜토미노, 11 종류의 정육면체 전개도를 찾고 그것으로 정육면체를 만드는 과정을 통해 입체 감각까지 자연스럽게 연결할 수 있다. 칠교나 펜토미노의 좋은 점은 다양한 형태로 평면을 분할할 수 있다는 것이다. 가지고 놀다 보면 사각형, 삼각형에 대한 평면 분할 능력이 자연스럽게 만들어진다. 문제집 속의 칠교 문제도 하나하나 정확하게 확인하며 지나가야 한다.

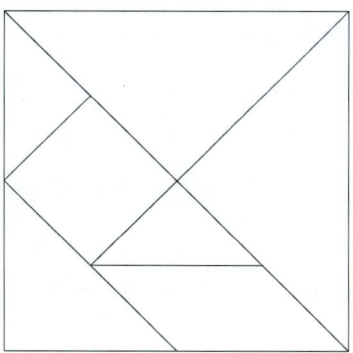

모양블록

정육각형 모양 위에 삼각형, 마름모, 사다리꼴 조각을 얹어 본다. 작은 도형 몇 개가 모여 큰 도형이 되는지를 알아볼 수 있다. 정육각형은 6개의 삼각형, 3개의 마름모, 2개의 사다리꼴로 채울 수 있다. 사다리꼴은 1개의 마름모, 1개의 삼각형으로 채울 수 있다. 마름모는 2개의 삼각형으로 채울 수 있다. 다양한 방법으로 평면을 '분할'하는 경험을 할 수 있다.

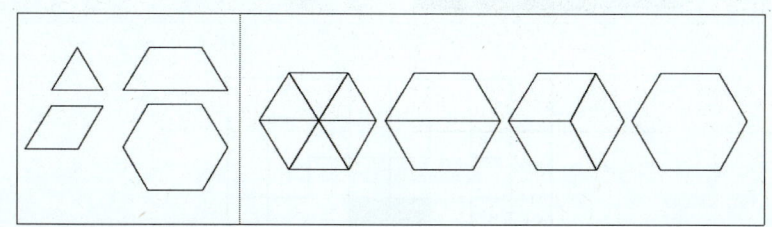

펜토미노 게임

크기가 같은 정사각형 5개를 이어 붙여 만든 도형을 '펜토미노'라 한다. 펜토미노 조각은 12개까지 만들 수 있다. 그 펜토미노 조각으로 가로 8칸, 세로 8칸의 정사각형을 채우는 놀이를 '펜토미노 게임'이라고 한다.

펜토미노 조각을 이리저리 돌리며 놀다 보면 평면을 분해하고 합성하는 힘을 기르는 데 많은 도움이 된다. 어떤 규칙을 가지고 뒤집거나 돌리면 도형이 좀 더 쉽게 눈에 들어온다. 한 줄에 붙인 정사각형의 개수를 기준으로 보면 좋다. 펜토미노 게임의 장점 중의 하나는 정답이 하나가 아니라는 데 있다. 여러 가지 방법으로 도형을 분해할 수 있다. 펜토미노 게임은 펜토미노 조각을 만드는 것으로부터 시작된다. 시중에 나와 있는 교구를 사용해도 되지만 내가 모양을 생각하고 만들어 가는 과정이 수학적으로 성장하는 시간이다.

▶ 12개의 펜토미노 조각 찾기

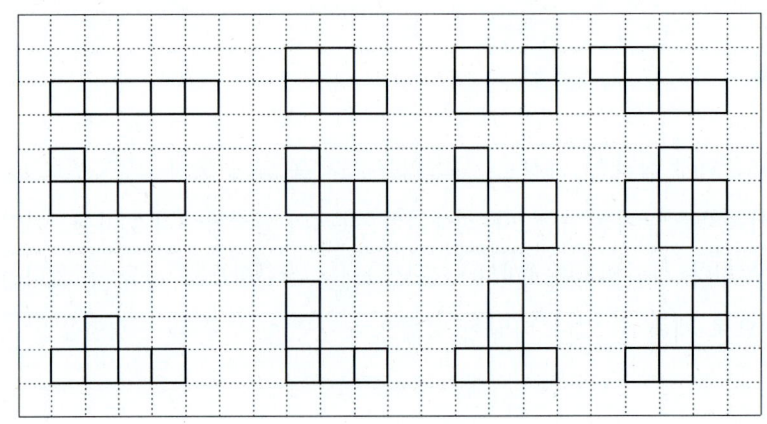

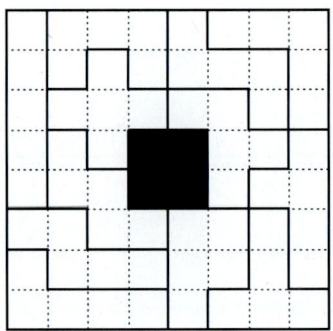

※ 처음부터 12개의 조각을 모두 채울 수는 없다. 처음에는 대부분 맞춰주고, 3~4개 채우기부터 시작하여 점차로 늘여가야 한다.

컴퍼스 사용하여 원 그리기

2학년 1학기 때 직관적으로 원을 파악하게 하고, 3학년 2학기 때 컴퍼스로 원을 그리는 것을 익히고, 6학년 때 원주, 원의 넓이 구하는 것을 배우게 된다. 처음 익힐 때 너무나도 어렵던 젓가락 사용이 익히고 나면 아주 쉽고 편리하듯, 도구를 사용하는 것은 익숙해지면 아주 쉽고 편리하게 사용할 수 있다. 3학년 여름 방학 때 컴퍼스를 하나 사서 방학 내내 컴퍼스로 원 그리는 것을 연습하면 좋다. 둥근 원이 한 획에 획 그려질 때까지 연습한다.

반지름, 지름과 같은 용어들은 학교 가서 배우면 되고 원으로 꽃 모양, 태극 모양 등은 놀이의 개념으로 접근하여 그려 보게 한다. 그런 직접적인 활동 뒤에 반지름, 지름과 그들의 관계는 쉽게 다가온다. 예습하고 싶다면 문제집의 문제를 풀 것이 아니라 교과서에 나오는 원을 이용한 모든 모양을 직접 컴퍼스로 그려 보는 것이 훨씬 효과적이다. 직접 컴퍼스로 원을 자유롭게 그릴 수 있을 때 원에 관한 모든 것이 한눈에 들어오기 시작한다.

자, 각도기, 컴퍼스 등 도구를 이용하는 것은 많이 사용하여 익숙하게 하는 것이 가장 좋은 학습 방법이다. 도형 영역은 이론적 학습이 아니라 직접 만져보고 확인하며 도형을 알아가는 것으로 시작해야 한다.

※ 여름 방학, 겨울 방학이 시작되기 며칠 전에 다음 학기에 배울 교과서를 새로 받게 된다. 교과서를 한 번 들춰보고 원 그리기, 각도 재기, 각도 그리기, 합동인 삼각형 그리기 등 도구를 이용하는 과정이 있으면 미리 예습하는 것도 나쁘지 않다. 많이 다루고 그려 볼수록 구조가 한눈에 들어오기 때문이다.

▶ **원을 이용하여 여러 가지 모양을 그려 보자.**
  위의 각 도형의 반지름이 쉽게 눈에 들어오면 좋다. 그려 보면 금방 알 수 있다.

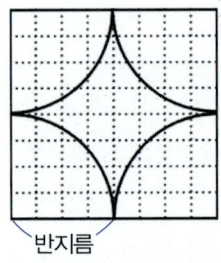 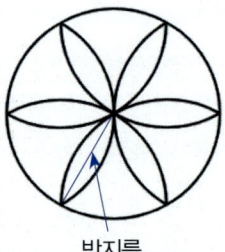 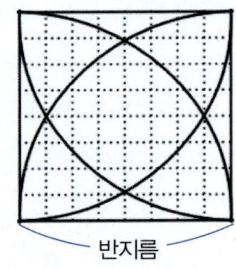
반지름 　　　　　반지름　　　　　반지름

도형 뒤집기와 돌리기

도형 뒤집기와 돌리기가 한눈에 들어오기는 쉽지 않다. 직접 뒤집거나 돌려 확인하는 것이 가장 좋다. 투명 비닐에 도형을 그리고 기준점을 잡아 위쪽, 오른쪽, 아래쪽, 왼쪽의 변화를 확인하며 공부해야 한다.

도형 뒤집기는 데칼코마니와 도형 옆에 거울을 대고 거울에 비친 모양을 그려 보면서 좀 더 친근하게 접근할 수 있다. 처음부터 잘되는 아이는 별로 없다. 직접 많이 해 보는 것이 답이다. 펜토미노 게임을 하면 자연스럽게 도형을 돌리는 능력이 향상된다. 펜토미노 조각 12개를 자유롭게 돌릴 수 있으면 어떤 도형이라도 돌릴 수 있다. 투명 비닐에 여러 가지 도형을 그려 돌려보아야 한다. 공간지각능력도 학습으로 인해 향상된다.

다각형

4학년 과정에서 다각형(선분으로 둘러싸인 도형)에 관한 것을 배우게 된다. 도형의 정의는 교과서에 제시된 그대로 외워야 한다. 정의는 약속이기 때문이다. 하지만 도형을 정의한 문장을 똑같이 외우고 있다고 모든 것이 해결되지는 않는다. 도형과 관련된 여러 상황을 꾸준히 만나면서 그 의미가 이해된다. 각 도형의 정의를 알고 난 후 도형을 직접 그리고, 길이를 재고 각을 재는 활동을 통해 도형의 성질을 정확히 알도록 한다. 도형을 그릴 때 모눈종이(워크북 92쪽) 위에 그리면 도형의 성질을 더 쉽게 확인할 수 있다.

▶ 사각형 분류하기

　모눈종이에 여러 가지 사각형을 그려 오린다. 오린 사각형의 뒷면에는 사다리꼴은 초록색, 평행사변형은 파랑색 등과 같이 같은 도형끼리 같은 색깔의 색종이를 붙인다. 도형의 성질을 배운 아이는 도형의 모양을 보고 분류하기 연습을 한다. 도형의 성질을 배우지 않은 아이는 색깔별로 분류한다. 여러 가지 모양의 사각형을 많이 다루어 보아 비슷해 보이는 사각형의 특징을 파악하고 분류할 수 있어야 한다.

▶ 사각형의 정의 & 성질

　사각형: 네 개의 선분으로 둘러싸인 도형
　사다리꼴: 평행한 변이 한 쌍이라도 있는 사각형
　평행사변형: 마주보는 두 쌍의 변이 서로 평행한 사각형
　- 평행사변형의 성질
　　① 마주 보는 두 변의 길이가 같다.
　　② 마주 보는 두 각의 크기가 같다.
　　③ 이웃한 두 각의 크기의 합은 180°이다.
　　④ 두 대각선이 만나는 점은 대각선을 이등분한다.
　　※ 직접 길이를 재어 보고, 각의 크기를 재어 보는 활동을 통해 알게 된 평행사변형의 성질은 정확하게 기억하고 있어야 한다. 향후 도형 학습에서 많이 사용하게 된다.

직사각형: 네 각이 모두 모두 직각인 사각형
- 직사각형의 성질: 마주 보는 꼭짓점끼리 이은 선분의 길이가 같다.

마름모: 네 변의 길이가 모두 같은 사각형
- 마름모의 성질: 마주 보는 꼭짓점끼리 이은 선분이 서로 수직으로 만나고 이등분한다.
- 마름모 그리기: 서로 수직 이등분되는 두 대각선을 먼저 그리고 네 꼭짓점을 이으면 쉽게 그릴 수 있다.

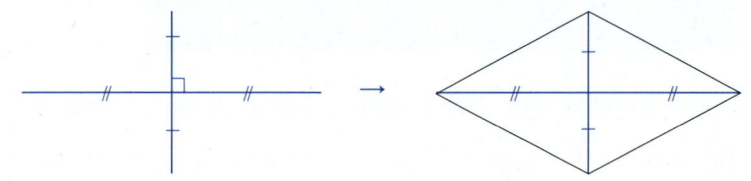

정사각형: ① 네 각이 모두 직각이고, ② 네 변의 길이가 모두 같은 사각형

▶ **사각형의 포함 관계**

사각형의 포함 관계는 초등 교육 과정에서 제외되었다. 하지만 포함 관계와 성질을 한 장의 빈 종이에 정리할 정도의 학습이 되어야 사각형에 관한 모든 것을 꿰뚫어 볼 수 있다.

사각형 → 사다리꼴 → 평행사변형 → 직사각형 ↘
                                              정사각형
                                    ↘ 마름모 ↗

오른쪽에서 왼쪽으로 가는 모든 관계는 성립한다.
왼쪽에서 오른쪽으로 가는 모든 관계는 성립하지 않는다.

사다리꼴은 평행사변형이다. (×) 평행사변형은 사다리꼴이다. (○)
직사각형은 정사각형이다. (×)   정사각형은 직사각형이다. (○)
정사각형은 평행사변형이다. (○) 마름모는 평행사변형이다. (○)
직사각형은 평행사변형이다. (○) 마름모는 사다리꼴이다. (○)

입체도형

초등학교 수학에서 입체도형에 관한 학습은 다음과 같은 흐름으로 진행된다.

직육면체 → 각기둥, 각뿔 → 원기둥, 원뿔, 구

1학년: 주변의 여러 가지 물건을 살펴보고 기본적인 입체도형(상자모양, 둥근기둥모양, 공모양)에 대한 감각 익히기
2학년: 쌓기나무를 이용하여 여러 가지 입체도형을 경험하기
5학년: 직육면체를 보고 전개도를 그리고, 직육면체의 전개도를 보고 직육면체의 모양을 가늠하는 과정을 통해 공간 지각 능력이 커질 수 있도록 한다. 다양한 여러 전개도를 직접 그리고 접어보는 경험을 충분히 하는 것이 좋다.
6학년: 각기둥, 각뿔, 원기둥, 원뿔, 구

상자의 전개도 만들기

과자를 먹은 후에 여러 가지 형태로 과자 상자의 전개도를 오려보는 것은 입체도형을 이해하는 데 도움이 된다. 어릴 때부터 하면 좋다. 과자 상자만으로 직육면체에 관한 많은 것을 알 수 있다. 같은 상자라도 전개도는 한 가지가 아니다. 모서리를 자르는 방법에 따라 여러 가지 전개도를 만들 수 있다. 만드는 중에 직육면체의 성질을 완전히 파악할 수 있다. 평행인 면을 찾을 수 있고, 서로 수직인 면, 한 꼭짓점에서 만나게 되는 점과 서로 만나는 선분을 전개도에서도 찾을 수 있게 된다.

상자를 펼쳤을 때 밑면의 둘레가 전개도의 어느 부분이 되는지도 직접 확인하여 알게 한다. 마주 보는 면도 표시해 본다. 상자를 분해할 때마다 자연스럽게 점선도 그어본다. 어느 순간 "접어지는 부분은 이렇게 점선으로 나타내는 거야."라고 말하며 그려 보아도 된다. 점선, 실선, 전개도 등의 용어까지 가르칠 필요는 없으나 가지고 놀다 보면 자연스럽게 말할 기회가 생길 수도 있다. 용어는 알아도 괜찮고 몰라도 괜찮다. 용어는 배우는 학년에서 배우면 된다. 하지만 펼치고 접는 활동을 통해 도형과 가까워지는 것은 어릴 때부

터 꾸준히 실천해야 한다. 직육면체를 정확하게 꿰뚫는 것만으로도 도형 영역 학습의 많은 부분이 완성된다.

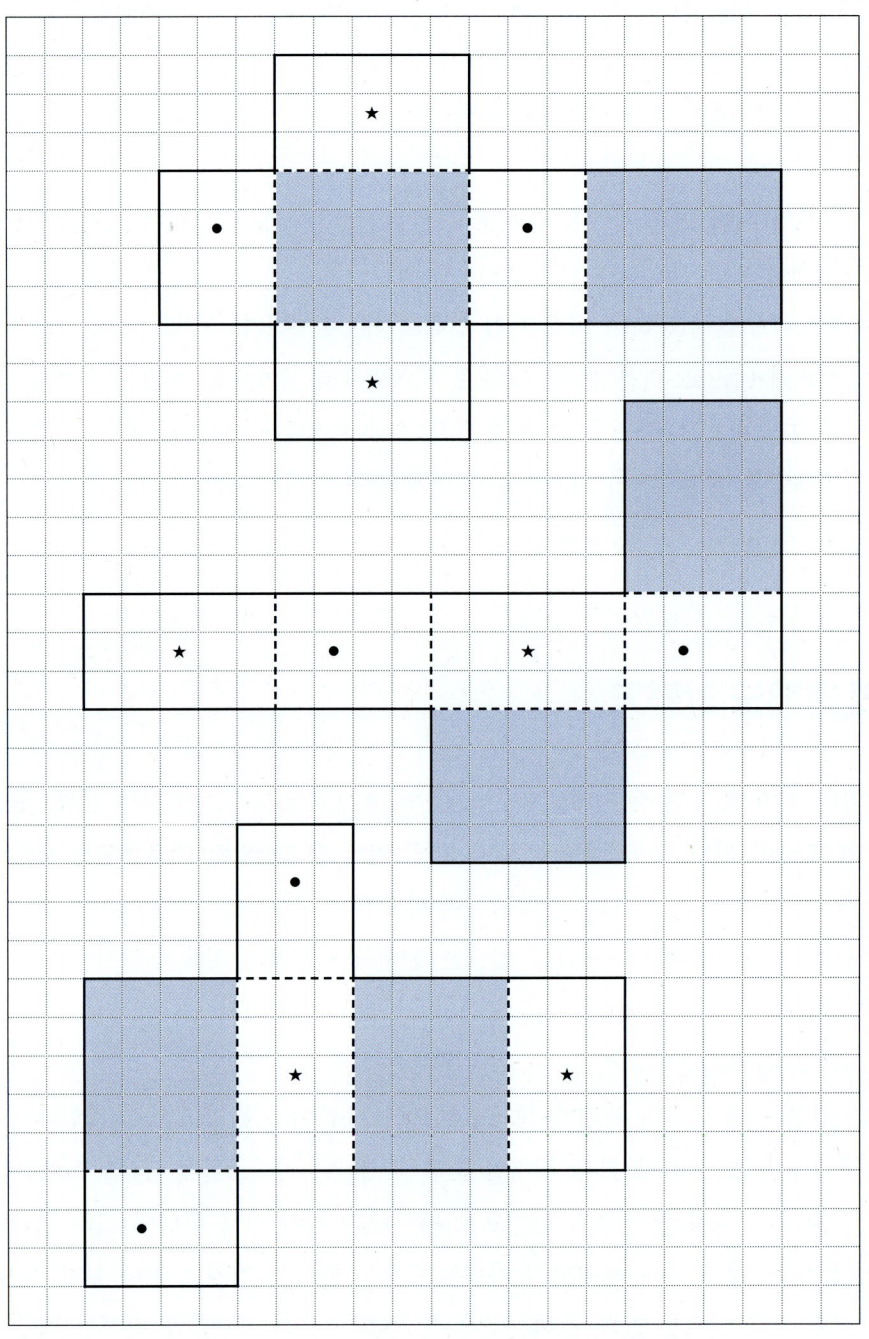

※ 색이 칠해진 면, ●-●, ★-★은 서로 평행한 면이다.

정육면체

정육면체는 서로 다른 11개의 전개도로 나타낼 수 있다. 하나씩 찾아 만들어 보는 과정을 통해 머릿속에서 평면도형을 입체도형으로 상상하는 방법을 익히면 좋다. 접었을 때 서로 만나는 면과 마주 보는 면이 상상되어야 한다. 전개도를 보고 머릿속으로 작품의 모양을 상상할 때 우리의 뇌는 효과적인 자극을 받아 공간 지각력을 높일 수 있다. 아이에 따라 공간 지각능력은 많은 차이가 있다. 평면을 보고 만들어질 입체도형을 상상하기 어려우면 다양한 전개도를 직접 접어보는 경험을 충분히 해야 한다. 하다 보면 실력이 쑥쑥 향상됨을 느낄 수 있다. 교구를 만들 때는 아이가 참여하여 같이 만드는 것이 가장 효과적이다. 11개의 정육면체 모형을 직접 만들어 평행인 면과 수직인 면, 서로 만나는 꼭짓점을 직접 눈으로 확인하며 자연스럽게 받아들이게 하는 것이 중요하다.

※ 학 종이(색종이)로 정육면체를 만들기

1. 모눈종이 위에 정육면체의 전개도를 그린다(시중에 파는 모눈종이보다 워드로 출력하여 사용하는 것이 그리기에 더 좋다). (워크북 참고)
2. 서로 평행인 면을 찾는다. 찾을 수 없을 땐 직접 오려 접어서 확인한다.
3. 서로 평행인 면에 같은 색의 색종이가 오게 배열한다. 과자 상자 위에 붙여 만들면 단단한 상자를 만들 수 있다.
4. 스카치테이프로 만나는 모서리를 이어 붙인다. 서로 이어 붙일 때 1mm 정도의 틈을 주면 접기가 쉽다.
5. 만나는 3개의 꼭짓점을 찾아 같은 색깔 혹은 같은 모양으로 표시한다.

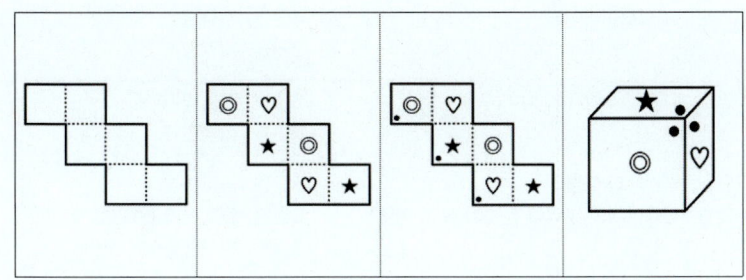

▶ 정육면체의 전개도 : 11가지

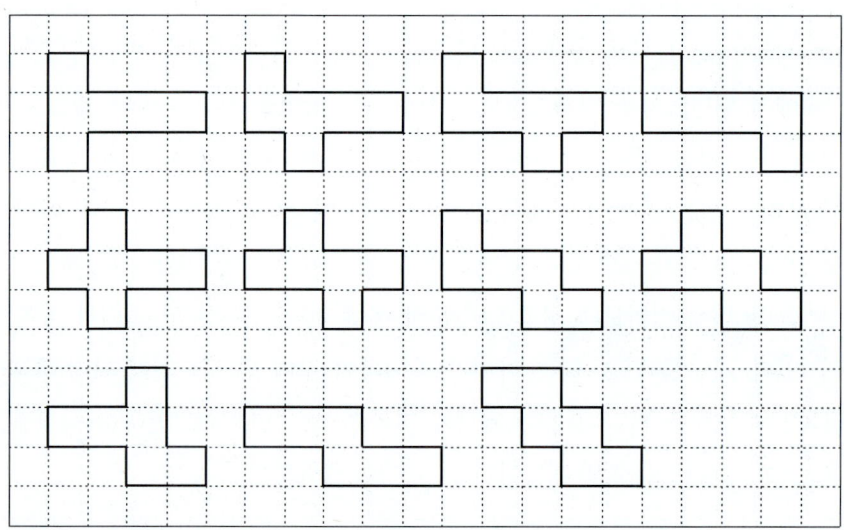

교과서를 이용한 도형 영역의 복습

도형 영역의 학습을 힘들어한다면 교과서를 분철하여 앞에서부터 차례대로 살펴보면 좋다. 도형과 관련된 측정 영역도 곁들여 같이 공부한다.

학년	1학기	2학기
2	2단원: 여러 가지 도형	
3	2단원: 평면도형	3단원: 원
4	2단원: 각도(측정 영역) 4단원: 평면도형의 이동	2단원: 삼각형 4단원: 사각형 6단원: 다각형
5	6단원: 다각형의 둘레와 넓이(측정 영역)	3단원: 합동과 대칭 5단원: 직육면체
6	2단원: 각기둥과 각뿔 6단원: 직육면체의 부피와 겉넓이(측정 영역)	3단원: 공간과 입체 5단원: 원의 넓이(측정 영역) 6단원: 원기둥, 원뿔, 구

※ 교육과정이 개편되고 국정 교과서에서 검인정 교과서로 바뀌면서 출판사별로 단원의 이동이 있을 수는 있다. 하지만 전체적인 흐름은 크게 달라지지 않는다.

FIRST MATHEMATICS

CHAPTER 08

측정
(초등 1~3학년)

학년별 측정 영역 학습의 흐름
비교하기
시계 보기(1~3학년)
시각과 시간
길이 재기
들이와 무게(3학년)

학년별 측정 영역 학습의 흐름

1-1학기	비교하기(길다, 짧다/ 무겁다, 가볍다/ 넓다, 좁다/ 많다, 적다)
1-2학기	시계 보기(몇 시, 몇 시 30분)
2-1학기	길이 재기 : cm
2-2학기	길이 재기 : m 시각과 시간(1분 단위, 몇 분 전)
3-1학기	길이와 시간 : mm, km, 초
3-2학기	들이와 무게 : ℓ, mℓ / kg, g, t
4-1학기	각도
5-1학기	다각형의 둘레와 넓이
5-2학기	수의 범위와 어림하기
6-1학기	직육면체의 부피와 겉넓이
6-2학기	원의 넓이

시계 보기(시간, 분, 초), 달력(1주일, 1년), 길이 단위(cm, m, mm, km), 들이 단위(ℓ, mℓ), 무게 단위(kg, g, t), 넓이 단위(cm^2, m^2, km^2), 부피 단위(cm^3, m^3)를 배우게 된다.

측정 영역은 생활 속에서 확인하고 활용하며 익히는 것이 가장 효과적이다. 직접 재어 보기, 직접 걸어보기, 직접 액체를 부어 비교하기 등을 통해 실제 단위에 대한 감각을 길러야 한다. 단위 간의 환산에 대한 감각도 필요하다.

초등학교 도형 영역은 선분, 반직선, 직선 → 각 → 다각형 → 입체도형의 순으로 학습한다. 측정 단위도 거기에 맞춰 길이 단위(cm, m, mm, km) → 넓이 단위(cm^2, m^2, km^2) → 부피 단위(cm^3, m^3)로 확장된다.

다각형(직사각형, 평행사변형, 사다리꼴, 마름모, 삼각형 등)의 넓이, 직육면체의 부피와 겉넓이, 원의 넓이를 구하는 공식을 암기해야 한다. 하지만 암기에 앞서 넓이의 의미를 이해하고, 넓이 구하는 방법을 이끌어 낼 수 있어야 한다. (유튜브 38강)

비교하기

1학년 비교하기 단원에서 직관적 비교, 직접 비교, 간접 비교를 통해 양의 크기를 비교한다. 그 과정에서 양을 표현하는 (길다, 짧다) (무겁다, 가볍다) (넓다, 좁다) (많다, 적다) 등을 구별하여 표현할 수 있어야 한다.

교과서 몇 장의 학습으로 이해시키려 하지 말고, 실생활 공간에서 충분히 경험하게 하여 그 의미를 이해하고 정확하게 사용할 줄 알게 한다. 어릴 때부터 상황에 맞는 정확한 어휘를 사용하여 자연스럽게 의미를 알게 한다.

시계 보기(1~3학년)

어릴 때의 기억은 아주 단편적으로 남아있다. 초등학교 2학년 때인 것 같다. 학교에서 집으로 돌아오는 길에 어떤 아저씨를 만나 몇 시인지를 물었는데 숫자도 없는 시계를 쓱 보더니 순식간에 몇 시라고 이야기해 주었다. 어른이 아주 위대하게 생각되었던 최초의 기억이다. 어쩌면 우리 아이가 나를 대단한 사람이라 생각할지도 모른다. 알고 나면 아무것도 아닌 것 같지만 시계 보기도 만만치 않은 과정을 거쳐야 아이의 것이 된다.

몇 시 → 몇 시 30분 → 5분 단위, 1분 단위 → 몇 분 전 → 1분보다 작은 단위
　　　1-2학기　　　　　　　2-2학기　　　　　　　　3-1학기

순으로 학습해 나간다. '몇 시 30분'을 정확하게 볼 수 있는 시점에 집에 있는 시계에 5, 10, 15, …, 55, 60을 붙여두고 하루에 몇 번씩 물어봐 주는 것이 좋다. 특히 긴 바늘이 10이나 11에 갔을 때의 시각을 아이가 많이 헷갈려한다. 2시 55분은 짧은 바늘이 거의 3에 붙어있기 때문에 아이는 종종 3시 55분이라고 답한다. 3시처럼 보이기는 하나 아직 긴바늘이 12에 가지 않았기 때문에 3시가 아니라 2시라는 것을 아이가 혼동하지 않을 때까지 찬찬히 설명해야 한다. 2시 55분과 3시 55분이 구분될 수 있도록 모형 시계를 가지고 충분히 조작해 보아야 한다. 무엇이든지 아이가 꼭 알아야 하는 것들은 완전해질 때까지

'하루에 몇 번씩 물어봐 주는 것'이 아주 중요하다. 시곗바늘을 직접 그리는 활동도 해야 한다.

1학년: 1시, 1시 30분을 비교하여 그리면서 긴 바늘과 짧은 바늘의 위치를 정확하게 알게 한다.

2학년: 2시 50분, 3시 10분 전과 같이 같은 시각을 나타내는 표현을 살펴본다. 3시 5분 전, 3시 10분 전, 3시 15분 전 등과 같이 실생활에서 많이 사용하는 것만 정확히 알 수 있게 한다. 3시 40분 전, 3시 45분 전과 같은 표현은 피하도록 한다.

2학년 문제: 지금 시각이 오후 8시 15분이라면, 다음 상황에 맞는 시각은?
① 긴 바늘을 한 바퀴 돌렸을 때
② 짧은 바늘을 한 바퀴 돌렸을 때

(답) ① 오후 9시 15분, ② 오전 8시 15분

긴 바늘을 한 바퀴 돌리면 1시간, 짧은 바늘을 한 바퀴 돌리면 12시간이라는 것이 정확하면 시계에 대한 느낌은 거의 완성되었다고 보면 된다. 어른도 살짝 헷갈린다.

2학년 문제: 어느 날 오후 3시부터 오후 10시까지 시계의 긴 바늘과 짧은 바늘은 몇 번 겹쳐질까?

(풀이) 문제를 보면 어려운데 직접 시계를 한 번만 돌려보면 쉽게 알 수 있다. 긴 바늘과 짧은 바늘은 한 바퀴 돌 때마다 한 번씩 만나게 된다.

(답) 7번

시각과 시간

2학년 2학기에 많은 측정 단위를 한꺼번에 학습하게 된다. 1분 단위의 시각 읽기, 몇 시 몇 분 전, 1시간 = 60분, 하루 = 24시간, 오전, 오후, 1주일 = 7일, 1년 = 12개월 등을 배우게 된다.

100분 = 1시간 40분, 52시간 = 2일 4시간, 21일은 3주일 등과 같이 단위도 바꿀 수 있어야 한다. 한꺼번에 완전히 익히기에는 상당한 어려움을 느낀다. 2학년이 되기 전이라도 달력을 넘기며 1주일=7일, 1년=12개월, 한 달=30일 혹은 31일이라는 경험을 가지고 시작하는 것이 좋다.

새해가 되어 새 달력을 받으면 한 장 한 장 넘기면서 가족의 생일과 기념일을 표시하고, 달의 특징도 이야기한다. 주먹을 쥐고 30일과 31일을 알아내는 방법도 가르쳐준다. 달이 바뀔 때마다 한 번씩 물어보면 쉽게 접근할 수 있다. 1년이면 12번을 물어볼 수 있다. 생활 속에서 직접 사용하는 것은 학년에 상관없이 찬찬히 일러 주어 활용할 수 있으면 좋다.

1주일은 7일의 개념도 마찬가지이다. 같은 요일이 7일마다 반복되는 것을 직접 달력을 보면서 느끼는 것이 책 속에서 배우는 것보다 먼저 이루어져야 한다. 더 나아가 1주일은 월, 화, 수, 목, 금, 토, 일만을 가리키는 것이 아니라 화요일부터 그다음 월요일까지도 1주일이며, 수요일부터 그다음 화요일까지도 1주일임을 알게 한다. 1주일은 요일의 순서와 상관없이 7일이라는 시간을 나타내는 것이다.

오전과 오후도 아이가 헷갈려하는 부분이 있다. 깜깜할 때를 오후라 생각하는 경향이 있다. 모형 시계의 짧은 바늘을 밤 12시부터 돌리기 시작해서 짧은 바늘이 처음 한 바퀴를 도는 데 걸리는 12시간이 오전이고, 두 번째 바퀴를 도는 데 걸린 12시간이 오후이다. 깜깜한 새벽 2시가 오전 2시이고, 낮 2시가 오후임을 수시로 확인한다.

시각: 멈추어진 한 지점
시간: 시각과 시각 사이

예시 문장 : 학교에 도착한 시각은 9시입니다. 학교에서 집으로 출발한 시각은 오후 1시입니다. 학교에서 머문 시간은 4시간입니다.

시간을 구할 때는 시간 띠를 이용하면 좀 더 쉽게 구할 수 있다.

문제: 수진이와 엄마는 2시에 산을 오르기 시작하여 3시 10분에 산에서 내려왔습니다. 등산하는 데 걸린 시간을 구해보세요.

(풀이)

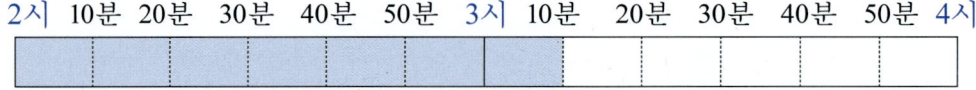

(답) 1시간 10분

단위 환산은 전 학년에 걸쳐 나오게 된다. 1시간 = 60분, 2시간 = 120분을 배우면서 「=」의 의미를 정확하게 해야 한다. 시소를 탔을 때 무게가 같으면 기울어지지 않는 것처럼 「=」을 중심으로 왼쪽과 오른쪽이 어느 쪽으로도 기울어지지 않고 수평을 이루고 있다고 인식하게 하면 좋다. 그래서 큰 단위 앞에는 작은 숫자가, 작은 단위 앞에는 큰 숫자가 와야 균형을 맞출 수 있다. 1000kg = 1g이 아니라 1kg = 1000g이 된다. 간혹 큰 단위 앞에 큰 숫자를 작은 단위 앞에 작은 단위를 쓰는 아이가 있다. 「=」의 의미를 정확하게 이해하지 못하는 것일 수도 있다.

길이 재기

　1mm　　　1cm　/　1m　　　1km
3-1학기　←　2-1학기　/　2-2학기　→　3-1학기

2학년 때 'cm'와 'm'를 배우고 3학년 때 그것보다 더 작은 단위(mm)와 더 큰 단위(km)로 확장된다. 1cm, 5cm, 10cm, 20cm 정도의 길이가 얼마쯤인지 자기만의 기준을 가질 수 있도록 해야 한다. 1cm는 아이 엄지손톱 정도의 길이이고, 1m는 2학년 아이의 가슴 정도까지의 길이이다. 어른의 한 뼘의 길이는 약 20cm이다. 아이의 한 뼘의 길이는?

1km를 인터넷으로 검색하여 실제로 걸어보고 1km에 대한 느낌을 가지게 한다. 운동

장 한 바퀴는? 운동장을 몇 바퀴 돌면 1km가 될까? 나의 한 걸음은 몇 cm? 100m는 내 걸음으로 몇 걸음이 될까? 계산해보고 직접 걸으며 확인도 해 본다. mm, cm, m, km에 대한 정확한 느낌을 알아야 한다.

들이와 무게(3학년)

- 들이: 물이나 기름 같이 물체의 부피를 용기에 담아서 잴 수밖에 없는 경우 용기의 내부 공간에 담을 수 있는 양
- 부피: 입체가 차지하는 공간의 크기

초등 수학에서는 들이와 부피를 같은 의미로 취급한다. 들이는 우유나 각종 음료를 먹을 때 설명하여 확인하는 것이 좋다. 우유 200ml를 컵에 부어 양을 확인한다. 우유 1L의 양은 200ml 우유 5번을 부은 양과 같음을 알게 한다.

라면을 끓일 때 550ml는 약 3컵(종이컵)의 물을 부으면 되는 것을 어림할 수 있어야 한다. 더불어 물 1L의 무게가 약 1kg이 되는 것도 확인하면 좋다(1kg은 섭씨 4℃의 물 1L의 무게이다). 우유 1L의 무게는 약 1kg으로 어림할 수 있다.

3-2학기
1L (리터) = 1000mL (밀리리터)
1kg (킬로그램) = 1000g (그램)

같은 단위끼리 계산한다는 원리는 측정 영역에서도 적용된다. 시간, 길이와 무게, 들이를 계산하려면 단위를 같게 만들어야 한다.

♣ 자료와 가능성 영역

「자료와 가능성 영역」에서는 확률의 기초 개념인 사건이 일어날 가능성과 통계의 기본이 되는 자료의 수집과 분류, 정리된 자료를 보고 해석하는 방법에 대해 배우게 된다. 자료 수집 → 자료의 정리 → 자료의 표현(표와 그래프) → 자료의 해석 과정을 거치며 표와 그래프를 읽고 만드는 방법을 배운다.

수학적으로는 중요한 단원이지만 초등학교 과정에서는 깊이 들어가지 않아 다른 단원에 비해 쉽게 받아들인다.

2학년	분류하기 표 & ○, ×, /를 이용한 그래프
3학년	간단한 그림그래프
4학년	막대그래프, 꺾은선그래프
5학년	평균과 가능성
6학년	띠그래프, 원그래프

2학년: 자료를 조사하여 표와 ○, ×, /를 이용한 그래프로 나타내는 학습은 아이가 가지고 있는 자료(예: 캐릭터 딱지, 문구)를 직접 분류하여 나타내어 보는 것도 좋은 방법이다.

4학년: 막대그래프는 각각의 크기(예. 좋아하는 계절)를 비교하기에 좋고, 꺾은선그래프는 시간에 따라 연속적으로 변화하는 양(예. 키, 몸무게의 월별 변화)을 나타내기에 좋다.

6학년: 띠그래프, 원그래프 학습에 들어가기에 앞서 백분율 구하기를 완전학습해야 한다. 백분율은 $\frac{부분}{전체} \times 100$으로 기억하면 좋다. 띠그래프는 가로를 100등분 하여 띠 모양으로 그린 것이고, 원그래프는 원의 중심을 100등분 하여 원 모양으로 나타낸 것이다. 띠그래프와 원그래프로 나타내면 전체에 대한 각 부분의 비율을 한눈에 알아볼 수 있다. 각 항목끼리의 비율을 쉽게 비교할 수 있다.

♣ 1~6학년 방학에 꼭 확인하기

▶ 1학년 방학에 꼭 확인하기

※ 1학년 여름 방학

1. 합이 9까지의 덧셈: 덧셈구구표에서 합이 9까지의 덧셈은 손가락으로 해결할 수 있는 범위여서 아이가 비교적 쉽게 생각한다. 하지만 이것이 앞으로 배울 모든 연산의 기초가 된다. 매일 20문제 정도씩 꾸준히 연습하여 답이 직관적으로 나오게 한다.
2. 10 만들기: 10의 보수 외우기
3. 수 세기 연습: 열, 스물, 서른, 마흔, 쉰, 예순, 일흔, 여든, 아흔, 백
   47: 사십일곱(×), 마흔칠(×), 마흔일곱(○), 사십칠(○)

※ 1학년 겨울 방학

1. 합이 18까지의 덧셈: 합이 9까지의 덧셈이 잘 되면 → 합이 10 → 합이 18까지의 덧셈으로 진행한다. 힘들어하는 아이는 합이 10까지의 덧셈만 충분히 연습하여도 2학년 학습에 많은 도움이 된다. 적어도 합이 10까지의 덧셈은 잘할 수 있어야 한다.
2. 묶음과 낱개의 정확한 이해 : 22=20+2
   의외로 아이가 위치에 따른 수의 크기를 정확하게 이해하지 못한다. 바둑돌, 수 막대를 이용하여 충분히 연습해야 한다. ① 수 막대를 보고 숫자를 쓰게 한다. ② 숫자를 제시하고 바둑돌을 놓거나 수 막대를 놓게 한다. ②의 방법이 ①의 방법보다 더 효과적이다.
3. 13-7=10-7+3, 13-7=13-3-4의 정확한 이해
   이 형태의 문제를 잘 이해하지 못하면 지금 아무리 설명해도 잘 안 된다. 살짝 마음을 내려놓고, 위의 1~2번까지를 꾸준히 연습하면서 수 감각이 조금 더 커지길 기다려야 한다.

▶ 2학년 방학에 꼭 확인하기

※ 2학년 여름 방학

1. 기본 덧셈 연습(합이 18까지의 덧셈)
2. 받아올림과 받아내림이 있는 두 자리의 수 ± 두 자리의 수
3. 곱셈의 개념 정확하게 이해하기: 동수누가, 몇씩 몇 묶음, 몇의 몇 배, 덧셈식으로 나타내기, 곱셈식으로 나타내기를 꾸준히 연습한다.
4. 곱셈 구구 익히기
5. 2학기에는 단위에 대한 약속이 많이 나온다. 어른들은 너무나 익숙한 것들이지만 아이에게는 약속들이 한꺼번에 너무 많이 나와 힘들어하는 부분이다. 시계와 달력을 옆에 두고 직접 확인하며 천천히 익혀 나가는 것도 좋은 방법이다.
  1시간 = 60분, 하루 = 24시간, 1주일 = 7일, 1년 = 12개월

※ 2학년 겨울 방학

여름 방학과 비슷하게 공부하면 된다. 합이 18까지의 기본 덧셈이 완성되어야 한다. 의외로 이것의 완성이 쉽지 않다. 구구단 또한 매일 연습하여 완벽하게 기억할수록 3학년 학습에 유리하다. 「칠칠」하고 물었을 때 「사십구」가 툭 튀어나올 정도로 연습해야 한다.

여름 방학 때 하던 곱셈의 의미 파악도 간간이 확인하고, 받아올림과 받아내림이 있는 두 자리 수의 덧셈과 뺄셈도 하루에 5~10문제 정도씩 꾸준히 연습한다.

▶ 3학년 방학에 꼭 확인하기

※ 3학년 여름 방학

3학년 여름 방학은 대단히 중요한 시기이다. 아직 덧셈, 뺄셈이 완전하지 않다면 꾸준히 연습해야 한다. 새로 배운 곱셈, 나눗셈, 분수 어느 것 하나도 소홀히 할 수 없는 것들이다. 나눗셈에 대한 이해와 연습이 충분할수록 분수가 쉽다. 나눗셈과 분수의 이해와 연습에 꽤 많은 시간이 필요하다.

1. 기본 덧셈 연습(합이 18까지의 덧셈 : 1학년 과정의 학습)

  3학년이면 '당연히 잘하겠지' 생각하지만 의외로 안 되는 아이가 많다. 조금만 신경

쓰면 극복되지만, 그냥 두면 시간이 지나도 해결되지 않는다. 공부할 때 워밍업으로 한 장씩 풀고 시작하는 것이 좋다.

2. 두 자리의 수 × 한 자리의 수, 나눗셈의 의미, 곱셈과 나눗셈의 관계

    개념의 이해뿐만 아니라 연습도 많이 해야 한다. 중요한 학습은 매일 몇 문제라도 꾸준히 해야 한다.

3. 곱셈식과 나눗셈식 구별하기

    - 연필 24자루를 한 명에게 4자루씩 나누어 주려고 합니다.
      몇 명에게 나누어 줄 수 있습니까? 24÷4
    - 24명에게 연필 4자루씩 나누어 주려고 합니다.
      연필은 모두 몇 자루가 필요할까요? 24×4
    - 연필이 한 상자에 12자루씩 들어있습니다. 4상자에 들어 있는 연필을 8명이 똑같이 나누어 가지려면 한 사람이 가지게 되는 연필의 수는 몇 자루일까요?
      ① 12×4=48 ② 48÷8=6

4. 분수와 소수에 대한 약속을 이해하고 정확하게 표현하기

    - 똑같이 나누기
    - 분수를 쓰고 읽어 보기
    - 분수로 나타내어 보기
    - 분모가 같은 분수의 크기를 비교하기
    - 단위분수의 크기를 비교하기
    - 소수 알아보기 $\frac{1}{10}$ = 0.1
    - 소수의 크기를 비교하기

분수의 개념은 아이가 받아들이기 상당히 어렵다. 수학 교과서와 수학익힘책 속의 분수, 소수 개념을 반복하여 공부한다. 완전히 이해해야 3학년 2학기 분수 학습이 쉬워진다. 그냥 문제만 풀면 정확하게 알고 있는지 제대로 알 수가 없다. 설명하게 해야 한다. 막힘없이 설명할 수 있을 때 분수의 개념이 만들어진다.

※ 3학년 겨울 방학

자연수의 덧셈, 뺄셈을 완성한다. 두 자리의 수 × 한 자리의 수, 두 자리의 수 ÷ 한 자

리의 수를 충분히 연습하며, 분수에 대한 감각을 키울 수 있도록 열심히 학습해야 하는 시기이다. 3학년 겨울방학에는 아래와 같은 문제를 충분히 공부해야 한다. 아래에 제시된 문제를 항목별로 하루에 1~2 문제라도 꾸준히 연습하는 것이 좋다.

1. 그림을 보고 분수로 나타내어 보기
   12는 16의 □ / □ 입니다.
2. 15의 $\frac{3}{5}$ 은 □ 입니다.
3. 대분수를 가분수로 바꾸기, 가분수를 대분수로 바꾸기: 그림을 그리고, 수직선으로 나타내어 의미를 정확히 자리 잡게 한다.
4. 분수를 힘들어하는 기색이 보이면 3학년 1학기 나눗셈과 분수 단원 3학년 2학기 분수 단원을 교과서와 익힘책을 가지고 다시 공부한다. 아이가 힘들어할 때는 문제집보다 교과서로 공부하는 것이 더 좋다.
5. 두 자리의 수 × 한 자리의 수, 두 자리의 수 ÷ 한 자리의 수 연산도 하루에 5~10문제 정도씩 연습한다.
6. 덧셈이 잘 안 되면 합이 18까지의 덧셈을 꾸준히 병행한다.

▶ **4학년 방학에 꼭 확인하기**

※ 4학년 여름 방학

1. 자연수의 사칙연산은 이 시기에 완성되어야 한다. 아주 큰 숫자가 아닌 한 자연수의 덧셈, 뺄셈, 곱셈, 나눗셈은 자유롭게 계산할 수 있어야 한다. 4학년 2학기 이후의 학습은 자연수의 계산이 완성되었다는 전제하에 분수와 소수의 덧셈, 뺄셈, 곱셈, 나눗셈을 배우게 되므로 자연수의 덧셈, 뺄셈, 곱셈, 나눗셈을 마무리하는 시기가 되어야 한다. 부족한 부분을 충분히 연습해야 한다.
2. 분수는 3학년 때 배운 분수를 계속 연습한다. 분수의 개념이 완전하게 자리 잡을 때까지는 지속적인 학습이 필요하다. 매일 5문제 안팎의 문제를 꾸준히 연습하면 좋다. 수학익힘책에 있는 문제와 유사한 문제를 제공하고 완전히 이해하게 한다. 대분수를 가분수로, 가분수를 대분수로 바꾸는 것이 이해되고 숙달되어야 동분모 분수의 덧셈, 뺄셈이 쉽다. 한 가지 개념이 완성되면 다른 개념으로의 전이도 쉬워진다.

대충 아는 것이 아니라 정확하게 이해하고 완전하게 알고 있어야 다음 학습으로의 전이가 쉽게 일어난다. 아이에게 경쟁력은 대충 여러 개를 아는 것이 아니라 정확하게 한 개를 아는 것이다. 문제를 설명하는 것도 습관이 되게 만들면 좋다.

※ 4학년 겨울 방학

1. 4학년 때 배운 분수 학습은 겨울방학 내내 계속되어야 한다. 잘 안 되면 3학년 분수부터 시작해야 한다. 많은 문제를 다룰 필요는 없다. 하루 5문제 정도씩 끊임없는 자극이 필요하다. 잘하는 아이는 1~2문제를 제시하고 처음부터 끝까지 설명하게 하는 것도 좋은 방법이다. 그냥 풀 때와는 느낌이 다르게 개념을 바라보게 된다. 훨씬 더 능동적인 학습이 된다. 완전하게 이해하지 못하면 설명이 중간에서 막히게 된다.

2. 처음으로 예습이 꼭 필요한 시기이다. 개인적으로 우리 집 아이들은 4학년 겨울이 되기 전까지는 수학을 선행학습하지 않았다. 4학년까지는 예습보다 복습이 훨씬 중요하다. 하지만 5학년 때 배우는 약수에 대한 이해는 예습이 필요하다. 4학년 겨울 방학 동안 약수의 개념을 익히고, 약수 구하는 것을 익숙하게 해 두는 것이 다음 학습에 유리한 측면이 있다.

5학년 교육 과정에서는 새로운 개념이 많이 나온다. 그 개념들은 약수에 대한 정확한 이해가 있어야 수월하게 받아들일 수가 있다. 「약수」의 개념을 익히는 것도 처음 「자연수」 「분수」를 익힐 때처럼 많은 시간과 연습이 필요하다. 예습 없이 5학년을 시작하면 조금 버거운 느낌이 들 수도 있다. 방학 동안 약수가 가깝게 느껴질 수 있도록 「1에서 40 정도까지 수」의 약수를 꾸준히 연습해서 5학년이 되는 것이 좋다. 방학 1~2달의 시간을 이용하면 된다.

▶ 5~6학년 방학에 꼭 확인하기

※ 5학년 여름 방학

5학년 여름 방학은 무조건 복습이다. 약수, 배수, 분수의 성질, 약분, 통분, 분모가 다른 분수의 덧셈과 뺄셈 등 분수 관련 단원을 샅샅이 다시 공부한다. 그리고 완전하지 않은 부분을 찾아 반드시 복습해야 한다. 약수, 배수는 생각보다 더 어렵다. 심화된 약수, 배수 문제를 푸는 것이 선행학습이다. 예습에 욕심내지 말고 교과서, 익힘책을 찬찬히 살펴보며 개념을 완전하게 하고 연산도 익숙하게 해야 한다. 다각형의 둘레와 넓이 구하기도 중요하다.

※ 5학년 겨울 방학, 6학년 방학

지금 수학에 흥미를 느끼고 무리 없이 학습하고 있는 아이는 지금 공부하던 대로 하면 된다. 지금 수학을 좀 힘들어하는 아이는 아래의 분수 관련 단원을 분철하여 풀어볼 필요가 있다. 차례대로 풀어보면 아이가 어떤 부분을 힘들어하는지 알 수 있다. 잘 안 되는 부분을 완전하게 하고 나서야 다음 개념으로 나갈 수 있다. 불안해하며 새 학기를 맞지 말고 과감하게 아래부터 다시 시작해야 안 되는 것을 해결할 수 있다.

① 3-1학기 분수와 소수(분수의 의미)
② 3-2학기 분수(대분수, 가분수 바꾸기)
③ 4-2학기 분모가 같은 분수의 덧셈과 뺄셈
④ 5-1학기 약수와 배수, 약분과 통분, 분모가 다른 분수의 덧셈과 뺄셈
⑤ 5-2학기 분수의 곱셈
⑥ 6-1학기 분수의 나눗셈(분수÷자연수), 비와 비율
⑦ 6-2학기 분수의 나눗셈(분수÷분수), 비례식과 비례배분

5학년 겨울 방학: ①~⑤까지, 6학년 여름 방학: ①~⑥까지를 복습한다.
6학년 겨울 방학: ①~⑦까지를 복습한다.

♣ 우리 아이가 수학을 힘들어한다면

▶ 1학년인 우리 아이가 수학을 힘들어한다면

수를 읽고 쓰고, 수의 양과 위치에 따른 수의 크기를 정확히 알게 한다. 덧셈 구구를 완성한다. 특히 합이 10까지의 덧셈은 직관적으로 알 수 있을 때까지 연습해야 한다. 합이 10보다 더 큰 수는 10을 기준으로 생각한다. 1학년 교과서를 분철하여 영역별로 다시 묶는다.

한 단원을 학습하는 것은 나무의 이파리를 하나 그리는 것과 같다. 한 학기가 끝났을 때 전체적으로 한 번 훑어보면서 한 그루의 나무가 그려질 수 있도록 해야 한다. 아이가 수학이 힘들다고 할 때 아이 자신도 무엇을 모르는지를 모르는 경우가 많다.

수 영역: (1-1학기 1단원) 9까지의 수 → (1-1학기 5단원) 50까지의 수 → (1-2학기 1단원) 100까지의 수

100까지의 수를 어려워 한다면 1~50까지의 수를 더 연습해야 한다. 작은 수가 구체물을 가지고 확인하기 좋다.

연산 영역
1학기 3단원 덧셈과 뺄셈: 6 + 3, 9 - 6(합이 9까지의 덧셈, 피감수 9 이하의 뺄셈)
2학기 2단원 덧셈과 뺄셈(1): 72 + 16, 78 - 35(받아올림, 받아내림이 없음)
2학기 4단원 덧셈과 뺄셈(2): 10을 만들어 더하기 2 + 8 + 3 = 10 + 3, 8 + 3 + 7 = 8 + 10, 10에서 빼기 10 - 5
2학기 6단원 덧셈과 뺄셈(3): 12 - 5 = 10 - 5 + 2, 12 - 5 = 12 - 2 - 3, 6 + 8 = 4 + 2 + 8

1학년 2학기 6단원은 아이가 많이 힘들어하는 부분이다. 하지만 그 단원만 공부한다고 해결되지는 않는다. 1학년 2학기 6단원에서 배우는 내용을 어려워한다면 앞 단원에서 배운 「합이 9까지의 덧셈, 10이 되는 더하기, 10에서 빼기」도 연습하여 완전하게 만들어야 한다. 지금 배우는 개념도 이해하면서 완전학습 되지 않은 앞 단계의 학습도 반드시 해결해야 앞으로의 수학이 어렵지 않다. 아래 ①, ②를 매일 공부한다.

① 합이 10까지의 덧셈: 매일 20~30문제
② 지금 배우는 내용: 5~10분 분량의 학습

「합이 10까지의 덧셈」을 완전하게 하는 것이 앞으로 나올 연산의 기초를 단단히 하는 것이다. 이 부분은 직관적으로 답이 나올 때까지 연습하는 것이 좋다.

▶ 2학년인 우리 아이가 수학을 힘들어한다면

2학년이 수학을 힘들어한다면 합이 18까지의 덧셈과 곱셈의 의미, 곱셈 구구 부분을 다시 짚어 주어야 한다. 2학년 학습은 1학년 학습이 완성되었다는 전제하에 시작한다. 받아올림, 받아내림이 있는 덧셈과 뺄셈은 자릿수의 개념과 합이 18까지의 덧셈(1 + 1부터 9 + 9까지 기본수 덧셈), 피감수 18 이하의 뺄셈(18 - 9부터 2 - 1 범위 안의 뺄셈)을 막힘없이 할 수 있어야 쉽다. 뺄셈은 덧셈을 충분히 연습하여 역연산의 개념으로 접근하는 방법도 있다. '12 - 7은 7에서 어떤 수를 더하면 12가 될까?'로 생각한다.

기본수 덧셈의 연습에 1학년 1년 동안의 연습이 필요하듯 곱셈의 개념과 곱셈구구를 완전하게 만드는 데도 시간이 필요하다. 2학년 2학기 내내 매일 곱셈의 의미와 구구단을 5~10분 정도 학습하는 것이 좋다.

① 합이 18까지의 덧셈: 매일 20~30문제
② 곱셈의 의미와 구구단: 5~10분 분량의 학습
③ 지금 배우는 내용: 5~10분 분량의 학습

※ 곱셈 구구를 외우고 있어도 매일 2~3단씩 복습하여 "팔칠"은 하고 물었을 때 머뭇거림 없이 "56"이라고 답할 수 있어야 3학년 때 배우는 곱셈과 나눗셈이 쉽다.

▶ 3학년인 우리 아이가 수학을 힘들어한다면

① 자연수의 덧셈과 뺄셈 완성
② 나눗셈의 의미 & 두 자리의 수 ÷ 한 자리의 수
③ 두 자리의 수 × 한 자리의 수, 두 자리의 수 × 두 자리의 수
④ 분수와 소수의 의미 & 대분수, 가분수의 전환

3학년은 크게 위의 4가지의 의미를 이해하고 숙달해야 한다. ①, ②번의 학습에는 1~2학년 학습이 많이 개입되어있다. 3학년 때 처음 배우는 「나눗셈과 분수」의 이해에 신경 쓰

면서, 향후 학습에서 많이 사용하게 될 두 자리의 수÷한 자리의 수, 두 자리의 수×한 자리의 수 학습도 완성될 수 있게 노력해야 한다.

이 시점에서 덧셈과 뺄셈이 잘 되면 좋겠지만 잘 안 된다면 '세 자리의 수±세 자리의 수 연습'에 집중하기보다 '합이 18까지의 덧셈'을 통해 연산을 익히고, '두 자리의 수±두 자리의 수'를 통해 받아올림과 받아내림의 의미를 파악하게 하는 것이 더 효과적이다.

2장의 덧셈과 뺄셈 문제를 공부할 계획이면 합이 18까지의 덧셈 1장, 두 자리의 수±두 자리의 수 1쪽, 세 자리의 수±세 자리의 수 1쪽으로 배분하여 기본 덧셈을 완전하게 해야 한다. 2장의 곱셈 문제를 공부할 계획이면 구구단 외우기 1쪽, 두 자리의 수×한 자리의 수 1장, 두 자리의 수×두 자리의 수 1쪽 정도로 배분하여 지금 배우는 개념을 연습한다. 기본기를 단단히 하여 지금 배우는 연산을 극복하게 해야 한다. 세 자리의 수±세 자리의 수, 두 자리의 수×두 자리의 수가 어렵다고 그 문제만 푼다면 아이는 지쳐 포기하게 될지도 모른다.

수학 학습은 엉켜 있는 것처럼 보이지만 큰 줄기를 가지고 배운 하나를 강화하거나, 하나에 하나를 보태며 앞으로 나가고 있다. 자연수를 배우고 그 수의 범위 안에서 덧셈과 뺄셈을 배운다. 한 자릿수의 덧셈과 뺄셈(1학년), 받아올림, 받아내림이 있는 두 자릿수의 덧셈과 뺄셈(2학년)을 거쳐 3학년을 지나면 덧셈과 뺄셈은 완성된 것으로 여기고 이후 학습이 진행된다.

덧셈과 뺄셈은 받아올림, 받아내림의 이치를 이해하고 나면 한 자릿수 덧셈의 연속이다. 2학년 때 배우는 뺄셈은 85-47의 경우와 같이 일의 자리에서 부족한 것을 십의 자리에서 빌려오는 것을 배운다. 3학년 때는 301-127의 경우와 같이 일의 자리에서 부족한 것을 십의 자리가 아닌 백의 자리에서 어떻게 빌려오는 것인가를 배운다. 한 자리를 건너 빌려오는 이치를 깨우치고 나면 어떤 뺄셈이라도 할 수 있게 된다. 이치를 터득하고 나면 강화하는 것은 큰 수의 계산이 아니라 작은 수의 계산을 익숙하게 하여 연결하는 것이 훨씬 쉬운 길이다.

▶ 4학년인 우리 아이가 수학을 힘들어한다면

① 자연수의 덧셈, 뺄셈, 곱셈, 나눗셈의 완성
② 분모가 같은 분수의 덧셈과 뺄셈
③ 도형: 다각형에 관한 모든 것

안 되면 될 때까지 하여 기본기를 다져야 다음 학습에 도움이 된다. 학년이 올라가면 자연스럽게 알게 되는 부분도 있다. 하지만 대부분의 수학 개념은 집중하여 깊이 공부하지 않으면 아이의 것이 되지 않는다. 4학년인 아이는 자연수의 덧셈, 뺄셈, 곱셈, 나눗셈이 완성되어야 한다. 문제 속 상황을 정확하게 판단하여 식을 세우고 무난하게 해결할 수준에 도달해야 한다. 어떤 덧셈, 뺄셈, 곱셈, 나눗셈 문제를 제시하더라도 풀 수 있어야 한다.

분모가 같은 분수의 덧셈과 뺄셈이 어렵다면 대부분 3학년 때 배운 단위분수, 대분수, 가분수에 대한 이해 부족과 대분수를 가분수로, 가분수를 대분수로 전환하는 데 미숙하기 때문이다. 3학년 과정으로 되돌아가서 3학년 때 배운 분수 부분을 다시 학습해야 한다. 서로 연결되는 개념은 앞 단계의 학습이 완전하지 않으면 뒷 단계의 학습이 진짜 어려워진다. 잘 모르는 상태로 다음 학년이 되기 마련이다. 그런 과정이 몇 해 동안 쌓이면 아이는 무엇을 모르는지도 모르는 채 수학은 그냥 어려운 과목이 되어버린다. 어려워하면 그 과정과 관련된 앞부분부터 다시 시작해야 한다. 수학 학습은 어려운 부분이 아니라 아이가 쉽게 할 수 있는 부분부터 시작해야 한다.

3학년: 분수의 의미 & 대분수, 가분수
4학년: 분모가 같은 분수의 덧셈과 뺄셈
5학년: 분모가 다른 분수의 덧셈과 뺄셈

3, 4학년 때 배운 분수가 안 되면 5학년 분수도 안 된다. 바꾸어 말하면 5학년 분수가 잘 되기 위해서는 3, 4학년 때 배운 분수가 완전해야 한다.

▶ 5~6학년인 우리 아이가 수학을 힘들어한다면

5학년 「약수와 배수, 분수의 성질, 약분과 통분의 이해」는 아주 중요하다. 이것만 이해하고 나면 분모가 다른 분수의 덧셈과 뺄셈(5학년)은 4학년 학습의 연장선에 있다.

분모가 다른 분수의 단위를 '통분하여 같게 만드는 것'까지가 5학년 학습이다. 나머지 해결 과정은 4학년 학습이다. 앞 단계의 학습을 충분히 하고 지금 학습을 시작하는 것이 가장 좋은 전략이다. 5학년 공부가 어렵다고 하니 빨리 당겨서 하면 좀 낫지 않을까 생각하여 선행하게 되지만 자세히 들여다보면 5학년 학습 어려움의 상당한 부분은 4학년까지의 학습이 완전하지 않기 때문이다.

5학년 학습을 무난히 받아들이는 아이는 기존의 학습 방법대로 공부하면 된다. 5학년 학습이 어렵다고 하면 5학년 학습만 해서는 안 된다. 앞 학년의 분수 부분을 다시 복습하고, 5학년 약수와 배수, 약분과 통분 부분을 아주 넓고 깊게 공부하여 개념을 완전히 이해하고 활용할 수 있어야 다음에 진행되는 수학 학습이 쉽다. 5학년 과정의 복습은 필수이다. 잘하는 아이도 완전한 복습까지 진행해야 한다.

6학년 「비와 비율, 비례식과 비례배분」을 힘들어한다면 분수 영역의 개념이 부족한 것이다. 3학년 때 배운 분수부터 분수 영역을 다시 복습한다. 6학년 아이가 앞 단계의 과정을 복습할 때는 처음 배울 때만큼의 시간이 필요하진 않다. 1~2년 정도면 앞 학년의 결손을 메울 수 있다. 허둥지둥하지 말고 처음부터 시작하는 용기와 결단이 필요하다.

마치는 글

어린 시절 주택에 살 때 우리 집 마당에는 조그만 꽃밭이 있었다. 여름이면 조그만 꽃밭 가득 꽃들이 피었다. 앞집과 이어진 담벼락엔 나팔꽃이 가득 피고 달리아도 채송화도 피어 있었다. 대문 밖 골목에는 샐비어와 봉숭아가 심겨져 있었다. 살구나무 한 그루와 배나무 한 그루에 대추나무도 있었다. 조그마한 연못도 만들어 늘 몇 마리의 금붕어가 헤엄치고 있었다. 가을이면 여러 종류의 국화 화분이 마당을 가득 채웠다. 엄마, 아빠는 가꾸는 걸 좋아하시는 분들이셨다.

아파트로 이사 간 후에도 엄마의 베란다는 늘 예쁜 꽃들이 번갈아 가며 피었다. 화초를 사 오기가 무섭게 시들어가는 우리 집과는 너무 달랐다. 엄마는 가끔 물만 챙겨 주면 된다고 하시는데 나는 그게 잘 안 된다.

어느 날 엄마 집에 놀러 가서 소파에 길게 누워 있는데, 굽은 허리로 부지런히 주방과 베란다를 오가는 엄마를 보게 되었다. "엄마 뭐해?" 하고 물으니 "그냥 물보다는 쌀뜨물이 좀 낫지 않을까?" 하시며 쌀 씻은 물을 화분에 주고 계셨다. 영양학적으로 어떤 상관관계가 있는지는 모른다. 하지만 관심을 두는 만큼 성장하는 것은 분명한 사실인 것 같다. 따뜻한 관심으로 아이가 엄마의 꽃밭처럼 각자 자기에게 맞는 색깔과 향기를 가지고 싱싱하게 피어나길 소망해본다.

2023년 4월
진.

MEMO

MEMO

MEMO

MEMO

MEMO

MEMO

정답 수학

발간가 원하는 수학 점수 만들기

지은이 진미수
펴낸이 조정희
펴낸곳 경문사
펴낸날 2023년 5월 15일 1판 1쇄
등 록 1979년 11월 9일 제1979-000023호
주 소 04057, 서울특별시 마포구 안산산로 174
전 화 (02)332-2004 팩스 (02)336-5193
이메일 kyungmoon@kyungmoon.com

값 25,000원

ISBN 979-11-6073-618-2

★ 경문사의 다양한 도서와 동영상을 만나보세요!

홈페이지	www.kyungmoon.com
포스트	post.naver.com/kyungmoonbooks
북	buk.io/@pa9309
페이스북	facebook.com/kyungmoonsa
블로그	blog.naver.com/kyungmoonbooks
인스타그램	instagram.com/kyungmoonsa

도서 내 **정오표** 및 **학습자료**가 있는 경우 홈페이지 내 해당 도서 상세 페이지에 자료 업로드됩니다.

음과 날개 만들기 <다운로드>

한 줄씩 오려 10묶음으로 사용하세요.

10	10	10	10	10	10	10	10	10	10
9	9	9	9	9	9	9	9	9	9
8	8	8	8	8	8	8	8	8	8
7	7	7	7	7	7	7	7	7	7
6	6	6	6	6	6	6	6	6	6
5	5	5	5	5	5	5	5	5	5
4	4	4	4	4	4	4	4	4	4
3	3	3	3	3	3	3	3	3	3
2	2	2	2	2	2	2	2	2	2
1	1	1	1	1	1	1	1	1	1

부모가 키워주는 수학 자신감 **처음 수학**

FIRST MATHEMATICS

Work Book
워크북

너무 복잡한 것보다 꼭 알아야 하는 것을
심플하게 연습하는 것이 좋다.

〈워크북 활용법〉

워크북에 사용된 자료 중 학습 과정에서 여러 번 사용할 필요가 있는 자료들의 경우 소제목에 '〈다운로드〉' 표시를 해두었습니다. 해당 표시가 있는 자료는 경문사 홈페이지(http://www.kyungmoon.com)에서 다운로드받을 수 있도록 하였으니 홈페이지에 접속하셔서 자료를 다운로드받아 필요할 때마다 프린트하여 활용하시기 바랍니다.

※ 경문사 홈페이지 접속 → 우상단 돋보기 모양(Q) 클릭 후 '진미숙' 또는 '처음수학' 검색 → 도서 클릭 후 '자료' 항목에서 학습자료 다운로드

※ 100묶음

1	11	21	31	41	51	61	71	81	91
2	12	22	32	42	52	62	72	82	92
3	13	23	33	43	53	63	73	83	93
4	14	24	34	44	54	64	74	84	94
5	15	25	35	45	55	65	75	85	95
6	16	26	36	46	56	66	76	86	96
7	17	27	37	47	57	67	77	87	97
8	18	28	38	48	58	68	78	88	98
9	19	29	39	49	59	69	79	89	99
10	20	30	40	50	60	70	80	90	100

※ 1개씩 오려 낱개로 사용하기

1	1
1	1
1	1
1	1
1	1
1	1
1	1
1	1
1	1
1	1

FIRST MATHEMATICS

Work Book

워크북

너무 복잡한 것보다 꼭 알아야 하는 것을
심플하게 연습하는 것이 좋다.

〈워크북 활용법〉

워크북에 사용된 자료 중 학습 과정에서 여러 번 사용할 필요가 있는 자료들의 경우 소제목에 '〈다운로드〉' 표시를 해두었습니다. 해당 표시가 있는 자료는 경문사 홈페이지(http://www.kyungmoon.com)에서 다운로드받을 수 있도록 하였으니 홈페이지에 접속하셔서 자료를 다운로드받아 필요할 때마다 프린트하여 활용하시기 바랍니다.

※ 경문사 홈페이지 접속 → 우상단 돋보기 모양(Q) 클릭 후 '진미숙' 또는 '처음수학' 검색 → 도서 클릭 후 '자료' 항목에서 학습자료 다운로드

묶음과 낱개 만들기 <다운로드>

※ 한 줄씩 오려 10묶음으로 사용하세요.

10	10	10	10	10	10	10	10	10	10
9	9	9	9	9	9	9	9	9	9
8	8	8	8	8	8	8	8	8	8
7	7	7	7	7	7	7	7	7	7
6	6	6	6	6	6	6	6	6	6
5	5	5	5	5	5	5	5	5	5
4	4	4	4	4	4	4	4	4	4
3	3	3	3	3	3	3	3	3	3
2	2	2	2	2	2	2	2	2	2
1	1	1	1	1	1	1	1	1	1

수 카드 만들기 <다운로드>

	십	일
	3	2

3	0

2

※ 사용방법: 유튜브 10강 참고하기

Ⅰ. 유아~1학년 : 처음 시작하는 수학 <다운로드>

▶ 5까지의 수

※ 알맞은 수를 써보세요.

1				5
6	7	8	9	10

● ● ●　□　　　　　● ● ● ● ●　□

● ● ● ●　□　　　　　● ●　□

●　□　　　　　● ● ● ●　□

● ● ● ● ●　□　　　　　● ● ●　□

☆ 도트는 5까지의 수를 연습하면서 숫자 세기는 10까지를 연습한다. 초등학교 입학 전에 수 공부를 시작하는 아이는 10까지 수의 도트를 1년 정도 연습하는 것이 좋다. 초등 1학년이 되면서 수 공부를 시작하는 아이도 학교 학습과 병행하여 6개월 정도는 연습해야 한다.

※ □ 안에 알맞은 수를 쓰고, 합하여 5가 되게 이어보세요.

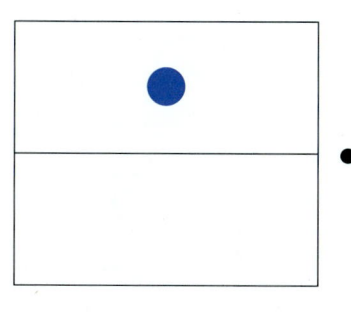 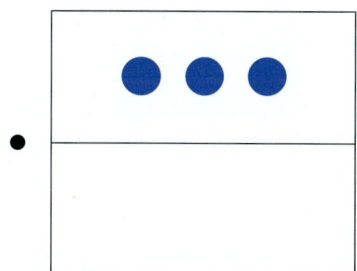

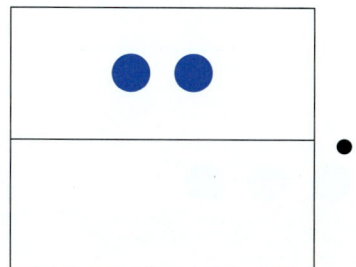 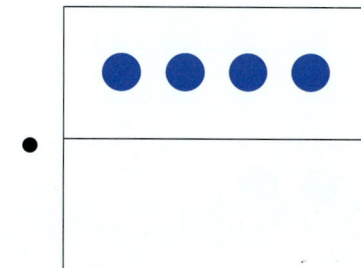

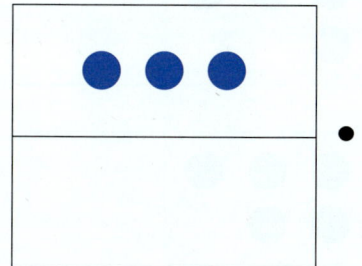 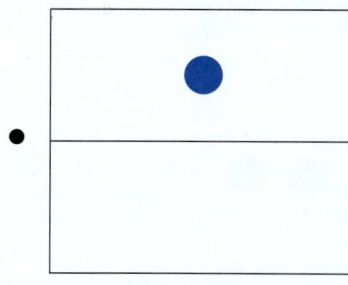

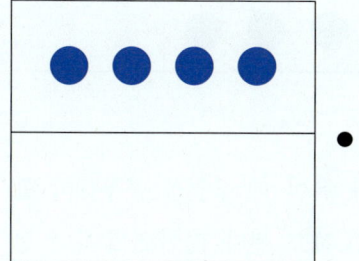 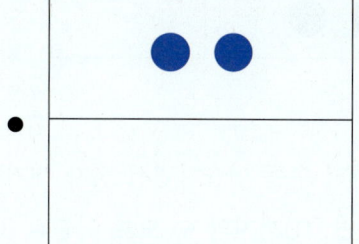

▶ 10까지의 수

※ 알맞은 수를 써보세요.

1				5
6		8		10

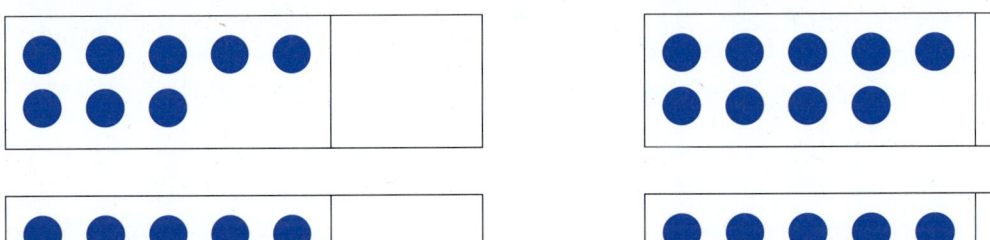

☆ 도트는 10까지 수를 연습하면서 숫자 세기는 30까지를 연습한다. 유아 때 무엇을 공부해야 할지 모르겠다면 「10까지의 수 도트 연습과 30까지 수 세기」만 매일 해도 된다. 많이 노출하여 정확하게 인지될수록 다음 수학 공부가 아주 쉽다.

※ 알맞은 수를 써보세요.

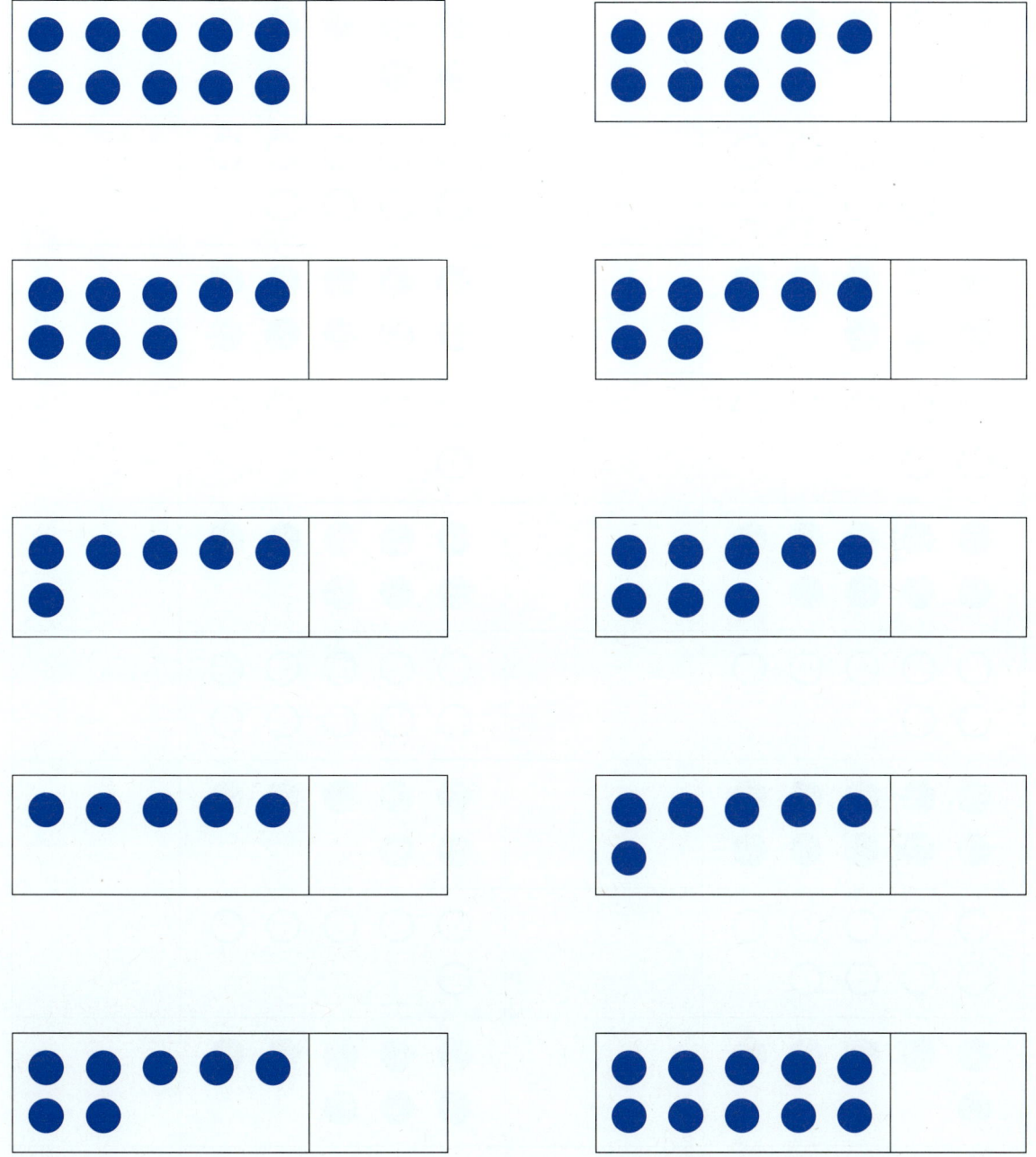

☆ 다섯 개, 한 개 → 6, 다섯 개, 두 개 → 7 … : 5를 기준으로 10까지 수를 익히게 한다.

※ 알맞은 수를 써보세요.

※ 왼쪽에는 ●(○)의 개수를 쓰고, 오른쪽에는 10이 되는 수를 써 보세요.

7	●●●●● ●●	3
9	○○○○○ ○○○○	1
	●●●●● ●●●	
	○○○○○ ○	
	●●●●● ●●●	
	○○○○○ ○○	
	●●●●● ●●●●●	
	○○○○○ ○	
	●●●●● ●●●	

워크북 11

덧셈구구표(냉장고에 붙여두고 확인하기) <다운로드>

+	1	2	3	4	5	6	7	8	9
1	1+1	2+1	3+1	4+1	●●●●●	6+1	7+1	8+1	●●●●●●●●●	①
2	1+2	2+2	3+2	4+2	●●●●●●	6+2	7+2	●●●●●●●●	9+2
3	1+3	2+3	3+3	4+3	●●●●●●●	6+3	●●●●●●●●	8+3	9+3
4	1+4	2+4	×	4+4	●●●●●●●●●	●●●●●●●●●●	7+4	8+4	9+4
5	●●●●●●	●●●●●●●	●●●●●●●●	●●●●●●●●●	●●●●●●●●●●	6+5	7+5	8+5	9+5
6	1+6	2+6	×	●●●●●●●●●●	×	6+6	7+6	8+6	9+6
7	1+7	2+7	●●●●●●●●●●	×	×	×	7+7	8+7	9+7
8	1+8	●●●●●●●●●●	3+8	4+8	5+8	6+8	7+8	8+8	9+8
9	●●●●●●●●●●	2+9	3+9	4+9	5+9	6+9	7+9	8+9	9+9

②

☆ ① → ②번 순으로
☆ X : 교환의 의미로 알 수 있는 부분(예. 3+4, 4+3)

☆ 두 수의 합이 9 이하인 덧셈(유튜브 11~13강 참고하기)

1단계: 5 + □ (□ + 5)를 도트(•)의 배열된 모양을 보고 직관적으로 알기
2단계: □ + 1을 다음의 수로 익히기
3단계: 1 + □는 □ + 1의 교환의 의미로 해결하기
4단계: □ + 2 (2 + □)는 다음 다음의 수로 익히기
5단계: 합이 9까지의 덧셈 연습하기

☆ 두 수의 합이 18 이하인 덧셈(유튜브 14강 참고하기)

6단계: 10까지 수의 도트를 이용하여 10이 되는 더하기 연습하기
7단계: 9 + □ (□ + 9)는 9로 1을 보내어 10 만들어 계산하기
8단계: 8 + □ (□ + 8)은 8로 2를 보내어 10 만들어 계산하기
9단계: 합이 18까지의 덧셈 연습하기

☆ 교환의 의미를 구체물(바둑돌)로 확인하여 알기

덧셈을 익히기 시작하면 냉장고에 「덧셈 구구표(1 + 1부터 9 + 9까지의 덧셈)」를 붙여 두고 1단계부터 9단계까지 순서대로 진행하는 것이 효과적이다.

단계별 예시 문제이다. 제시된 문제와 비슷한 형태로 아이가 아주 쉽게 해결할 수 있을 때까지 연습한다. 이 학습이 이후 학습의 기본이 된다. 1단계~9단계의 학습에 1~2년의 시간이 필요하다. 그것보다 더 필요할 수도 있다. 아이가 꽤 잘하는 것처럼 보여도 우직하게 꾸준히 연습해야 한다.

기본수의 덧셈(1+1부터 9+9까지의 덧셈) 예시문제 <다운로드>

▶ 1단계: 도트 모양을 보고 덧셈식으로 나타내어보세요.
  (선수학습: 10까지의 수를 직관적으로 보기)

5+4=   5+2=

5+1=   5+5=

5+3=   1+5=

3+5=   4+5=

2+5=   5+5=

▶ 2단계 (1): 다음의 수를 써보세요.

이 학습의 목표는 정확한 숫자 세기이다. 유아라면 1~30까지만 정확해도 된다. 어설피 100까지 수를 가르치려 하지 말고 작은 수의 범위 안에서 정확하게 연습한다. 10까지의 수 도트 연습을 하면서 30까지 숫자 세기는 꾸준히 연습하여 이 학습으로 들어왔을 때는 점검하는 수준이어야 한다.

8 → 9	2 →
7 →	9 →
6 →	4 →
5 →	3 →
1 →	8 →
4 →	6 →
2 →	7 →
9 →	11 →
3 →	1 →

▶ 2단계 (2): 더하기 1

2 + 1 =	4 + 1 =
5 + 1 =	3 + 1 =
6 + 1 =	8 + 1 =
1 + 1 =	7 + 1 =
9 + 1 =	6 + 1 =
3 + 1 =	2 + 1 =
7 + 1 =	4 + 1 =
5 + 1 =	1 + 1 =
8 + 1 =	6 + 1 =

1. 순서수의 의미로 덧셈을 할 땐 「30 정도까지 수 세기」가 완전해야 한다.
   더하기 1을 학습하면서 수세기는 1~50 정도까지 확장한다. 지금 단계의 학습을 하며 다음 단계의 학습을 위한 준비도 조금씩 한다.
2. 8 + 1(☐ + 1)을 충분히 연습한 후 교환의 의미로 1 + 8(1 + ☐)을 연습하면 더 쉽게 익힐 수 있다.
3. 말로 해도 된다. 손에 힘이 없는 아이에게 구태여 쓰게 할 이유가 없다. 아이가 「수의 순서를 정확하게 알고 있나」를 확인하는 과정이므로 1~10까지의 수가 정확할 때 물어보는 것이 좋다. 수의 범위는 나이에 맞게 정하면 된다. 처음에는 1~10의 범위에서 물어봐야 쉽게 대답할 수 있고, 그래야 수학이 재미있어진다.

▶ 2단계 (3) : 더하기 1

※ □안에 숫자를 넣어 사용하세요.

□ + 1 =	□ + 1 =
□ + 1 =	□ + 1 =
□ + 1 =	□ + 1 =
□ + 1 =	□ + 1 =
□ + 1 =	□ + 1 =
□ + 1 =	□ + 1 =
□ + 1 =	□ + 1 =
□ + 1 =	□ + 1 =
□ + 1 =	□ + 1 =

▶ 3단계 (1): 더하기 1

1 + 2 =	1 + 4 =
1 + 5 =	1 + 3 =
1 + 6 =	1 + 8 =
1 + 9 =	1 + 7 =
9 + 1 =	1 + 6 =
3 + 1 =	1 + 2 =
7 + 1 =	1 + 4 =
5 + 1 =	1 + 1 =
8 + 1 =	1 + 5 =

☆ 교환의 의미를 구체물(바둑돌)로 확인하여 알기

▶ 3단계 (2): 더하기 1

※ □ 안에 숫자를 넣어 사용하세요.

1 + □ =	1 + □ =
1 + □ =	1 + □ =
1 + □ =	1 + □ =
1 + □ =	1 + □ =
□ + 1 =	1 + □ =
□ + 1 =	1 + □ =
□ + 1 =	1 + □ =
□ + 1 =	1 + □ =
□ + 1 =	1 + □ =

워크북

▶ 4단계 (1): 다음다음의 수를 써 보세요. (∨ : 하나 건너뛰기)

1 ∨ 3	2 ∨ 4
3 ∨ ☐	4 ∨ ☐
5 ∨ ☐	6 ∨ ☐
7 ∨ ☐	8 ∨ ☐
9 ∨ ☐	10 ∨ ☐
3 ∨ ☐	2 ∨ ☐
7 ∨ ☐	4 ∨ ☐
5 ∨ ☐	1 ∨ ☐
8 ∨ ☐	6 ∨ ☐
9 ∨ ☐	10 ∨ ☐

☆ 선수학습: 1~30까지 수 세기

▶ 4단계 (2): 더하기 2

1 + 2 =	4 + 2 =
5 + 2 =	3 + 2 =
6 + 2 =	8 + 2 =
4 + 2 =	7 + 2 =
2 + 2 =	6 + 2 =
3 + 2 =	2 + 2 =
7 + 2 =	4 + 2 =
5 + 2 =	1 + 2 =
8 + 2 =	6 + 2 =

☆ 1+2를 익힐 때는 2+1은 완성되어 있어야 한다. 1+2는 1 다음다음의 수이기도 하지만, 교환의 의미로 2 다음의 수로도 볼 수 있어야 한다.

▶ 4단계 (3): 더하기 2

※ □ 안에 숫자를 넣어 사용하세요.

□ + 2 =	□ + 2 =
□ + 2 =	□ + 2 =
□ + 2 =	□ + 2 =
□ + 2 =	□ + 2 =
□ + 2 =	□ + 2 =
□ + 2 =	□ + 2 =
□ + 2 =	□ + 2 =
□ + 2 =	□ + 2 =
□ + 2 =	□ + 2 =
□ + 2 =	□ + 2 =

▶ 4단계 (4): 더하기 2

2 + 5 =	2 + 8 =
2 + 6 =	2 + 7 =
2 + 4 =	2 + 2 =
2 + 3 =	2 + 9 =
2 + 2 =	2 + 6 =
2 + 6 =	2 + 3 =
2 + 8 =	2 + 7 =
2 + 5 =	2 + 3 =
2 + 9 =	2 + 10 =

☆ 처음 시작하는 덧셈은 두 수의 합이 9 이하인 덧셈이어야 한다. 하지만 순서수의 의미로 접근할 때는 1+9, 2+9, 2+10처럼 조금 더 큰 수여도 된다.

▶ 4단계 (5) : 더하기 2

2 + ☐ =	2 + ☐ =
2 + ☐ =	2 + ☐ =
2 + ☐ =	2 + ☐ =
2 + ☐ =	2 + ☐ =
2 + ☐ =	2 + ☐ =
2 + ☐ =	2 + ☐ =
2 + ☐ =	2 + ☐ =
2 + ☐ =	2 + ☐ =
2 + ☐ =	2 + ☐ =
2 + ☐ =	2 + ☐ =

▶ 5단계 (1): 합이 9까지의 덧셈

① 2+2=	⑬ 3+3=	㉕ 1+4=
② 3+4=	⑭ 1+1=	㉖ 3+2=
③ 4+1=	⑮ 4+3=	㉗ 2+3=
④ 2+4=	⑯ 5+1=	㉘ 4+2=
⑤ 1+3=	⑰ 2+5=	㉙ 3+6=
⑥ 6+2=	⑱ 3+1=	㉚ 1+2=
⑦ 2+1=	⑲ 8+1=	㉛ 6+1=
⑧ 5+4=	⑳ 6+3=	㉜ 1+8=
⑨ 7+1=	㉑ 3+5=	㉝ 4+5=
⑩ 5+2=	㉒ 1+6=	㉞ 2+7=
⑪ 2+6=	㉓ 4+4=	㉟ 5+3=
⑫ 1+5=	㉔ 7+2=	㊱ 1+7=

☆ 5단계 (2) 빈 종이에 ①~㊱ 문제를 순서 바꾸어 사용하기

워크북

▶ 5단계 (2): 합이 9까지의 덧셈(피감수 9 이하의 뺄셈, 합이 18까지의 덧셈, 피감수 18 이하의 뺄셈) 연습하기

①	⑬	㉕
②	⑭	㉖
③	⑮	㉗
④	⑯	㉘
⑤	⑰	㉙
⑥	⑱	㉚
⑦	⑲	㉛
⑧	⑳	㉜
⑨	㉑	㉝
⑩	㉒	㉞
⑪	㉓	㉟
⑫	㉔	㊱

☆ 5단계 (1), (3), 7, 8, 9단계와 같은 형태로 만들어 사용하기

☆ 꼭 익히게 하고 싶은 것(예. 6+3, 8+7)을 늘 ①번에 고정하면 그 문제는 빨리 익히게 된다.

☆ 뺄셈보다는 덧셈에 집중하는 것이 좋다.
   ① 합이 9까지의 덧셈은 직관적으로 될 때까지 연습한다.
   ② 덧셈과 뺄셈 역연산의 관계를 이해한다.
   ③ 7 − 4 = □ → 4에서 3을 더하면 7이 된다.
   ④ 5 − 1은 순서수의 의미로 거꾸로 세기, 7 − 3은 3 + 4 = 7로 해결하는 것이 쉽다. 상황에 따라 좀 더 쉬운 쪽으로 선택할 수 있어야 한다. 합이 9까지의 덧셈을 쉽게 계산할 수 있을 때 가능하다.

▶ 5단계 (3): 피감수 9 이하의 뺄셈

① 4−2=	⑬ 6−3=	㉕ 5−4=
② 7−4=	⑭ 2−1=	㉖ 5−2=
③ 5−1=	⑮ 7−3=	㉗ 5−3=
④ 6−4=	⑯ 6−1=	㉘ 6−2=
⑤ 4−3=	⑰ 7−5=	㉙ 9−6=
⑥ 8−2=	⑱ 4−1=	㉚ 3−2=
⑦ 3−1=	⑲ 9−1=	㉛ 7−1=
⑧ 9−4=	⑳ 9−3=	㉜ 9−8=
⑨ 8−1=	㉑ 8−5=	㉝ 9−5=
⑩ 7−2=	㉒ 7−6=	㉞ 9−7=
⑪ 8−6=	㉓ 8−4=	㉟ 8−3=
⑫ 6−5=	㉔ 9−2=	㊱ 8−7=

☆ 합이 9까지의 덧셈을 완성한 뒤 역연산으로 계산하면 쉽다.
☆ 5단계 (2) 빈 종이에 ①~㊱ 문제를 순서 바꾸어 사용하기

▶ 6단계 (1): 10이 되는 더하기

※ 도트 모양을 보고 덧셈식으로 나타내어보세요. (선수학습: 10까지의 수를 직관적으로 보기)

9+1=

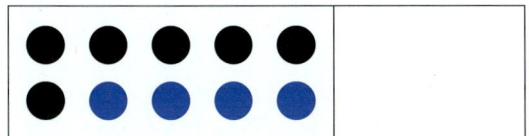

6+4=

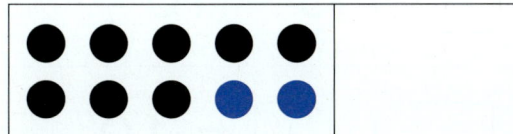

8+2=

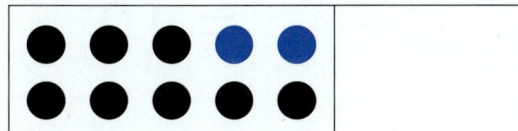

2+8=

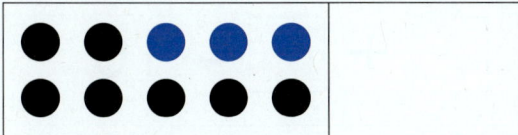

3+7=

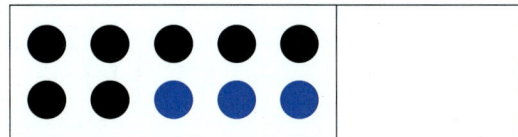

7+3=

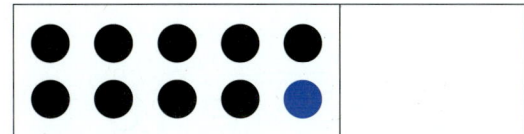

9+1=

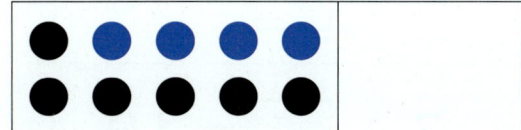

4+6=

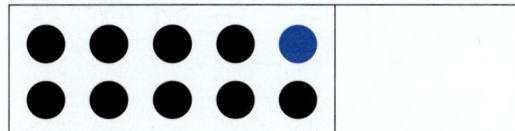

1+9=

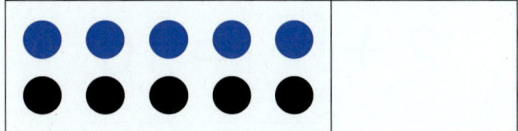

5+5=

▶ 6단계 (2): 10이 되는 더하기

※ □ 안에 알맞은 수를 써넣으세요.

1 + □ = 10	□ + 4 = 10
6 + □ = 10	□ + 2 = 10
9 + □ = 10	□ + 1 = 10
4 + □ = 10	□ + 3 = 10
7 + □ = 10	□ + □ = 10
3 + □ = 10	□ + □ = 10
8 + □ = 10	□ + □ = 10
2 + □ = 10	□ + □ = 10
5 + □ = 10	□ + □ = 10

▶ 6단계 (3): 10이 되는 더하기, 10에서 빼기

① ☐ + 6 = 10	⑩ ☐ + 1 = 10	⑲ 10 − ☐ = 9
② 3 + ☐ = 10	⑪ 10 − ☐ = 1	⑳ 2 + ☐ = 10
③ ☐ + 9 = 10	⑫ 7 + ☐ = 10	㉑ ☐ + 7 = 10
④ ☐ + 5 = 10	⑬ ☐ + 4 = 10	㉒ 10 − ☐ = 2
⑤ 6 + ☐ = 10	⑭ 10 − ☐ = 8	㉓ 8 + ☐ = 10
⑥ ☐ + 3 = 10	⑮ 1 + ☐ = 10	㉔ 10 − ☐ = 5
⑦ 10 − ☐ = 4	⑯ ☐ + 8 = 10	㉕ ☐ + 2 = 10
⑧ 4 + ☐ = 10	⑰ 10 − ☐ = 3	㉖ 10 − ☐ = 6
⑨ 10 − ☐ = 7	⑱ 9 + ☐ = 10	㉗ 5 + ☐ = 10

▶ 7~8단계: 9 + □, 8 + □

① 9+1=	⑬ 8+1=	㉕ 8+8=
② 7+8=	⑭ 4+8=	㉖ 9+3=
③ 9+9=	⑮ 8+8=	㉗ 1+9=
④ 8+9=	⑯ 9+2=	㉘ 6+8=
⑤ 8+3=	⑰ 2+9=	㉙ 9+8=
⑥ 3+9=	⑱ 8+9=	㉚ 7+9=
⑦ 5+8=	⑲ 9+7=	㉛ 8+2=
⑧ 8+7=	⑳ 8+4=	㉜ 4+9=
⑨ 9+4=	㉑ 3+8=	㉝ 8+6=
⑩ 8+9=	㉒ 6+9=	㉞ 1+8=
⑪ 5+9=	㉓ 4+8=	㉟ 9+5=
⑫ 9+6=	㉔ 8+5=	㊱ 2+8=

☆ 5단계 (2) 빈 종이에 ①~㊱ 문제를 순서 바꾸어 사용하기

▶ 9단계 (1): 합이 18까지의 덧셈

① 2+9=	⑬ 5+6=	㉕ 4+8=
② 6+6=	⑭ 8+5=	㉖ 7+7=
③ 8+3=	⑮ 3+8=	㉗ 9+4=
④ 5+7=	⑯ 9+8=	㉘ 6+7=
⑤ 8+8=	⑰ 7+6=	㉙ 5+8=
⑥ 7+9=	⑱ 4+7=	㉚ 9+6=
⑦ 6+8=	⑲ 8+9=	㉛ 8+4=
⑧ 9+3=	⑳ 7+8=	㉜ 3+9=
⑨ 4+9=	㉑ 9+5=	㉝ 7+4=
⑩ 7+5=	㉒ 8+6=	㉞ 6+9=
⑪ 9+2=	㉓ 5+9=	㉟ 9+7=
⑫ 8+7=	㉔ 9+9=	㊱ 6+5=

☆ 5단계 (2) 빈 종이에 ①~㊱ 문제를 순서 바꾸어 사용하기

▶ 9단계 (2): 피감수 18 이하의 뺄셈

① 11−9=	⑬ 11−6=	㉕ 12−8=
② 12−6=	⑭ 13−5=	㉖ 14−7=
③ 11−3=	⑮ 11−8=	㉗ 13−4=
④ 12−7=	⑯ 17−8=	㉘ 13−7=
⑤ 16−8=	⑰ 13−6=	㉙ 13−8=
⑥ 16−9=	⑱ 11−7=	㉚ 15−6=
⑦ 14−8=	⑲ 17−9=	㉛ 12−4=
⑧ 12−3=	⑳ 15−8=	㉜ 11−4=
⑨ 13−9=	㉑ 14−5=	㉝ 12−9=
⑩ 12−5=	㉒ 14−6=	㉞ 15−9=
⑪ 11−2=	㉓ 14−9=	㉟ 16−7=
⑫ 15−7=	㉔ 18−9=	㊱ 11−5=

☆ 5단계 (2) 빈 종이에 ①~㊱ 문제를 순서 바꾸어 사용하기

피감수 18 이하의 뺄셈

2-1	3-1	4-1	5-1	6-1	7-1	8-1	9-1	10-1
3-2	4-2	5-2	6-2	7-2	8-2	9-2	10-2	11-2
4-3	5-3	6-3	7-3	8-3	9-3	10-3	11-3	12-3
5-4	6-4	7-4	8-4	9-4	10-4	11-4	12-4	13-4
6-5	7-5	8-5	9-5	10-5	11-5	12-5	13-5	14-5
7-6	8-6	9-6	10-6	11-6	12-6	13-6	14-6	15-6
8-7	9-7	10-7	11-7	12-7	13-7	14-7	15-7	16-7
9-8	10-8	11-8	12-8	13-8	14-8	15-8	16-8	17-8
10-9	11-9	12-9	13-9	14-9	15-9	16-9	17-9	18-9

☆ 피감수 9 이하의 뺄셈(1학년 1학기)

① 합이 9까지의 덧셈이 능숙하게 될 때까지 연습하여 역연산으로 계산하기(예. 7-3 → 3+4=7)

② 처음 뺄셈 학습을 할 때는 속도보다 의미에 집중한다. 처음에는 손가락을 사용하거나 하나씩 지워가면서 계산해도 된다.

☆ 피감수 18 이하의 뺄셈(1학년 2학기)

   12-5=10-5+2 이해하기

제거의 상황

1	⦸⦸⦸○○○○	7 − 3 = 4
2	⦸⦸⦸⦸○	5 − 4 = 1
3	⦸⦸⦸⦸⦸○○○	☐ − ☐ = ☐
4	⦸⦸○	☐ − ☐ = ☐
5	⦸⦸⦸⦸○○	☐ − ☐ = ☐
6	⦸⦸⦸○○	☐ − ☐ = ☐
7	⦸⦸⦸⦸⦸○○	☐ − ☐ = ☐
8	⦸⦸○○○○○	☐ − ☐ = ☐
9	⦸⦸⦸○○○○	☐ − ☐ = ☐
10	⦸⦸○○	☐ − ☐ = ☐

비교의 상황(1단계)

1단계: 일대일 짝짓기 하여 「많다, 같다, 적다」 이해하기
2단계: 주어진 상황을 뺄셈식으로 나타내기
3단계: 뺄셈식으로 나타내고, 계산하기
1단계를 충분히 연습하고 2단계, 3단계로 진행한다.

※ 일대일로 짝지어 보고 어느 쪽이 더 많은지(혹은 더 적은지) 말해 보세요.

1	○○○○○○ / ●●●	흰색 바둑돌이 더 많다.
2	○○○○ / ●●●●●●	검은색 바둑돌이 더 많다.
3	○○○○○○○○ / ●●●●	
4	○○○ / ●●●●●	
5	○○○○○○ / ●●●●●	
6	○○○○○ / ●●●	
7	○○○○○○○ / ●●●●●●	
8	○○○○○ / ●●	
9	○○○○○○ / ●●●●	
10	○○○○ / ●●	

비교의 상황(2~3단계)

(어느 것이 몇 개 더 많을까요?/ 몇 개 더 적을까요?)

1	○○○○○○○ ●●●	(식으로 쓰기) 7 − 3 = 4	(말하기) 흰색 돌이 4개 더 많다.
2	○○○○ ●●●●●●●	(식으로 쓰기) 7 − 4 = 3	(말하기) 흰색 돌이 3개 더 적다.
3	○○○○○○○○ ●●●●	□ − □ = □	
4	○○○ ●●●●●	□ − □ = □	
5	○○○○○○ ●●●●●	□ − □ = □	
6	○○○○ ●●●	□ − □ = □	
7	○○○○○○○ ●●●●●●	□ − □ = □	
8	○○ ●●	□ − □ = □	
9	○○○○○○ ●●●●	□ − □ = □	
10	○○○○ ●●	□ − □ = □	

□안에 +, -를 알맞게 써넣으세요.

3 □ 1 = 4	3 □ 1 = 2
5 □ 4 = 1	5 □ 4 = 9
7 □ 2 = 9	7 □ 2 = 5
9 □ 8 = 1	7 □ 5 = 2
9 □ 2 = 7	8 □ 4 = 4
6 □ 2 = 8	6 □ 2 = 4
4 □ 3 = 1	4 □ 3 = 7

☆ 문제는 수학책과 익힘책에 있는 문제를 반복해서 풀어도 된다. 덧셈과 뺄셈에 대한 개념을 정확하게 알게 한다.

수를 어림하기 (1) - 수직선에 그려 주세요.

1. ○ 안의 수와 더 가까운 수에 △표 하세요.

(△20△, ㉒, 30)   20 21 22 23 24 25 26 27 28 29 30

(20, ㉗, 30)   20 21 22 23 24 25 26 27 28 29 30

(20, ㉔, 30)   20 21 22 23 24 25 26 27 28 29 30

(20, ㉖, 30)   20 21 22 23 24 25 26 27 28 29 30

(30, ㉝, 40)   30 31 32 33 34 35 36 37 38 39 40

(30, ㊳, 40)   30 31 32 33 34 35 36 37 38 39 40

(30, ㉜, 40)   30 31 32 33 34 35 36 37 38 39 40

(30, ㊲, 40)   30 31 32 33 34 35 36 37 38 39 40

(40, ㊸, 50)   40 41 42 43 44 45 46 47 48 49 50

(40, ㊾, 50)   40 41 42 43 44 45 46 47 48 49 50

수를 어림하기 (2)

1. ○ 안의 수와 더 가까운 수에 △표 하세요.

(△10△ (11) 20)   (10 (12) 20)   (10 (13) 20)

(10 (19) 20)   (10 (18) 20)   (10 (17) 20)

(20 (21) 30)   (20 (22) 30)   (20 (23) 30)

(20 (29) 30)   (20 (28) 30)   (20 (27) 30)

2. ○ 안의 수와 더 가까운 수에 △표 하세요.

(10 (14) 20)   (10 (16) 20)   (20 (24) 30)

(20 (26) 30)   (30 (34) 40)   (30 (36) 40)

(40 (44) 50)   (40 (46) 50)   (50 (54) 60)

(50 (56) 60)   (60 (64) 70)   (60 (66) 70)

3. ○ 안의 수와 더 가까운 수에 △표 하세요.

(10 ⟨12⟩ 20)   (10 ⟨16⟩ 20)   (10 ⟨17⟩ 20)

(20 ⟨26⟩ 30)   (30 ⟨34⟩ 40)   (20 ⟨28⟩ 30)

(50 ⟨54⟩ 60)   (10 ⟨14⟩ 20)   (30 ⟨36⟩ 40)

(20 ⟨28⟩ 30)   (50 ⟨56⟩ 60)   (20 ⟨24⟩ 30)

4. ○ 안의 수와 더 가까운 수에 △표 하세요. (2학년)

(100 ⟨180⟩ 200)   (100 ⟨120⟩ 200)   (100 ⟨170⟩ 200)

(100 ⟨190⟩ 200)   (200 ⟨270⟩ 300)   (300 ⟨390⟩ 400)

(500 ⟨570⟩ 600)   (400 ⟨460⟩ 500)   (200 ⟨280⟩ 300)

수를 분해하는 연습

※ 보기와 같이 풀어 써 보기(답은 구하지 않고 수를 분해하여 식을 쓰는 연습)

<보기>
23 + 19 = 20 + 3 + 10 + 9 = 20 + 10 + 3 + 9
23 + 19 = 23 + 20 − 1
(1이 뜬금없이 왜 나타났는지를 이해해야 한다.)

1. 62 + 29 =
   62 + 29 =

2. 35 + 28 =
   35 + 28 =

3. 59 + 23 =
   59 + 23 =

4. 17 + 19 =
   17 + 19 =

5. 43 + 38 =
   43 + 38 =

6. 34 + 29 =
   34 + 29 =

7. 56 + 18 =
   56 + 18 =

8. 58 + 34 =
   58 + 34 =

9. 42 + 18 =
   42 + 18 =

10. 33 + 39 =
    33 + 39 =

☆ 하루에 1~2문제만 풀어 보세요.

※ 보기와 같이 뺄셈식을 풀어 써 보세요(답은 구하지 않는다. 원래 식에 없던 + 1, + 2, + 3이 왜 나왔는지에
초점을 맞추어 공부한다).

<보기>
43 − 29 = 43 − 30 + 1
43 − 28 = 43 − 30 + 2
43 − 27 = 43 − 30 + 3

1. 54 − 19 =
   54 − 18 =
   54 − 17 =

2. 62 − 39 =
   62 − 38 =
   62 − 37 =

3. 34 − 19 =
   34 − 18 =
   34 − 17 =

4. 46 − 19 =
   46 − 18 =
   46 − 17 =

5. 31 − 19 =
   31 − 18 =
   31 − 17 =

☆ 하루에 1문제만 풀어도 됩니다.

여러 가지 방법으로 덧셈을 할 수 있어요.

※ 보기와 같은 방법으로 계산하세요.

〈보기 1〉

$44 + 38 = 82$

$44 + 30 → ㉠ \boxed{74}$

$㉠ + 8 → \boxed{82}$

① $65 + 27 = \square$

② $46 + 25 = \square$

③ $37 + 49 = \square$

④ $53 + 28 = \square$

⑤ $58 + 26 = \square$

⑥ $64 + 29 = \square$

<보기 2>
$$44 + 38 = 82$$
$$40 + 30 \rightarrow ㉠\,70 \;\; ㉡\,12 \leftarrow 4 + 8$$
$$㉠ + ㉡ \rightarrow 82$$

① 65 + 27 = ☐   ② 46 + 25 = ☐

③ 37 + 49 = ☐   ④ 53 + 28 = ☐

⑤ 58 + 26 = ☐   ⑥ 64 + 29 = ☐

〈보기 3〉	44 + 38 = 44 + 40 − 2 = 84 − 2 = 82

① 5 8 + 2 6

② 6 4 + 2 9

③ 5 3 + 2 8

④ 3 2 + 4 9

⑤ 2 5 + 3 9

⑥ 5 4 + 2 7

☆ 하루에 1~2문제만 풀어 보세요.

여러 가지 방법으로 뺄셈을 할 수 있어요.

※ □ 안에 알맞은 수를 써넣으세요.

1. 8 4 − 4 9
   = 8 4 − 5 0 + □
   = 3 4 + □
   = □

2. 7 6 − 2 9
   = 7 6 − 3 0 + □
   = 4 6 + □
   = □

☆ 빼는 수가 10, 20, 30, 40, …에 가까운 수는 10, 20, 30, 40, …으로 빼고 차이가 나는 만큼 더해 준다. 왜냐하면 10, 20, 30, 40, …이 일의 자리 숫자가 있는 것보다 계산하기가 쉽기 때문이다.

3. 6 7 − 2 8
   = 6 7 − 3 0 + □
   = 3 7 + □
   = □

4. 6 7 − 2 8
   = 6 7 − 2 0 − □
   = 4 7 − □
   = □

5. 3 2 − 1 9
   = 3 2 − 2 0 + □
   = 1 2 + □
   = □

6. 3 2 − 1 9
   = 3 2 − 1 0 − □
   = 2 2 − □
   = □

7. 5 4 − 1 8
   = 5 4 − 2 0 + □
   = 3 4 + □
   = □

8. 5 4 − 1 8
   = 5 4 − 1 0 − □
   = 4 4 − □
   = □

9. 6 5 − 3 7
   = 6 5 − 4 0 + □
   = 2 5 + □
   = □

10. 6 5 − 3 7
    = 6 5 − 3 0 − □
    = 3 5 − □
    = □

바둑돌로 만들 수 있는 식(연습하기) <다운로드>

▶ 바둑돌 5개로 만들 수 있는 식

● ●●●●	
●● ●●●	

▶ 바둑돌 6개로 만들 수 있는 식

● ●●●●●	
●● ●●●●	
●●● ●●●	

▶ 바둑돌 7개로 만들 수 있는 식

● ●●●●●●	
●● ●●●●●	
●●● ●●●●	

▶ 바둑돌 8개로 만들 수 있는 식

● ●●●●●●●	
●● ●●●●●●	
●●● ●●●●●	
●●●● ●●●●	

▶ 바둑돌 9개로 만들 수 있는 식

● ●●●●●●●●	
●● ●●●●●●●	
●●● ●●●●●●	
●●●● ●●●●●	

▶ 바둑돌 10개로 만들 수 있는 식 (본문 74쪽)

바둑돌 5개로 만들 수 있는 식: 1+4, 4+1, 2+3, 3+2
　　　　　　　　　　　　　5−1, 5−4, 5−3, 5−2
바둑돌 6개로 만들 수 있는 식: 1+5, 5+1, 2+4, 4+2, 3+3
　　　　　　　　　　　　　6−1, 6−5, 6−2, 6−4, 6−3
바둑돌 7개로 만들 수 있는 식: 1+6, 6+1, 2+5, 5+2, 3+4, 4+3
　　　　　　　　　　　　　7−1, 7−6, 7−5, 7−2, 7−3, 7−4
바둑돌 8개로 만들 수 있는 식: 1+7, 7+1, 2+6, 6+2, 3+5, 5+3, 4+4
　　　　　　　　　　　　　8−7, 8−1, 8−2, 8−6, 8−5, 8−3, 8−4
바둑돌 9개로 만들 수 있는 식: 1+8, 8+1, 2+7, 7+2, 3+6, 6+3, 4+5, 5+4
　　　　　　　　　　　　　9−1, 9−8, 9−2, 9−7, 9−6, 9−3, 9−5, 9−4

☆ 하루에 1문제만 풀어도 됩니다.

□의 값 구하기

4 + 6 = □ 4 + □ = 10 → □ = 10 − 4 □ + 6 = 10 → □ = 10 − 6	10 4 ｜ 6

〈보기 1〉 덧셈식에서 □가 가운데 오는 경우

4 + □ = 10 → □ = 10 − 4 = 6

① 3 + □ = 10 →

② 4 + □ = 9 →

③ 6 + □ = 12 →

④ 7 + □ = 15 →

⑤ 8 + □ = 13 →

〈보기 2〉 덧셈식에서 □가 맨 앞에 오는 경우

□ + 6 = 10 → □ = 10 − 6 = 4

① □ + 3 = 9 →

② □ + 2 = 10 →

③ □ + 4 = 12 →

④ □ + 5 = 14 →

⑤ □ + 6 = 13 →

10 − 4 = ☐
☐ − 4 = 6 → ☐ = 4 + 6
10 − ☐ = 6 → ☐ = 10 − 6

10	
4	☐

⟨보기 3⟩ 뺄셈식에서 ☐ 가 맨 앞에 오는 경우

☐ − 4 = 6 → ☐ = 6 + 4 = 10

① ☐ − 1 = 9 →

② ☐ − 3 = 6 →

③ ☐ − 6 = 8 →

④ ☐ − 5 = 7 →

⑤ ☐ − 3 = 9 →

⟨보기 4⟩ 뺄셈식에서 ☐ 가 가운데 오는 경우

10 − ☐ = 6 → ☐ = 10 − 6 = 4

① 8 − ☐ = 3 →

② 10 − ☐ = 8 →

③ 12 − ☐ = 4 →

④ 15 − ☐ = 8 →

⑤ 11 − ☐ = 3 →

☆ 하루에 1~2문제만 풀어 보세요.

세로셈 덧셈 연습 <다운로드>

세로셈은 격자무늬 모양 속에서 자릿값을 생각하며 풀도록 한다. 학교에서 배우는 진도에 맞춰 교과서와 익힘책에 있는 문제를 그대로 옮겨 연습한다. □가 있는 문제는 하루에 1~2문제면 충분하다.

① 　　3　5
　＋　1　7
　　　5　2

②　＋

③　＋

④　＋

⑤　＋

⑥　＋

⑦　＋

⑧　＋

⑨　＋

⑩　＋

⑪　＋

⑫　＋

⑬　＋

⑭　＋　□
　　　　　□

⑮　＋　□　4
　　　　6　□
　　　　8　9

세로셈 뺄셈 연습 <다운로드>

① 52 - 27 = 25

②
③
④
⑤
⑥
⑦
⑧
⑨
⑩
⑪
⑫
⑬

⑭ □ - □

⑮ 6□ - □8 = 29

☆ 매일 5~10문제를 연습합니다. □가 있는 문제1~2개도 같이 연습합니다.

3학년 덧셈과 뺄셈 문제

1. 수 카드 4장을 한 번씩만 사용하여 세 자릿수를 만들려고 합니다. 만들 수 있는 가장 큰 수와 가장 작은 수의 합과 차를 구해 보세요.

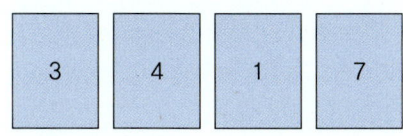

(풀이) 합: 743 + 134 = 877 / 차: 743 − 134 = 609

(답) 877, 609

1-1 숫자 중에 0이 있는 경우

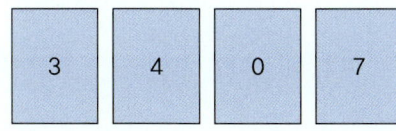

(풀이) 합: 743 + 304 = 1047 / 차: 743 − 304 = 439

(답) 1047, 439

※ 상황에 따라 덧셈식과 뺄셈식 구분하기(숫자를 바꾸어 문제를 활용해 보자.)

2. 은영이네 과수원에서 작년에는 사과를 348개 수확했고, 올해에는 작년보다 236개 더 많이 수확했습니다. 은영이네 과수원에서 올해 수확한 사과는 몇 개일까요?

(풀이) 348 + 236 = 584

(답) 584개

2-1 은영이네 과수원에서 작년에 수확한 사과는 348개이고, 올해 수확한 사과는 584개입니다. 올해 수확한 사과는 작년에 수확한 사과보다 얼마나 더 많을까요?

(풀이) 584 - 348 = 236

(답) 236개

2-2 은영이네 과수원에서 작년에는 사과를 348개 수확했고, 올해에는 작년보다 236개 더 적게 수확했습니다. 은영이네 과수원에서 올해 수확한 사과는 몇 개일까요?

(풀이) 348 - 236 = 112

(답) 112개

3. 영하네 동네의 도서관에 책이 872권 있습니다. 그중에서 357권을 빌려갔다면 도서관에 남은 책은 몇 권일까요?

(풀이) 872 - 357 = 515

(답) 515권

3-1 상욱이네 학교의 도서실에 책이 872권 있습니다. 지난주에 빌려 갔던 책 357권이 반납되었습니다. 지금 도서실에 있는 책은 몇 권일까요?

(풀이) 872 + 357 = 1229

(답) 1,229권

덧셈 동수누가 연습 <다운로드>

초등 2학년 때 시작하여 1년쯤 연습하면 좋다. 초등 1학년은 아직 덧셈이 완성되지 않아 어려워한다. 처음엔 덧셈의 의미로 시작하지만 덧셈, 곱셈, 배수의 의미까지 학습된다.

곱하기로 수를 분해하는 연습

2학년 구구단을 배우고부터 가능하기는 하다. 하지만 구구단을 완벽하게 외우는 것도 쉬운 일은 아니다. 구구단이 어느 정도 익숙해진 2학년 겨울방학부터 1년쯤 연습하면 구구단이 완벽하게 되고, 5학년 때 배울 약수, 배수 학습에도 도움이 된다. 1학년 겨울방학부터 1년쯤 동수누가 연습을 하듯 2학년 겨울방학부터 1년쯤 연습하면 좋다. 아이의 수준에 맞게 하루에 해야 할 수의 개수를 정해야 한다. 하루에 한 개만 해도 된다. 순서대로 구할 필요도 없다. 의도가 아무리 좋아도 아이의 수용 범위를 넘어서면 안 하느니 못하게 될 수도 있다. 5분 안에 후딱 해결할 수 있는 범위여야 한다. 22, 26, 33, 34, 38처럼 구구단의 범위 안에 없는 수는 연습하지 않아도 된다. 곱셈 구구를 강화하는 의미로 연습하는 것이다.

※ 보기와 같이 나타내어보세요.

⟨보기⟩
12 = $\underline{6}$×2 = $\underline{2×3}$×2   혹은   12 = 3×$\underline{4}$ = 3×$\underline{2×2}$
         2×3   2×2

4	6
8	9
10	12
14 = 7 × 2	15
16	18
20	21
24	25

27

30

35

40

45

49

56 = <u>8</u> × 7 = 4 × 2 × 7
    4×2

28 = 7 × <u>4</u> = 7 × 2 × 2
            2×2

32

36

42

48

54

63

☆ 56처럼 여러 번 분해 할 수 있는 것은 3학년 아이에게는 힘들 수 있다. 한 번만 분해할 수 있어도 충분하다.

곱셈의 의미

1. □ 안에 알맞은 수를 써넣으세요.

   ① 4씩 5묶음은 □입니다.
   → □+□+□+□+□ = □입니다.
   → □×□ = □입니다.

   ② 5의 4배는 □입니다.
   → □+□+□+□ = □입니다.
   → □×□ = □입니다.

2. 색종이 한 봉지 속에는 7장의 색종이가 있습니다. 색종이 4봉지 속에 들어 있는 색종이는 모두 몇 장일까요?

   덧셈식:

   곱셈식:

3. 수진이는 사탕을 3개 가지고 있습니다. 동생은 수진이가 가진 사탕의 5배만큼의 사탕을 가지고 있습니다. 동생이 가지고 있는 사탕의 개수를 구해 보세요.

   덧셈식:

   곱셈식:

4. 한 상자에 도넛이 8개씩 들어 있습니다. 3상자에 들어있는 도넛은 몇 개인지 덧셈식과 곱셈식으로 구해 보세요.

   덧셈식:

   곱셈식:

5. ☆의 수를 덧셈식과 곱셈식으로 구해 보세요.

   ☆ ☆ ☆ ☆ ☆   ☆ ☆ ☆ ☆ ☆
   ☆ ☆ ☆ ☆ ☆   ☆ ☆ ☆ ☆ ☆

6. 수진이가 읽은 책은 모두 몇 권일까요?

> 은선: 나는 책을 3권 읽었어.
> 수진: 나는 은선이가 읽은 책의 4배만큼 책을 읽었어.

식: □ × □ = □   답: 권

7. ○가 모두 몇 개인지 여러 가지 곱셈식으로 나타내어보세요.

○ ○ ○ ○ ○ ○ ○
○ ○ ○ ○ ○ ○ ○
○ ○ ○ ○ ○ ○ ○

□ × □ = □ , □ × □ = □ , □ × □ = □ , □ × □ = □

8. 각각의 그림을 나타내는 곱셈식을 모두 고르세요.

① ○○○○○○○ ○○○○○○○	② ○○○○○○ ○○○○○○ ○○○○○○ ○○○○○○	③ ○○○○○ ○○○○○ ○○○○○	④ ○○○○ ○○○○ ○○○○
⑤ ○○○○○○○ ○○○○○○○ ○○○○○○○ ○○○○○○○	⑥ ○○○○○ ○○○○○ ○○○○○ ○○○○○	⑦ ○○○○○○ ○○○○○○ ○○○○○○	⑧ ○○○○○○○○ ○○○○○○○○ ○○○○○○○○ ○○○○○○○○

4×3   3×5   7×2   5×3   7×4   4×9   8×3   6×4   2×9   4×6   9×2   6×2
5×4   3×4   6×3   2×7   3×6   3×8   9×4   4×7   2×6   4×5   6×6

두 자리의 수 × 한 자리의 수 연습하기

※ ①, ②, ③의 순서로 연습하기

1.

① 31 × 3 = 31 + 31 + 31

   (30 + 30 + 30 = 90
     1 + 1 + 1 = 3

    90 + 3 = 93 → 31 × 3 = 93

②

		3	1
	×		3
			3
		9	0
		9	3

③

		3	1
	×		3
		9	3

2.

① 73 × 2 =

②

		7	3
	×		2

③

		7	3
	×		2

3.

① 54 × 4 = <u>5</u>4 + <u>5</u>4 + <u>5</u>4 + <u>5</u>4

$\Big(\begin{array}{l} 50 + 50 + 50 + 50 = 200 \\ 4 + 4 + 4 + 4 = 16 \end{array}$

200 + 16 = 216 → 54 × 4 = 216

②

		5	4
	×		4
		1	6
	2	0	0
	2	1	6

③

		5	4
	×		4
	2	1	6

4.

① 37 × 4 =

②

		3	7
	×		4

③

		3	7
	×		4

두 자리의 수 × 한 자리의 수 연습하기 (3학년)

3학년 때는 두 자리의 수 × 한 자리의 수 곱셈식을 열심히 연습해야 한다. 어차피 해야 하는 공부라면 단순하게 연산 문제만 풀기보다 아래 문제와 같이 주어진 세 수로 만들 수 있는 곱셈식을 모두 만들고, 가장 큰 곱셈식과 가장 작은 곱셈식은 어떤 규칙이 있는지를 정확하게 알게 하는 것도 좋은 학습 방법 중의 하나이다. 하루에 1문제를 꾸준히 학습하여 규칙을 자연스럽게 알게 한다.

> 〈보기〉
> 3, 4, 5 세 가지 수로 만들 수 있는 두 자리×한 자리를 모두 구하고, 가장 큰 곱셈식과 가장 작은 곱셈식을 찾아보세요.

	3	4			4	3			3	5
×		5		×		5		×		4
1	7	0		2	1	5		1	4	0

	4	5			5	4			5	3
×		3		×		3		×		4
1	3	5		1	6	2		2	1	2

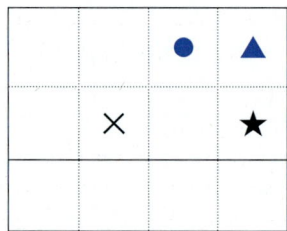 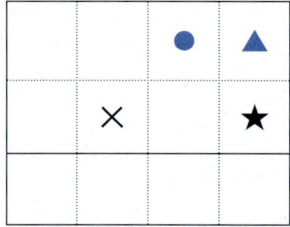

가장 큰 곱셈식 : ▲ 〈 ● 〈 ★   가장 작은 곱셈식 : ▲ 〉 ● 〉 ★

※ 〈보기〉와 같이 풀어 보세요. 〈다운로드〉

☆ 월요일 : 문제 (1, 2, 3)

①			×			②			×		
③			×			④			×		
⑤			×			⑥			×		

☆ 화 : 문제 (2, 3, 4) / 수 : 문제 (2, 3, 5) / 목 : 문제 (2, 3, 6) / 금 : 문제 (3, 4, 5) / 토 : 문제 (3, 4, 6)

두 자리의 수 × 두 자리의 수 연습하기 (3학년)

※ 〈보기〉와 같이 풀어 보세요.

〈보기〉

①
	20	5
10	200	50
3	60	15

200 + 50 + 60 + 15 = 325

②
		2	5
	×	1	3
		7	5
	2	5	
	3	2	5

1. ①
	40	5
20		
4		

②
		4	5
	×	2	4

2. ①
	30	8
50		
6		

②
		3	8
	×	5	6

두 자리의 수 × 두 자리의 수 연습하기 (3학년) <다운로드>

1. ①

②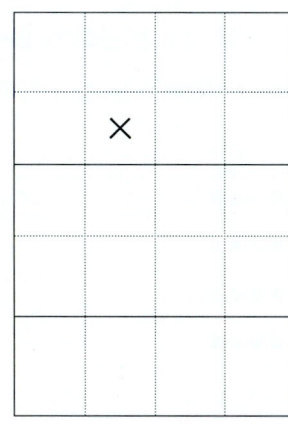

2. ①

②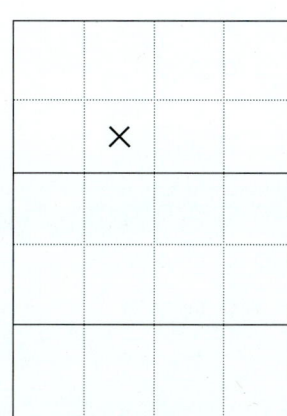

3. ①

②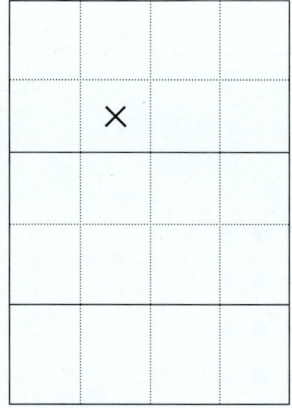

3학년 나눗셈 준비 학습

10칸 노트에 ● 스티커 붙여 문제를 만들면 좋다. 곱셈과 나눗셈의 의미, 곱셈과 나눗셈의 관계를 파악하는 학습이므로 숫자가 너무 큰 조합(예. 8+8+8+8+8+8+8+8)은 피해야 한다. 쉽게 계산할 수 있는 수의 범위에서 관계를 파악하게 하는 것이 이 학습의 목표이다.

1.
① $5+5+5+5=20 \rightarrow 5 \times 4 = 20$
② $4+4+4+4+4=20 \rightarrow 4 \times 5 = 20$
③ $20-5-5-5-5=0 \rightarrow 20 \div 5 = 4$
④ $20-4-4-4-4-4=0 \rightarrow 20 \div 4 = 5$

2.
①
②
③
④

3.
①
②
③
④

4.
①
②
③
④

5.
①
②
③
④

☆ 하루에 1~2문제만 풀어 보세요.

3학년 나눗셈 연습

나눗셈을 배울 때, 앞으로 배우게 될 약수를 생각해야 한다. 약수는 어떤 수를 나누어떨어지게 만드는 수이다. 3학년 때 약수가 뭔지 알 필요는 없다. 하지만 나눗셈을 완전하게 이해하고 계산할 수 있는 것이 약수에 대한 연습이다. 무엇을 배우든 그 실체를 완전히 알 때까지 충분히 연습하는 것이 좋다. 3학년 때 하면 나눗셈의 연습이 되고, 5학년 때 하면 약수의 연습이 된다. 모든 수를 나눌 수 있어야 한다. 20은 20번을 나누어야 한다. 20개를 한꺼번에 모두 구하지 않고 단계를 나누어서 몇 개씩 끊어 구해도 된다. 아이가 질리지 않을 정도의 학습량을 꾸준히 제공하는 것이 좋다. 수준에 맞게 확장하여 20 정도까지 수를 자유롭게 나눌 수 있으면 된다. 나머지의 의미도 정확하게 알고 있는지 확인한다. 나머지는 나누는 수보다 작아야 한다. 나누는 수보다 크면 몫의 크기를 잘못 정했음을 경험으로 알게 한다.

※ 보기와 같이 나타내어보세요.

〈보기〉
6÷1=6
6÷2=3
6÷3=2
6÷4=1···2
6÷5=1···1
6÷6=1

12÷1=
12÷2=
12÷3=
12÷4=
12÷5=
12÷6=
12÷7=
12÷8=
12÷9=
12÷10=
12÷11=
12÷12=

▶ 1단계

20÷1=

20÷2=

20÷3=

20÷4=

20÷5=

20÷6=

20÷7=

20÷8=

20÷9=

20÷10=

▶ 2단계

처음엔 구구단의 범위 안에서만 연습한다. 구구단의 범위 안에서의 나눗셈이 익숙해지면 동수누감의 의미로 접근하며 연습한다. 20에서 11을 몇 번 뺄 수 있을까?

20÷11=

20÷12=

20÷13=

20÷14=

20÷15=

20÷16=

20÷17=

20÷18=

20÷19=

20÷20=

3학년 연산 연습 문제 <다운로드>

덧셈, 뺄셈 연습하기		기본 연산 연습하기
① 3 5 + 1 7	② +	$3 + 5 =$
③ +	④ +	
⑤ □ 9 + 2 □ 7 6	⑥ 6 1 − 3 5	$6 - 3 =$ $11 - 3 =$
⑦ −	⑧ −	
⑨ −	⑩ □ 0 − 2 6 4 □	

☆ 수학책, 수학익힘책 문제를 가져와서 사용하세요.

곱셈 연습하기								기본 연산, 구구단 연습하기
①			6	4	②			4 + 5 =
		×		3		×		
⑤					⑥			4 × 5 =
		×				×		
⑦					⑧			
		×				×		
⑨					⑩			
		×				×		
⑨			☐		⑩		☐ 3	
		×				×	7	
						3	0 1	

	나눗셈 연습하기		부족한 기본 연산 연습하기
① 6) 9 6		② 4) 9 7	$5 \times 9 =$
③ 3) 7 3		④ 5) 6 7	$12 \div 4 =$
⑤		⑥	$12 - 4 =$
⑦		⑧	
⑨		⑩	

☆ 교과서에 있는 문제를 가져와서 사용하세요.

색칠한 부분을 분수로 나타내어보세요.

▶ 단위분수: 분자가 1인 분수

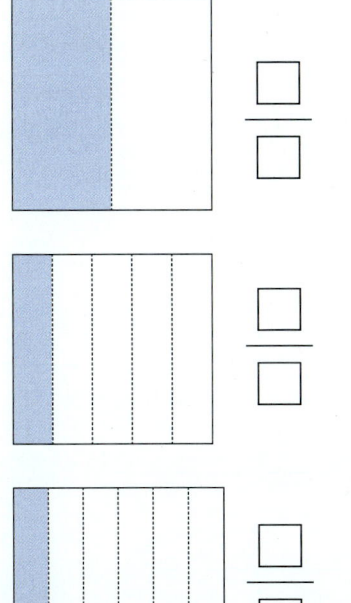
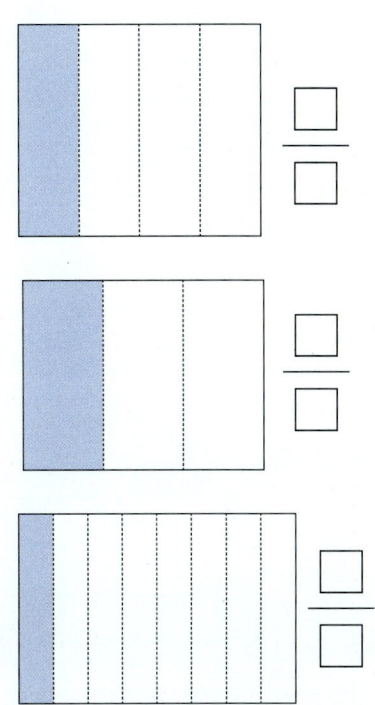

▶ 진분수: 분자가 분모보다 작은 분수

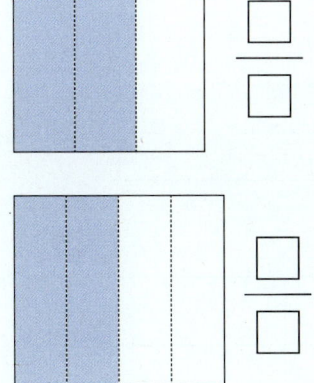
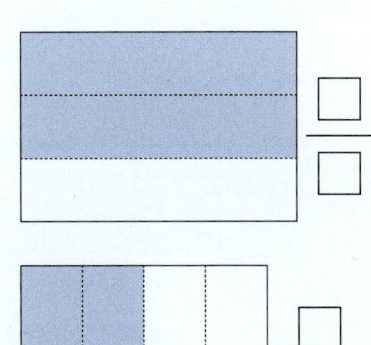

색칠한 부분과 색칠하지 않은 부분을 분수로 나타내어 보세요. <다운로드>

※ 색칠해서 사용하세요.

색칠한 부분을 분수로 나타내어보세요.

※ 1과 같은 분수 (분모와 분자가 같은 분수)

$\dfrac{\square}{\square} = \square$

$\dfrac{\square}{\square} = \square$

$\dfrac{\square}{\square} = \square$

$\dfrac{\square}{\square} = \square$

$\dfrac{\square}{\square} = \square$

$\dfrac{\square}{\square} = \square$

$\dfrac{\square}{\square} = \square$

$\dfrac{\square}{\square} = \square$

$\dfrac{\square}{\square} = \square$

$\dfrac{\square}{\square} = \square$

색칠한 부분을 분수로 나타내어 보세요. <다운로드>

※ 가분수: 분자가 분모보다 크거나 같은 분수

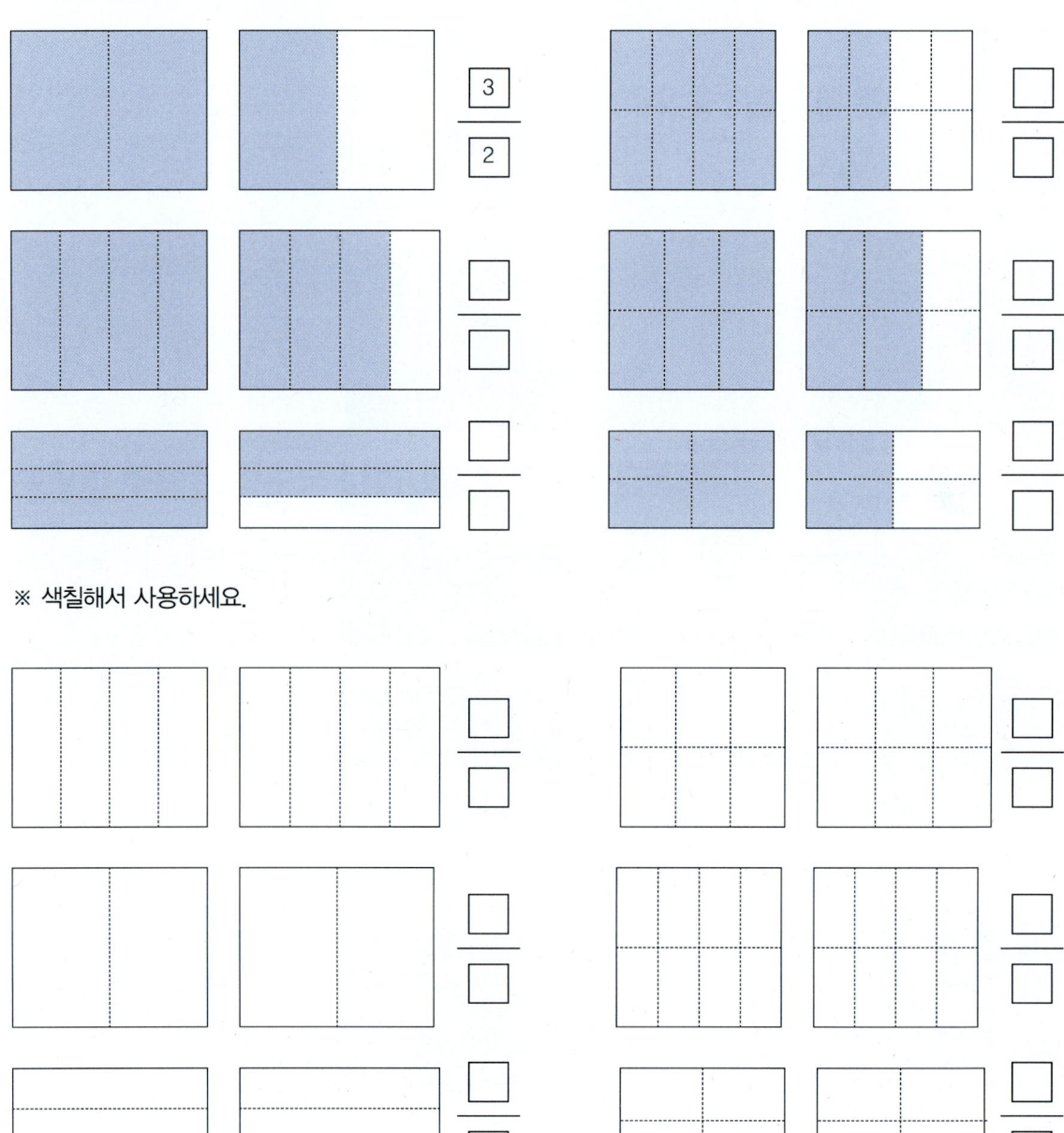

※ 색칠해서 사용하세요.

색칠한 부분을 대분수로 나타내어보세요.

※ 대분수: 자연수와 진분수로 이루어진 분수

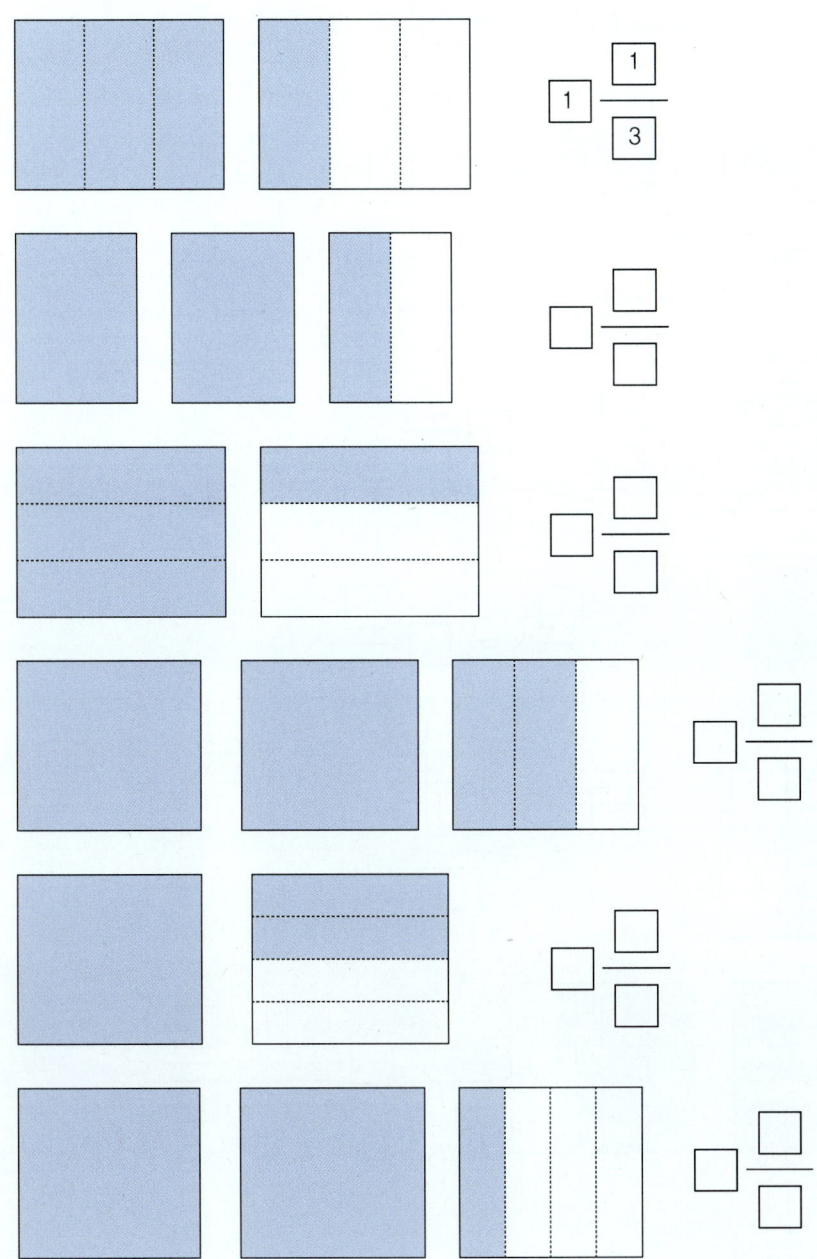

색칠한 부분을 가분수와 대분수로 나타내어보세요.

$\dfrac{5}{4} = 1\dfrac{1}{4}$

$\dfrac{\Box}{\Box} = \Box\dfrac{\Box}{\Box}$

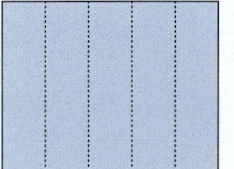

$\dfrac{\Box}{\Box} = \Box\dfrac{\Box}{\Box}$

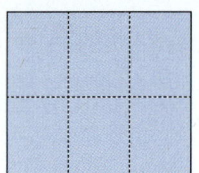 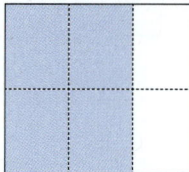

$\dfrac{\Box}{\Box} = \Box\dfrac{\Box}{\Box}$

 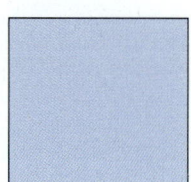

$\Box\dfrac{\Box}{\Box} = \dfrac{\Box}{\Box}$

$\Box\dfrac{\Box}{\Box} = \dfrac{\Box}{\Box}$

3학년 분수 연습 문제 <다운로드>

분수를 보기와 같이 그림으로 그리고, 수직선 위에 나타내어보자.
나름대로 전체의 크기를 정하고, 똑같이 나눌 수 있어야 한다.

<보기> $1\frac{1}{3}$

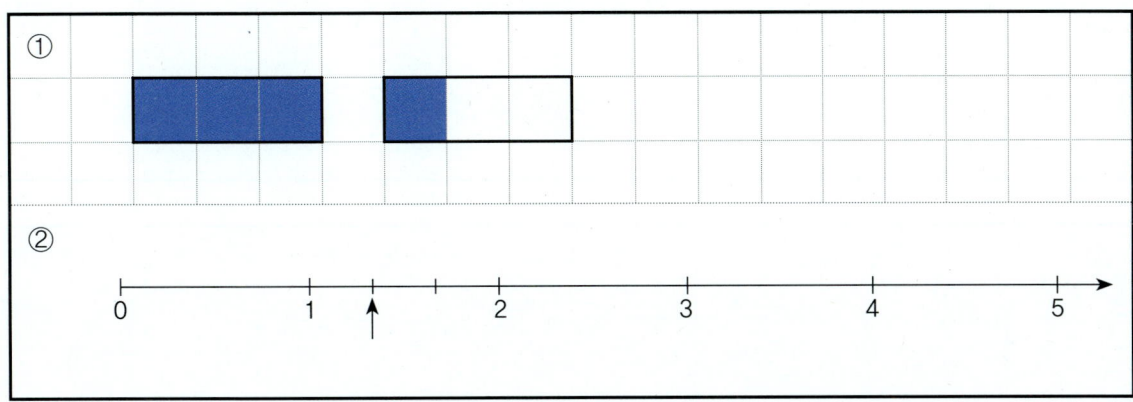

1. $2\frac{1}{4}$

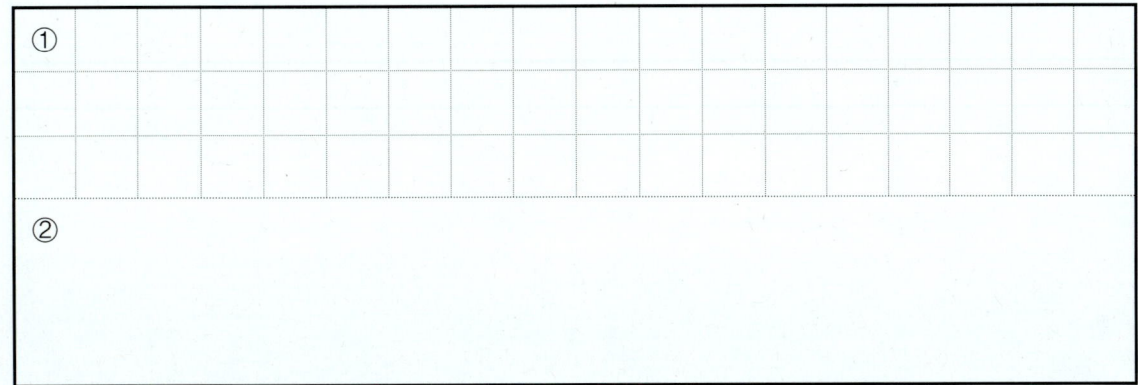

2. 교과서에 나오는 분수를 모두 그림으로 그리고, 수직선 위에 나타내어보자. 하루에 1문제 정도 꾸준히 연습해야 한다.

①

②

①

②

①

②

소금물의 농도(진하기)와 소금의 양 구하기

1. 진하기가 18%인 소금물 5kg을 만들려고 합니다. 필요한 소금의 양은 얼마인가요?

    (풀이) $5 \times \dfrac{18}{100} = \dfrac{90}{100} = 0.9(kg)$

2. 진하기가 12%인 소금물 500g에 녹아 있는 소금의 양은 얼마인가요?

    (풀이) $500 \times \dfrac{12}{100} = 60(g)$

3. 진하기가 15%인 설탕물 360g에 녹아 있는 설탕의 양은 얼마인가요?

    (풀이) $360 \times \dfrac{15}{100} = 54(g)$

4. 소금물 500g에 녹아 있는 소금 양의 비율이 15%입니다. 소금의 양은 얼마인가요?

    (풀이) $500 \times \dfrac{15}{100} = 75(g)$

5. 소금물 300g에 소금이 36g 녹아 있습니다. 소금의 농도는 몇 %인가요?

    (풀이) $\dfrac{36}{300} \times 100 = 12(\%)$

6. 6%의 소금물 150g에 녹아 있는 소금의 양은 얼마인가요?

    (풀이) $150 \times \dfrac{6}{100} = 9(g)$

7. 15%의 소금물 400g에 녹아 있는 소금의 양은 얼마인가요?

    (풀이) $400 \times \dfrac{15}{100} = 60(g)$

8. 소금물 400g에 소금이 24g 녹아 있습니다. 소금의 농도는 몇 %인가요?

    (풀이) $\dfrac{24}{400} \times 100 = 6(\%)$

☆ 하루에 소금의 양 1문제, 소금물의 농도 1문제를 비교해서 풀어보세요.

펜토미노 <다운로드>

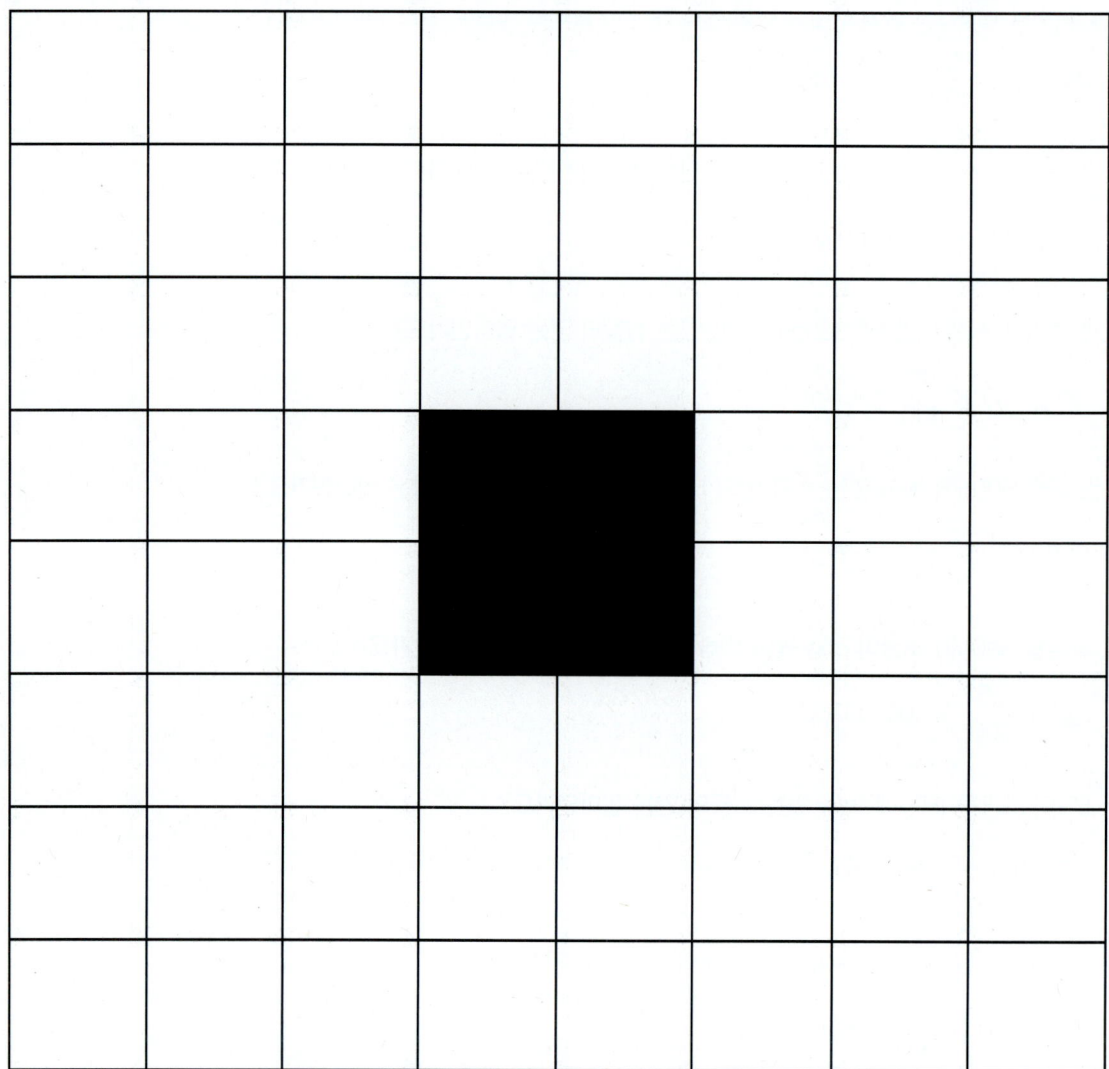

☆ 한장 더 복사하여 196쪽 펜토미노 모양대로 색칠 한 다음 오려서 사용하면 됩니다.

칠교 <다운로드>

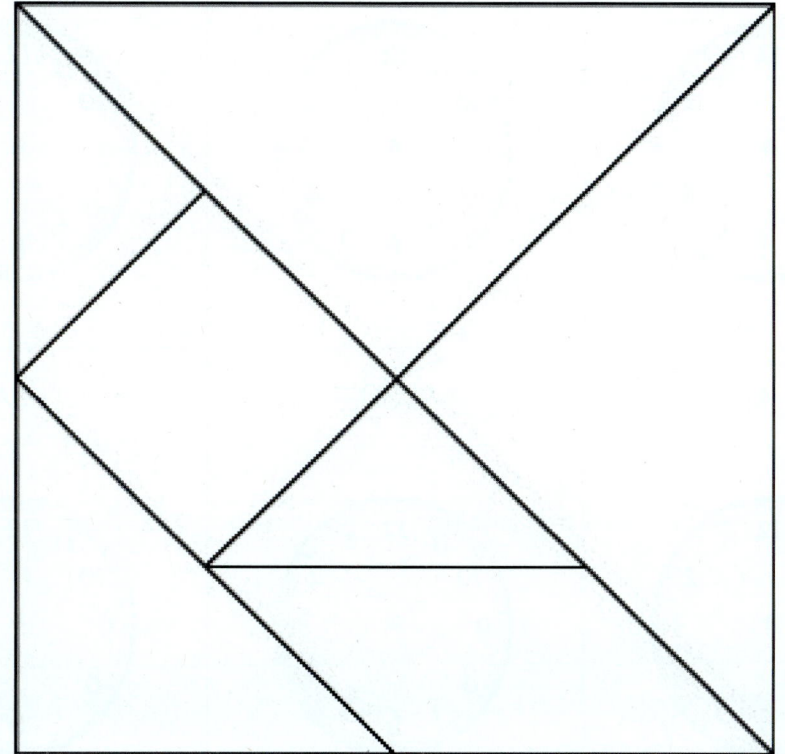

시계 공부 (1학년) <다운로드>

1시	1시 30분	☐시
☐시 30분	☐시	☐시 30분
12시	☐시 30분	☐시 30분

시계 공부 (2학년) : 하루에 1번씩 「55분」을 물어봐 준다. <다운로드>

2시 50분	3시 10분 전	□시 50분
□시 10분 전	□시 55분	□시 5분 전
□시□분	□시□분 전	□시□분 전

워크북

약수 구하기

▶ 1단계: 직접 나누어 보기

2 ÷ 1 =   6 ÷ 1 =   12 ÷ ① = 12
2 ÷ 2 =   6 ÷ 2 =   12 ÷ ② = 6
                6 ÷ 3 =   12 ÷ ③ = 4
                6 ÷ 4 =   12 ÷ ④ = 3
                6 ÷ 5 =   12 ÷ 5 = 2 … 2
                6 ÷ 6 =   12 ÷ ⑥ = 2
                                12 ÷ 7 = 1 … 5
                                12 ÷ 8 = 1 … 4
                                12 ÷ 9 = 1 … 3
                                12 ÷ 10 = 1 … 2
                                12 ÷ 11 = 1 … 1
                                12 ÷ ⑫ = 1

▶ 2단계: 곱해서 어떤 수가 되는 수에 ○ 하기

2: 1, 2
3: 1, 2, 3
4: 1, 2, 3, 4
5: 1, 2, 3, 4, 5
6: 1, 2, 3, 4, 5, 6
7: 1, 2, 3, 4, 5, 6, 7
8: ①, ②, 3, ④, 5, 6, 7, ⑧
9: 1, 2, 3, 4, 5, 6, 7, 8, 9
10: 1, 2, 3, 4, 5, 6, 7, 8, 9, 10
11: 1, 2, 3, 4, 5, 6, 7, 8, 9, 10, 11
12: ①, ②, ③, ④, 5, ⑥, 7, 8, 9, 10, 11, ⑫

▶ 3단계: 직접 곱해서 「어떤 수가 되는 수」 구하기

2:
3:
4:
5:
6:
7:
8:
9:
10:
11:
12: 1, 2, 3, 4, 6, 12

약수 구하기

▶ 2단계 연습하기

2: 1, 2

3: 1, 2, 3

4: 1, 2, 3, 4

5: 1, 2, 3, 4, 5

6: 1, 2, 3, 4, 5, 6

7: 1, 2, 3, 4, 5, 6, 7

8: 1, 2, 3, 4, 5, 6, 7, 8

9: 1, 2, 3, 4, 5, 6, 7, 8, 9

10: 1, 2, 3, 4, 5, 6, 7, 8, 9, 10

11: 1, 2, 3, 4, 5, 6, 7, 8, 9, 10, 11

12: 1, 2, 3, 4, 5, 6, 7, 8, 9, 10, 11, 12

13: 1, 2, 3, 4, 5, 6, 7, 8, 9, 10, 11, 12, 13

14: 1, 2, 3, 4, 5, 6, 7, 8, 9, 10, 11, 12, 13, 14

15: 1, 2, 3, 4, 5, 6, 7, 8, 9, 10, 11, 12, 13, 14, 15

16: 1, 2, 3, 4, 5, 6, 7, 8, 9, 10, 11, 12, 13, 14, 15, 16

17: 1, 2, 3, 4, 5, 6, 7, 8, 9, 10, 11, 12, 13, 14, 15, 16, 17

18: 1, 2, 3, 4, 5, 6, 7, 8, 9, 10, 11, 12, 13, 14, 15, 16, 17, 18

19: 1, 2, 3, 4, 5, 6, 7, 8, 9, 10, 11, 12, 13, 14, 15, 16, 17, 18, 19

20: 1, 2, 3, 4, 5, 6, 7, 8, 9, 10, 11, 12, 13, 14, 15, 16, 17, 18, 19, 20

직접 곱해서 「어떤 수가 되는 수」 구하기 <다운로드>

▶ 3단계 연습하기

2:

3:

4:

5:

6:

7:

8:

9:

10:

11:

12:

13:

14:

15:

16:

17:

18:

19:

20:

모눈종이 <다운로드>

☆ 다운로드 후 여러 장 복사하여 사용하세요!

MEMO

MEMO

부모가 키워주는 수학 자신감

처음 수학

지은이　진미숙
펴낸이　조경희
펴낸곳　경문사
펴낸날　2023년 5월 15일　1판 1쇄
등　록　1979년 11월 9일　제1979-000023호
주　소　04057, 서울특별시 마포구 와우산로 174
전　화　(02)332-2004　팩스 (02)336-5193
이메일　kyungmoon@kyungmoon.com

값 25,000원

ISBN 979-11-6073-618-2

★ 경문사의 다양한 도서와 콘텐츠를 만나보세요!

홈페이지	www.kyungmoon.com	페이스북	facebook.com/kyungmoonsa
포스트	post.naver.com/kyungmoonbooks	블로그	blog.naver.com/kyungmoonbooks
북이오	buk.io/@pa9309	인스타그램	instagram.com/kyungmoonsa

도서 중 **정오표** 및 **학습자료**가 있는 경우 홈페이지 내 해당 도서 상세 페이지의 **자료** 탭에 업로드됩니다.